JÉSUS, LES DERNIERS JOURS

Bill O'Reilly et Martin Dugard

JÉSUS, LES DERNIERS JOURS

Traduit de l'anglais (États-Unis)
par Cindy Kapen

COLLECTION **DOCUMENTS**

cherche
midi

Vous aimez la littérature ? Inscrivez-vous à notre newsletter pour suivre en avant-première toutes nos actualités :
www.cherche-midi.com

Directeur de collection : Arnaud Hofmarcher

Titre original : *Killing Jesus*
Éditeur original : Henry Holt & Cie

23, rue du Cherche-Midi
75006 Paris

Ce livre est dédié à ceux qui aiment leur prochain autant qu'eux-mêmes.

Note au lecteur

Au commencement...

Dire que Jésus de Nazareth fut l'homme le plus influent qui ait jamais existé relève presque du lieu commun. Près de deux mille ans après son exécution barbare par des soldats romains, plus de 2,2 milliards d'êtres humains, convaincus de sa divinité, tentent de suivre ses enseignements. Ce chiffre inclut 77 % de la population des États-Unis, selon un récent sondage Gallup. Depuis le début de notre ère, les enseignements de Jésus n'ont jamais cessé de façonner le monde.

On a déjà beaucoup écrit sur Jésus, le fils d'un simple charpentier. Mais en réalité, on sait peu de chose à son sujet. Nous disposons bien sûr des Évangiles de Matthieu, Marc, Luc et Jean, mais leurs récits sont parfois contradictoires et leur point de vue n'est pas historique, mais spirituel. La véritable identité de Jésus et ce qui lui arriva précisément demeurent des sujets sensibles et controversés, souvent à la source de débats houleux.

En écrivant ce livre, fondé avant tout sur des faits, Martin Dugard et moi n'avons jamais voulu prétendre tout savoir sur Jésus. Mais nous en savons beaucoup et nous allons vous révéler des choses que vous n'aviez peut-être jamais lues auparavant. Nos recherches dévoilent aujourd'hui un récit à la fois fascinant et frustrant. Car de nombreux pans de la vie de Jésus restent inconnus, et nous ne pouvons alors que déduire ce qui s'est passé en nous basant sur les meilleurs témoignages dont nous disposons. Aussi souvent que possible, nous nous sommes référés à des œuvres classiques. Comme pour nos précédents livres, *Killing Lincoln* et *Killing Kennedy*, lorsque nous ignorons ce qu'il s'est réellement passé ou lorsque les témoignages que nous citons ne sont pas gravés dans le marbre, nous le précisons.

Les Romains consignaient les événements de l'époque avec une incroyable méticulosité et quelques historiens juifs de Palestine les ont également mis par écrit. Mais ce n'est que dans les derniers mois de la courte vie de Jésus que tous les regards se sont posés sur lui. Avant cela, il n'était qu'un Juif ordinaire, s'efforçant de survivre dans une société souvent cruelle. Seuls ses amis prêtaient attention aux actions de Jésus.

Et ces amis se sont beaucoup exprimés à son sujet, notamment à travers les récits des Évangiles. Mais ce livre n'est pas une œuvre religieuse. Nous ne parlons pas de Jésus en tant que Messie. Nous parlons de l'homme qui galvanisa une région reculée de l'Empire romain et se fit de nombreux ennemis très puissants, parce qu'il prêchait une philosophie de paix et d'amour. En réalité, la haine dont Jésus a été victime et les actions qu'elle a pu engendrer risquent parfois de choquer le lecteur. C'est un récit violent qui se déroule à la fois en Judée et à Rome, où les empereurs étaient également considérés comme des dieux par leurs loyaux serviteurs.

Martin Dugard et moi sommes tous les deux catholiques et nous avons tous les deux été éduqués dans des écoles religieuses. Mais nous sommes également des chercheurs qui nous intéressons à l'histoire. Notre projet consiste à dire la vérité au sujet de personnages importants, sans jamais tenter de convertir le lecteur à une cause spirituelle. Ces pages sur la vie de Jésus de Nazareth ont été écrites avec le même dévouement et la même rigueur que celles que nous avons écrites sur Abraham Lincoln et John F. Kennedy, qui, soit dit en passant, croyaient tous les deux en la divinité de Jésus.

Pour comprendre ce que Jésus a accompli et comment il l'a payé de sa vie, il nous faut appréhender le monde dans lequel il a vécu. L'Occident était alors sous la domination de Rome, qui ne tolérait aucune dissension. Une vie humaine ne valait pas grand-chose. L'espérance de vie était inférieure à 40 ans, beaucoup moins si vous aviez le malheur de contrarier les pouvoirs romains. Le journaliste Vermont Royster a écrit, en 1949, une excellente – bien qu'un peu pompeuse – description de l'époque :

> Les hommes qui n'étaient pas les amis de Tibère César – à quoi pouvait donc servir l'homme, si ce n'était à servir César ? – étaient opprimés.
>
> Les hommes qui osaient penser différemment, qui entendaient des voix ou lisaient des manuscrits étranges étaient persécutés. Les hommes dont les tribus ne venaient pas de Rome étaient réduits en esclavage, ceux qui n'avaient pas un visage familier étaient traités avec dédain. Mais surtout la vie humaine était méprisée. Dans un monde si peuplé,

que pouvait bien représenter, pour les puissants, un homme de plus ou un homme de moins ?

Et puis, soudain, une lumière vint éclairer le monde lorsqu'un homme de Galilée déclara : « Rendez à César ce qui appartient à César, et à Dieu ce qui appartient à Dieu. »

Et la voix de Galilée, qui allait défier César, offrit un nouveau royaume dans lequel chaque homme pourrait marcher la tête haute et n'aurait à s'incliner que devant son Dieu... C'est ainsi que la lumière se fit sur le monde et que les hommes qui vivaient dans l'obscurité prirent peur. Ils tentèrent alors de déployer l'ombre afin que l'homme croie toujours que le salut viendrait des puissants.

Mais il advint que dans divers endroits la vérité libéra le peuple, même si les hommes de l'ombre, offensés, essayaient d'éteindre cette lumière.

Et ces hommes y parvinrent – au moins à court terme. Jésus fut exécuté. Mais l'histoire incroyable qui se cache derrière cette lutte mortelle entre le bien et le mal n'a pas été entièrement racontée. Jusqu'à maintenant. C'est en tout cas le but de ce livre. Merci pour votre lecture.

Bill O'Reilly,
Long Island, New York

Livre I

LE MONDE DE JÉSUS

CHAPITRE UN

BETHLÉEM, JUDÉE
MARS, 5 AV. J.-C.
MATINÉE

L'enfant à qui il reste trente-six ans à vivre est traqué.

Des soldats lourdement armés ont quitté Jérusalem pour rejoindre cette petite ville afin de trouver et de tuer l'enfant. Ils forment un groupe de mercenaires étrangers, originaires de Grèce, de Gaule et de Syrie. L'enfant se nomme Jésus, mais ils l'ignorent encore. Son crime ? Certains voient en lui le futur roi du peuple juif... Le monarque actuel, un despote mourant, mi-juif, mi-arabe, nommé Hérode, est tellement déterminé à tuer l'enfant que son armée a reçu l'ordre d'assassiner tous les garçons de moins de 2 ans vivant à Bethléem[1].

---

1. Il existait en réalité deux villes nommées Bethléem, et les deux peuvent revendiquer leur statut de lieu de la Nativité. La ville où naquit le roi David est située à seulement quelques kilomètres de Jérusalem. Des fouilles archéologiques ont révélé qu'il s'agissait soit d'un très petit village, soit d'une ville très peu peuplée à l'époque de la naissance de Jésus. L'autre Bethléem se trouve en Galilée, à 10 kilomètres de Nazareth. Les défenseurs de l'hypothèse de Galilée affirment qu'il aurait été difficile pour Marie, alors enceinte de neuf mois, de parcourir à pied les 160 kilomètres séparant Nazareth de l'autre Bethléem. Ceux qui soutiennent

Aucun des soldats ne sait à quoi ressemblent les parents de l'enfant, ni où se situe précisément leur maison, d'où la nécessité de tuer tous les bébés de sexe masculin vivant dans la petite ville et ses alentours. C'est le seul moyen dont ils disposent pour s'assurer que le potentiel futur roi a bien été exterminé.

C'est le printemps en Judée, la saison de l'agnelage. Sur le chemin de terre ondoyant, l'armée passe devant d'épais bosquets d'oliviers et des bergers surveillant leurs troupeaux. Les soldats aux jambes nues sont chaussés de sandales et des ptéryges cachent leurs bassins. Les jeunes hommes suent abondamment sous les lamelles de l'armure recouvrant leur poitrine et sous le casque attique en bronze qui protège leur crâne et les côtés de leur visage.

Les soldats ont parfaitement conscience de la cruauté d'Hérode et ils le savent prêt à faire tuer quiconque menace sa place sur le trône. Le fait de massacrer de jeunes enfants ne donne lieu à aucun débat moral[1]. Ils ne se demandent pas s'ils auront le courage d'arracher un bébé en pleurs des bras de sa mère pour l'exécuter. Le moment venu, ils obéiront aux ordres et accompliront leur travail – s'ils ne veulent pas être exécutés sur-le-champ pour insubordination.

---

l'autre hypothèse, ancrée dans la tradition, se réfèrent à la prophétie biblique selon laquelle Jésus naîtrait dans la ville de David, c'est-à-dire la Bethléem située près de Jérusalem. Le fait que Marie et Joseph aient conduit Jésus au Temple de Jérusalem huit jours après sa naissance, et à nouveau le quarantième jour, tend à faire pencher la balance en faveur de l'hypothèse traditionnelle.

1. Les génocides étaient courants dans l'Antiquité. « Il tranche le ventre des femmes enceintes ; il aveugle les enfants », dit un poème assyrien. Le génocide était souvent considéré comme éthiquement justifié si le massacre servait la vengeance ou la défense contre un agresseur.

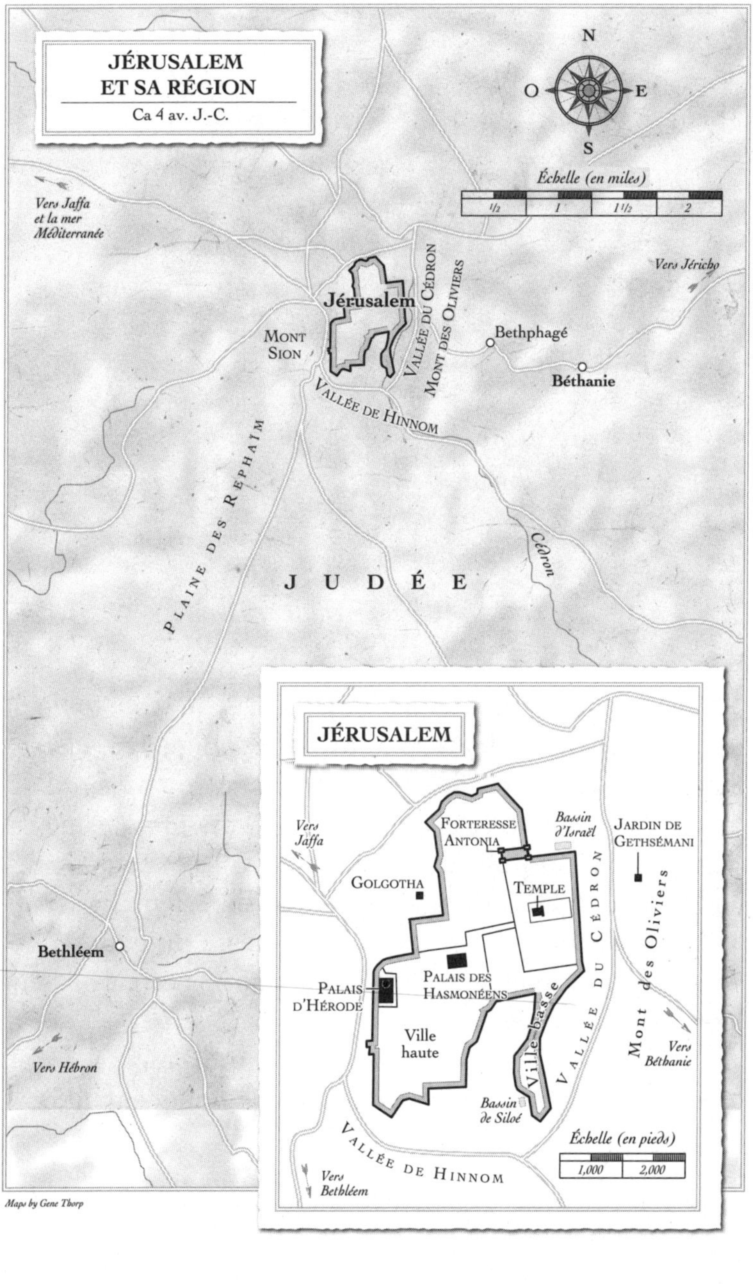

Maps by Gene Thorp

Le massacre des innocents par Hérode.

Ils ont prévu de tuer les enfants avec la lame de leur glaive. Tous les soldats sont armés de poignards acérés, l'équivalent judéen des *pugio* et *gladius* romains, qu'ils portent attachés à la ceinture. Mais leurs moyens ne se limitent pas au poignard et à l'épée. S'ils le souhaitent, les soldats d'Hérode peuvent aussi bien leur briser le crâne avec une pierre, les jeter en masse du haut d'une falaise, ou simplement serrer leurs poings autour de leur cou pour les étrangler.

La cause de la mort n'a pas d'importance. Ce qui compte est très simple : roi des Juifs ou non, l'enfant doit mourir.

*

Pendant ce temps, à Jérusalem, le roi Hérode scrute la direction de Bethléem par une des fenêtres de son palais. Il attend, inquiet, la confirmation du massacre. Dans les rues pavées qui s'étendent en contrebas, le roi choisi par les Romains regarde les bazars noirs de monde, où l'on peut acheter tout et n'importe quoi, aussi bien de l'eau et des dattes que des souvenirs ou de l'agneau rôti. La ville fortifiée, dont les 8 000 habitants sont entassés dans moins de 2 kilomètres carrés, est un carrefour de la Méditerranée orientale. D'un rapide coup d'œil, Hérode peut voir les paysans galiléens en visite, les Syriennes aux vêtements chatoyants et les soldats étrangers qu'il paie pour mener ses combats. Ces hommes sont d'excellents guerriers, mais ils ne sont pas juifs et ne parlent pas un mot d'hébreu.

Hérode soupire. Dans sa jeunesse, il ne serait jamais resté ainsi derrière une fenêtre, à s'inquiéter pour son avenir. En grand roi et vaillant guerrier qu'il était, il aurait fait seller son cheval de bataille blanc favori et serait parti au galop jusqu'à Bethléem pour tuer lui-même l'enfant. Mais Hérode a maintenant 69 ans. Avec sa corpulence et ses incessants problèmes de santé, il lui est désormais physiquement impossible de quitter son palais, sans même parler de monter à cheval. Son visage boursouflé est souligné par une barbe qui part du bas de son menton et descend jusqu'à sa pomme d'Adam. Aujourd'hui, il porte une cape pourpre de style romain par-dessus une tunique à manches courtes en soie blanche. En temps normal, Hérode préfère porter des jambières pourpres en cuir souple. Mais aujourd'hui, son gros orteil est tellement enflammé que même le tissu le plus doux le ferait hurler de douleur. C'est ainsi que

Hérode le Grand supervisant l'agrandissement du Temple.

l'homme le plus puissant de Judée se déplace pieds nus dans son palais en boitillant.

Mais la goutte reste la moindre de ses affections. Le roi des Juifs, comme ce converti non pratiquant aime se faire appeler, souffre aussi du cœur, de problèmes aux reins et aux poumons, de parasites intestinaux, de maladies vénériennes, et d'une gangrène terrible qui a causé la pourriture de ses organes génitaux. Ils ont noirci et sont infestés de vers – d'où son incapacité à monter à cheval.

Hérode a appris à vivre avec tous ces malheurs, mais il est terrifié par ces avertissements au sujet d'un nouveau roi à Bethléem. Depuis le jour où les Romains l'ont proclamé roi de Judée, il y a plus de trente ans, Hérode a déjoué un nombre incalculable de complots et livré de nombreuses guerres pour conserver son trône. Son pouvoir sur les habitants de la région est absolu. Personne en Judée n'est à l'abri des exécutions d'Hérode. Il a ordonné des morts par pendaison, lapidation ou strangulation, par le feu ou l'épée, par des bêtes sauvages, des serpents et des passages à tabac, et même des morts par suicide public, en forçant les victimes à se jeter du haut de très grands édifices. La seule forme d'exécution qu'il n'a jamais ordonnée est la crucifixion, cette mort lente et humiliante qui consiste à fouetter un homme avant de le clouer nu à une croix en bois à l'extérieur des murs de la ville. Les Romains sont les spécialistes de cet art cruel et sont presque les seuls à le pratiquer. Jamais Hérode n'oserait prendre le risque de provoquer la colère de ses supérieurs romains en s'appropriant leur technique d'exécution favorite.

Hérode a dix femmes – ou plutôt *avait* dix femmes, avant qu'il n'exécute l'impétueuse Mariamne qu'il soupçonnait de comploter contre lui. Pour faire bonne mesure, il avait également ordonné le meurtre de la mère de Mariamne et de leurs fils, Alexandre et Aristobule. Moins d'un an plus tard, il tuait un autre de ses fils ; on comprend alors mieux pourquoi le grand empereur romain Auguste aurait déclaré : « Il vaut mieux être le cochon d'Hérode que son fils. »

Mais cette nouvelle menace, même si elle ne repose que sur un nouveau-né, est la plus dangereuse de toutes.

Pendant des siècles, les prophètes juifs ont prédit l'avènement d'un nouveau roi qui gouvernerait leur peuple[1]. Ils ont prophétisé cinq événements précis dont la réalisation viendra confirmer la naissance du nouveau Messie.

Selon la première prophétie, une grande étoile s'élèvera dans les cieux.

La deuxième annonce que le bébé naîtra à Bethléem, la petite ville où le légendaire roi David naquit il y a mille ans.

La troisième prophétie dit que l'enfant doit être un descendant direct de David, une filiation aisée à prouver grâce aux archives généalogiques que le Temple tient méticuleusement.

La quatrième affirme que des hommes puissants viendront de très loin pour le vénérer.

Enfin, la cinquième dit que la mère de l'enfant doit être vierge[2].

Hérode est profondément troublé parce qu'il sait que les deux premières se sont réalisées.

Nul doute qu'il aurait été bien plus inquiet encore en apprenant que les cinq prophéties s'étaient accomplies. L'enfant est un descendant de David ; des hommes

---

1. La patrie des Juifs a d'abord été connue sous le nom d'Israël, une « Terre promise » offerte par Dieu à ses disciples. Le nord de ce royaume tomba entre les mains des Philistins en 722 av. J.-C. tandis que le Sud fut conquis par les Babyloniens. Après la conquête romaine de 63 av. J.-C., on baptisa « Judée » la zone autour de Jérusalem. Toute la région, incluant la Galilée, faisait administrativement partie de la Syrie, province romaine, et les termes « Israël » et « Palestine » n'étaient pas utilisés à l'époque de Jésus. Le nom « Israël » fut seulement utilisé à nouveau lors de la création de l'État juif indépendant, le 14 mai 1948 – près de quatre mille ans après que les premiers Juifs entrèrent en Terre promise.

2. Ces prophéties sont, dans l'ordre : Nombres XXIV, 17, Michée V, 2-5, Jérémie XXIII, 5, et Isaïe IX, 7, Psaumes LXXII, 10-11, et Isaïe VII, 13-14.

puissants sont venus de loin pour le vénérer ; et sa jeune mère, Marie, jure qu'elle est toujours vierge.

Il ne sait pas non plus que le nom de l'enfant est Yeshua ben Joseph – ou Jésus, qui signifie « Dieu sauve ».

Ce sont des voyageurs venus vénérer l'enfant qui évoquent Jésus pour la première fois auprès d'Hérode. Ces hommes sont des mages ; ils font halte au château afin de saluer le roi avant d'aller rendre hommage à Jésus. Ce sont des astronomes, des devins et des sages qui étudient les grands textes religieux. Parmi ces livres se trouve le Tanakh[1], un recueil d'histoires, de prophéties, de poésies et de chansons retraçant l'histoire du peuple juif. Les riches étrangers ont parcouru plus de 1 500 kilomètres à travers le désert, guidés par une étoile incroyablement brillante qui apparaît dans le ciel chaque matin avant l'aube. « Où est le roi des Juifs qui vient de naître ? demandent-ils en arrivant à la cour d'Hérode. Car nous avons vu son étoile en Orient et nous sommes venus pour l'adorer[2]. »

---

1. La tradition juive compte trois textes majeurs : le Tanakh, la Torah et le Talmud. Le Tanakh constitue le recueil canonique des écritures juives et aurait été assemblé cinq cents ans avant la naissance du Christ. Le Tanakh est aussi appelé « Bible juive » ou, chez les chrétiens « Ancien Testament ». La Torah est composée des cinq premiers livres du Tanakh : Genèse, Exode, Lévitique, Nombres et Deutéronome. Le Talmud a été écrit près de six cents ans plus tard, après la chute du Temple en 70 apr. J.-C. Il compile les enseignements, commentaires et philosophies rabbiniques rassemblés pour pouvoir être transmis sous forme écrite plutôt qu'orale.

2. En 1991, le *Quaterly Journal of the Royal Astronomical Society* (volume 32, pages 389-407) note que des astronomes chinois ont observé une comète à longue queue se déplaçant lentement dans le ciel en mars de l'an 5 av. J.-C. Cette *sui-hsing*, ou « étoile », fut visible dans la région du Capricorne pendant plus de soixante-dix jours. Cette même comète aurait été visible en Perse, d'où venaient les mages, pendant quelques heures avant l'aube. En raison du mouvement orbital de la Terre, la lumière de la comète aurait été directement orientée face aux mages au cours de leur voyage – il est donc tout à fait plausible qu'ils aient suivi cette étoile.

Hérode est surpris de constater que les mages transportent de lourds coffres remplis d'or, de résines aromatiques, de myrrhe et d'encens. Ces prêtres sont des hommes instruits et studieux. Leur vie est régie par l'analyse et la raison. En traversant le vaste et dangereux désert parthe, ils ont pris le risque de se faire dérober une immense fortune. Le roi en déduit que ces mages sont soit fous, soit réellement convaincus que cet enfant est le nouveau roi.

Hérode, furieux, convoque ses conseillers religieux. Non croyant, il ne sait pas grand-chose des prophéties juives. Il insiste pour que ces grands prêtres et professeurs de la loi religieuse lui indiquent l'endroit exact où trouver le nouveau roi.

La réponse est immédiate : « À Bethléem, en Judée. »

Les professeurs qu'Hérode interroge sont des hommes modestes, vêtus de simples robes et de capes de lin blanc. Ce n'est pas le cas des prêtres du Temple, des hommes qui portent de longues barbes et des tenues élaborées. Ils sont vêtus d'une cape de lin bleu et blanc avec une bande d'or au niveau du front et d'une robe bleue parée de glands de couleurs vives et de clochettes. Leurs capes et leurs bourses sont ornées d'or et de pierres précieuses. Au quotidien, leurs costumes les distinguent du peuple de Jérusalem. Mais même dans son état, Hérode reste de loin le plus majestueux d'entre eux. Il continue à harceler les professeurs et les prêtres.

« Où est ce prétendu roi des Juifs ?

– À Bethléem, terre de Juda. »

Ils citent textuellement les mots du prophète Michée, prononcés il y a sept cents ans : « De toi sortira un chef qui sera le berger de mon peuple Israël. »

Hérode donne congé aux mages. Mais avant de les laisser partir, il leur demande de trouver l'enfant, puis de revenir à Jérusalem pour l'informer de sa localisation précise afin qu'il puisse à son tour aller rendre hommage au nouveau roi.

Mais les mages ne sont pas dupes. Ils ne reviendront pas.

Le temps passe et Hérode comprend qu'il doit agir. Des fenêtres de son palais fortifié, son regard embrasse tout Jérusalem. À sa gauche s'élève le grand Temple, le plus important et le plus sacré de tous les édifices de Judée. Perché sur une immense plate-forme en pierre, le Temple ressemble davantage à une citadelle qu'à un simple lieu de culte. Il est l'incarnation physique du peuple juif et de sa foi ancestrale. Il a été construit par Salomon au Xe siècle av. J.-C. Après sa destruction par les Babyloniens en 586 av. J.-C., les Perses érigèrent un Second Temple près de soixante-dix ans plus tard, sous Zorobabel. Hérode l'a récemment fait restaurer et agrandir dans des proportions épiques, créant un édifice bien plus grand que celui de Salomon. Le Temple et ses cours sont maintenant le symbole non seulement du judaïsme mais également celui du terrible roi.

Ironie de l'histoire, au moment où Hérode se tracasse en regardant vers Bethléem, Jésus et ses parents ont déjà voyagé à deux reprises jusqu'à Jérusalem et rendu plusieurs visites à cette immense forteresse de pierre, construite sur le site où Abraham, le patriarche juif, faillit sacrifier son propre fils, Isaac. La première visite se déroula huit jours après la naissance de Jésus[1], pour

1. Lorsque les Évangiles décrivent des bergers surveillant leurs troupeaux à flanc de colline, cela semble confirmer que nous sommes au mois de mars, car c'est la saison de l'agnelage. Quant à la date du 25 décembre, date à laquelle nous fêtons

sa circoncision. C'est à ce moment que l'enfant fut officiellement nommé Jésus, conformément à la prophétie. La seconde visite eut lieu lorsque l'enfant avait 40 jours. Le petit Jésus fut conduit au Temple et officiellement présenté à Dieu, comme le veut la loi de la foi juive. Son père, Joseph, un charpentier, acheta diligemment deux jeunes tourterelles pour les sacrifier en l'honneur de ce moment historique.

Un curieux événement, mystique, se produisit lorsque Jésus et ses parents entrèrent dans le Temple ce jour-là – un événement qui sembla conforter le fait que Jésus était un enfant très spécial. Deux parfaits inconnus, un vieil homme et une vieille femme – qui ne savaient rien de ce bébé prénommé Jésus ni de la prophétie qu'il concrétisait –, l'aperçurent à travers la foule présente dans le lieu de culte et se dirigèrent vers lui.

Marie, Joseph et Jésus voyageaient dans l'anonymat le plus complet, souhaitant éviter à tout prix d'attirer l'attention sur eux. Le nom du vieil homme était Siméon, et il croyait fermement qu'il ne mourrait pas avant d'avoir posé les yeux sur le nouveau roi des Juifs. Siméon demanda s'il pouvait tenir le nouveau-né dans ses bras. Marie et Joseph acceptèrent. Lorsque Siméon prit Jésus dans ses bras, il prononça une prière pour Dieu, le remerciant de lui avoir donné la chance de voir le nouveau roi de ses propres yeux. Puis Siméon remit Jésus à Marie en articulant ces mots : « Voici, cet enfant est destiné

---

aujourd'hui la naissance de Jésus, elle fut choisie et nommée Noël – du latin *natalis* – par les Romains lorsque leur empire devint chrétien au IVe siècle. Pour les Romains, cette date était autrefois celle de la fin des Saturnales, fête païenne et orgiaque. Après avoir mis un terme à leurs habitudes licencieuses, il leur semblait logique de remplacer cette fête par la célébration de la naissance de leur nouveau sauveur.

à amener la chute et le relèvement de plusieurs en Israël, et à devenir un signe qui provoquera la contradiction, et à toi-même une épée te transpercera l'âme, afin que les pensées de beaucoup de cœurs soient dévoilées. »

Au même moment, une femme nommée Anne[1] s'approcha à son tour. C'était une veuve de 84 ans, une prophétesse, qui passait ses journées entières au Temple, à jeûner et à prier. Les mots de Siméon résonnaient encore dans les oreilles de Marie et Joseph lorsque Anne s'approcha et glorifia Jésus. D'une voix puissante, elle remercia Dieu d'avoir donné au monde ce bébé très spécial. Puis elle annonça une chose surprenante : elle prédit à Marie et Joseph que leur fils libérerait Jérusalem des Romains.

Marie et Joseph s'émerveillèrent des mots de Siméon et Anne, flattés, comme n'importe quels parents, de l'attention portée à leur enfant, mais ils s'inquiétèrent également, ne sachant ce que ces allusions à l'épée et à la rédemption signifiaient réellement. Après avoir terminé ce qu'ils avaient à faire au Temple, ils sortirent dans les rues animées de Jérusalem, à la fois ravis et préoccupés par la vie que leur fils était peut-être destiné à mener.

*

Si Hérode avait su à quel point Jésus était proche – à moins de 1 kilomètre de la salle du trône – il aurait pu

1. Dans l'Évangile selon Luc, Anne est considérée comme une prophétesse. Cela fait d'elle la seule femme du Nouveau Testament à recevoir cet honneur. Cette appellation signifie qu'elle a vu des choses que les gens ordinaires sont incapables de percevoir. Cela signifie également qu'elle jouit d'un statut plus important que Siméon, que le même auteur décrit simplement comme un homme « juste et pieux ». Luc mentionne aussi le nom de la tribu d'Anne, la tribu d'Aser, un détail assez rare dans le Nouveau Testament.

mettre fin à ses tourments. Mais ce jour-là, Jésus et ses parents n'étaient que trois personnes parmi la foule, se frayant un chemin à travers les bazars bruyants et les rues étroites et sinueuses pour rejoindre le Temple.

Ce Temple représentera à jamais la grandeur d'Hérode – c'est en tout cas ce qu'il croit. L'ironie, c'est qu'il n'est pas toujours le bienvenu entre ses murs, à cause de son absence totale de piété et de foi, mais aussi pour la cruauté avec laquelle il a assujetti le peuple juif.

Derrière le Temple, tout au bout de la vallée du Cédron, se dresse le mont des Oliviers, où les bergers font paître leurs troupeaux sur l'herbe des flancs du coteau tacheté de calcaire. La fête de la Pâque approche, qui apportera des dizaines de milliers de pèlerins hébreux venus de tout le royaume d'Hérode. Tous dépenseront beaucoup d'argent pour ces moutons qui seront sacrifiés dans le Temple.

À bien des égards, ce massacre n'est pas différent de celui des bébés de Bethléem. Ces agneaux sont sacrifiés dans l'intérêt du règne d'Hérode – ce qui revient à dire qu'ils sont assassinés au nom de l'Empire romain. Sans Rome, Hérode n'est rien. Il n'est qu'une marionnette qui doit son royaume à cette république cruelle et toute-puissante. Il a le droit et le devoir de déployer ses manières tyranniques. Car le royaume d'Hérode est bien différent de tous les autres royaumes sous domination romaine. Le peuple juif est une civilisation ancienne, fondée sur un système de croyances qui contredisent celles de Rome, où l'on vénère de nombreux dieux païens, et non pas un unique Dieu juif.

Hérode joue les intermédiaires au sein de cette relation précaire. Les Romains le tiendront pour responsable si un présumé nouveau roi des Juifs cause le moindre problème. Ils ne toléreront pas un dirigeant qu'ils n'ont pas choisi eux-mêmes. Et si les disciples de ce nouveau « roi » fomentent une révolution, nul doute que les Romains interviendront immédiatement pour anéantir brutalement cette voix dissidente. Hérode préfère s'en charger lui-même.

De son palais, Hérode ne voit pas Bethléem, située à une dizaine de kilomètres de là, derrière de petites collines verdoyantes. Il ne voit pas le sang qui inonde ses rues en ce moment même, ni n'entend les cris des enfants terrifiés et de leurs parents. C'est avec la conscience tranquille qu'Hérode regarde par les fenêtres de son palais. D'autres pourront bien le condamner pour avoir assassiné plus d'une douzaine d'enfants. Il dormira bien ce soir, puisqu'il sait que ces meurtres ont été perpétrés pour la prospérité de son règne, de la Judée et de Rome. Si Auguste entend parler de ce massacre, il comprendra certainement : Hérode fait ce qui doit être fait.

*

Jésus et sa famille quittent Bethléem vivants, mais il s'en est fallu de peu. Joseph est réveillé par un cauchemar dans lequel il a une vision de la menace qui pèse sur eux. Il réveille Marie et Jésus au beau milieu de la nuit et la famille s'échappe à temps. Les soldats d'Hérode arrivent trop tard. Ils massacrent les bébés en vain, accomplissant ainsi la prophétie vieille de 500 ans du prophète anticonformiste Jérémie[1].

1. La durée exacte de la vie de Jésus est au cœur de nombreux débats, mais la thèse selon laquelle il serait né au printemps de l'an 6 ou 5 av. J.-C. s'appuie sur

Les saintes Écritures relatent beaucoup d'autres prophéties liées à la vie du Nazaréen. Lentement mais sûrement, tandis que Jésus passe de l'enfance à l'âge adulte, ces différentes prédictions se réaliseront chacune leur tour. Considéré comme un révolutionnaire du fait de son comportement, il sera connu dans toute la Judée pour ses discours surprenants et ses enseignements excentriques. Le peuple juif l'adorera mais il deviendra rapidement une menace pour tous ceux qui profitent du peuple : les grands prêtres, les scribes, les doyens, les dirigeants fantoches de Judée et, surtout, l'Empire romain.

Et Rome ne tolère aucune menace. Grâce aux exemples laissés par les précédents empires, comme ceux des Macédoniens, des Grecs et des Perses, les Romains ont appris l'art de la torture et de la persécution, et ils le maîtrisent parfaitement. Les révolutionnaires et les fauteurs de troubles sont punis avec la plus grande sévérité et une extrême barbarie, afin que personne ne s'avise de les imiter.

C'est le sort qui sera réservé à Jésus. Et ceci concrétisera, une fois encore, une nouvelle prophétie.

Mais tout cela viendra plus tard. Pour l'heure, Jésus n'est encore qu'un enfant, aimé et choyé par Marie et

---

des preuves historiques solides, puisque Hérode le Grand est mort en l'an 4 av. J.-C. Jésus est mort le quatorzième jour de Nissan. La date du début de la Pâque dépend chaque année du calendrier lunaire, et on peut déduire que sa mort a eu lieu un vendredi entre l'an 27 et l'an 30 apr. J.-C. L'histoire indique que Jésus a été exécuté lorsque Ponce Pilate et Caïphe régnaient en Judée, c'est-à-dire entre l'an 26 et l'an 37 apr. J.-C. L'an 30 apr. J.-C. ainsi que l'âge qu'il avait lorsqu'il mourut apparaissent donc comme des conclusions logiques – bien que le sujet soit toujours largement débattu.

Joseph. Il est né dans une étable, les Rois mages lui ont rendu visite, lui ont offert leurs somptueux cadeaux et le voici désormais en fuite, traqué par Hérode et l'Empire romain[1].

1. Les faits, citations et histoires les plus pertinents au sujet de Jésus nous viennent des quatre Évangiles de Matthieu, Marc, Luc et Jean. De nos jours, ces écrits sont souvent remis en cause, mais grâce à la recherche et à l'archéologie, leurs caractères historique et authentique sont de plus en plus reconnus. De nombreux spécialistes pensent que l'Évangile de Matthieu a été écrit en grec par l'apôtre et ancien percepteur des impôts entre l'an 50 et l'an 70 apr. J.-C. L'Évangile de Marc a été écrit par Jean-Marc, un proche ami de Pierre, qui a probablement entendu parler de Jésus lors des prédications de son ami. Les Évangiles de Matthieu et Marc sont incroyablement similaires, si bien que beaucoup se demandent si Matthieu ne se serait pas inspiré de Marc – ou l'inverse. Luc était un ami de Paul, cet ancien pharisien converti au christianisme qui prêcha avec encore plus de zèle que les apôtres. L'Évangile de Luc, dont le thème central est le salut, s'adresse aux Gentils, c'est-à-dire les non-Juifs. L'Évangile de Jean a été écrit par l'apôtre et il est centré sur l'évangélisme. Il est écrit en grec et l'on a longtemps pensé qu'il était le dernier Évangile à avoir été rédigé. Les quatre Évangiles (Matthieu, Marc, Luc et Jean) sont appelés Évangiles canoniques, car ils ont été reconnus par l'Église chrétienne. Les Évangiles de Matthieu, Marc et Luc sont appelés Évangiles synoptiques en raison de leurs nombreuses similitudes. Jean a écrit indépendamment des autres, utilisant son expérience de témoin direct, tout comme Matthieu. S'il a bien écrit son Évangile en dernier, alors Jean aura eu le dernier mot sur la vie de Jésus – il y confirme les écrits des autres apôtres tout en établissant la chronologie définitive des événements. Son récit possède une grande puissance parce que Jean était présent pendant les moments-clés du ministère de Jésus et a ainsi pu décrire de nombreuses scènes à la première personne avec beaucoup de réalisme. Mais la force de son récit réside également dans le fait qu'il aurait été un des plus proches confidents de Jésus parmi les apôtres («le disciple que Jésus aimait», se vante-t-il dans Jean, XX, 2, prouvant ainsi une nouvelle fois que les apôtres rivalisaient pour gagner en prestige et en pouvoir auprès de leur guide).

CHAPITRE DEUX

ROME
15 MARS, 44 AV. J.-C.
11 HEURES DU MATIN

Le dictateur à qui il ne reste qu'une heure à vivre avance, porté par ses esclaves. Confortablement installé dans sa litière, Jules César est vêtu avec son élégance habituelle : une ceinture ample, une toge pourpre en laine par-dessus une tunique en soie blanche et une couronne de feuilles de chêne sur le crâne, qui atteste de son héroïsme tout en dissimulant un embarrassant début de calvitie. Depuis peu, César s'est pris de passion pour les bottes montantes rouges, mais ce matin, ses pieds sont chaussés de simples sandales.

Il pense à peine à la réunion qui l'attend avec le Sénat romain et pour laquelle il est déjà en retard. Ce qui occupe le plus ses pensées, ce sont les rumeurs d'une mort – la sienne. Mais bien sûr, César est loin de se douter que les bruits qui courent au sujet de sa mort imminente se révéleront, cette fois-ci, complètement fondés.

Jules César est l'homme le plus puissant du monde. Son pouvoir est tel qu'il ne se contente pas d'avoir changé le nombre de jours dans l'année, il s'apprête maintenant à rebaptiser le mois de sa naissance et le calendrier entier en son honneur. Aujourd'hui est l'équivalent d'un mercredi dans la semaine juive de sept jours. Mais les Romains utilisent un cycle de huit jours et donnent à leurs jours une lettre plutôt qu'un nom, en l'occurrence, le « G ». Ils donnent également un numéro à chaque lever de soleil. Cette journée est donc, selon le tout nouveau calendrier julien de César, la quinzième du mois de Martius de l'an 44 av. J.-C.

On appelle également ce jour les ides de mars. Et comme le grand orateur et avocat romain Cicéron l'écrirait bientôt : « Les ides ont tout changé. »

Jules César.

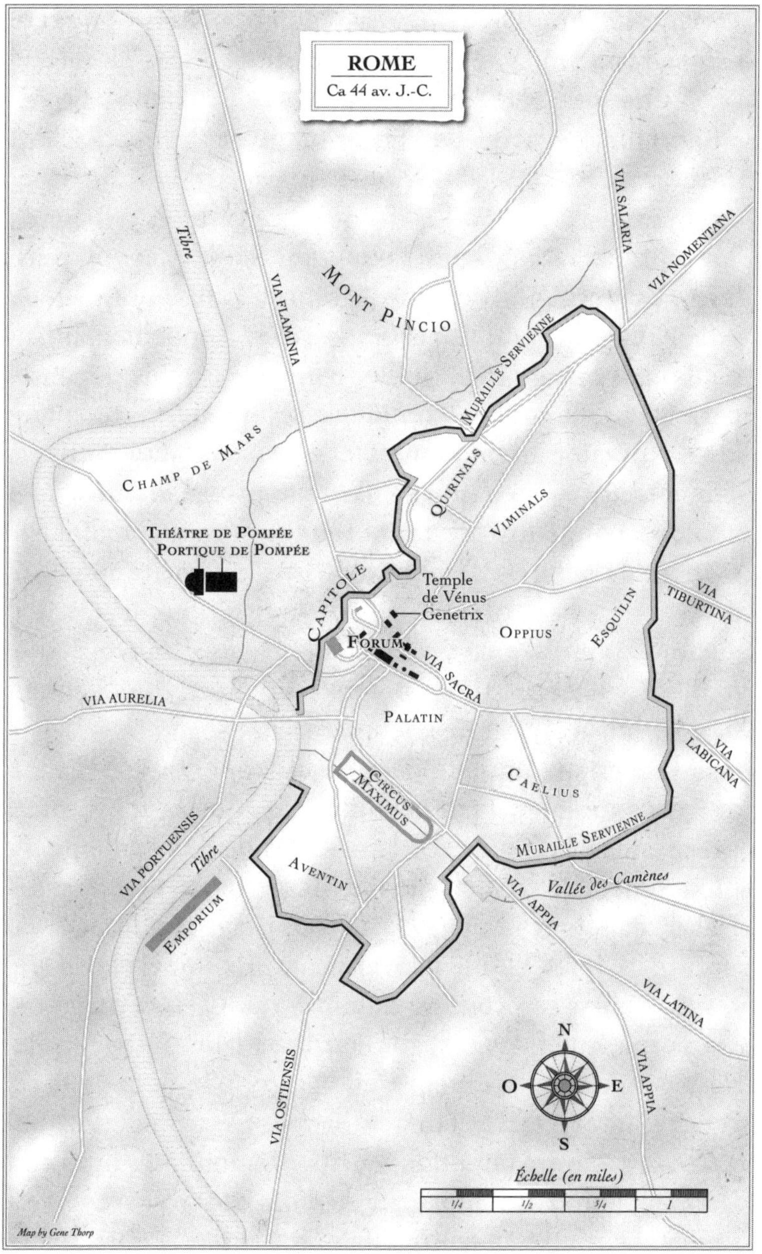
ROME
Ca 44 av. J.-C.
Tibre
VIA FLAMINIA
MONT PINCIO
VIA SALARIA
VIA NOMENTANA
MURAILLE SERVIENNE
CHAMP DE MARS
QUIRINALS
VIMINALS
THÉÂTRE DE POMPÉE
PORTIQUE DE POMPÉE
CAPITOLE
Temple
de Vénus
Genetrix
FORUM
VIA SACRA
OPPIUS
ESQUILIN
VIA TIBURTINA
VIA AURELIA
PALATIN
VIA LABICANA
CIRCUS MAXIMUS
CAELIUS
MURAILLE SERVIENNE
VIA PORTUENSIS
Tibre
AVENTIN
VIA APPIA
Vallée des Camènes
EMPORIUM
VIA LATINA
N
O
E
S
VIA APPIA
VIA OSTIENSIS
Échelle (en miles)
1/4
1/2
3/4
1
Map by Gene Thorp

Pour l'heure, Divus Julius – «Jules le Dieu», comme le Sénat romain le nommera plus tard –, 55 ans, traverse la ville de Rome. Il fait bon, pas très chaud, et le peuple, émerveillé, regarde passer César avec respect. C'est un homme de taille moyenne, mais sa détermination est immense. Il a rallié de nombreux pays à Rome, conquis ou envahi des terres qui s'appelleront plus tard l'Espagne, le Royaume-Uni, la France, l'Égypte et l'Italie. César est un homme à la vie personnelle conflictuelle, qui mange peu, boit encore moins mais dépense parfois sans compter – comme cette fois où il commande la construction d'une nouvelle villa puis la fait détruire sitôt terminée parce qu'elle n'est pas assez parfaite à son goût. Et tandis que de nombreux hommes romains se méfient de leurs pulsions sexuelles, convaincus que trop de sexe drainerait leur corps de leur virilité, César n'a aucune crainte de ce genre. Calpurnia est sa troisième femme, et il a eu de nombreuses maîtresses, dont l'ambitieuse reine égyptienne Cléopâtre.

Maintenant, allongé dans sa litière, l'homme d'État au corps de guerrier réfléchit au sujet de la mort, plus précisément la sienne. Des amis, des devins et même sa bien-aimée Calpurnia – jeune vierge de 16 ans lorsque César, qui en avait alors 40, avait partagé son lit pour la première fois – l'ont prévenu que quelque chose de terrible allait se produire aujourd'hui. C'est à cause de Calpurnia que César est en retard ce matin. En rêve, elle l'a vu se faire assassiner et elle l'a supplié de ne pas se rendre au Sénat. En temps normal, César n'aurait pas prêté la moindre attention à cette prémonition, mais ces derniers jours, des informateurs l'ont mis en garde avec insistance contre un complot visant à le tuer. Pour autant,

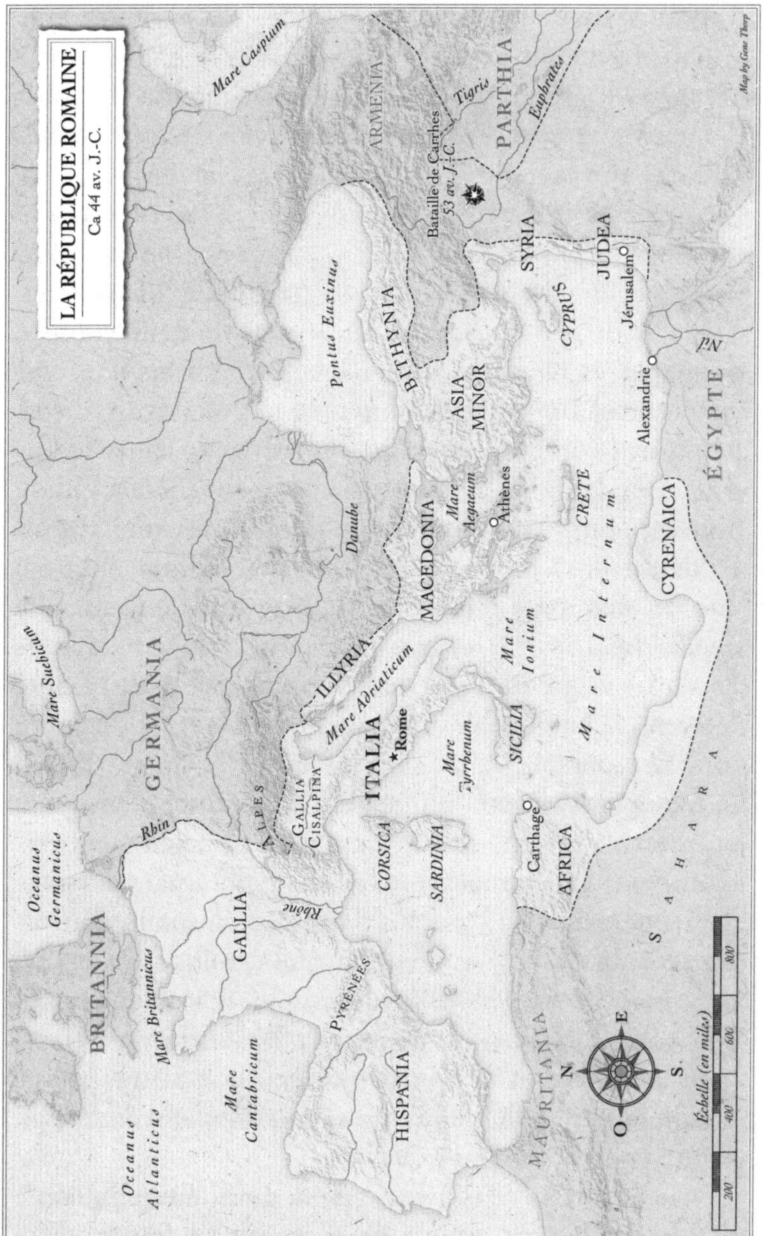
LA RÉPUBLIQUE ROMAINE
Ca 44 av. J.-C.
Mare Caspium
ARMENIA
PARTHIA
Tigris
Euphrates
Bataille de Carrhes
53 av. J.-C.
SYRIA
JUDEA
Jérusalem
CYPRUS
Pontus Euxinus
BITHYNIA
ASIA MINOR
Alexandrie
ÉGYPTE
Athènes
CRETE
Mare Aegaeum
MACEDONIA
Danube
CYRENAICA
Mare Internum
Mare Ionium
ILLYRIA
Mare Adriaticum
ITALIA
Rome
Mare Tyrrhenum
SICILIA
Carthage
AFRICA
SAHARA
GERMANIA
Mare Suebicum
ALPES
GALLIA CISALPINA
CORSICA
SARDINIA
Rhin
Oceanus Germanicus
BRITANNIA
GALLIA
Rhône
Mare Britannicus
PYRÉNÉES
HISPANIA
Mare Cantabricum
Oceanus Atlanticus
MAURITANIA
N
E
S
O
Échelle (en miles)
200
400
600
800
Map by Gene Thorp

il a choisi de ne pas tenir compte de ces avertissements – il préfère même en rire.

« Quelle est la façon la plus douce de mourir ? lui avait demandé Lépide, son maître de cavalerie, deux jours plus tôt, au dîner.

– Quand elle arrive sans prévenir », avait répondu le dictateur.

César a passé une grande partie de la matinée à essayer de rassurer Calpurnia. Il a même donné l'ordre de disperser le Sénat. Mais Decimus Brutus, le grand général, célèbre pour avoir vaincu la flotte des Vénètes pendant la guerre des Gaules, est venu le supplier d'ignorer les cauchemars de Calpurnia. Il a rappelé à César son voyage imminent en Parthie, une région à l'ouest de la Judée où les légions romaines ont subi une de leurs plus écrasantes défaites lors de la bataille de Carrhes, dix ans auparavant. César veut assujettir les Parthes – originaires des déserts montagneux de l'actuel Moyen-Orient – et poursuivre l'expansion de l'Empire romain mondial.

Le départ est prévu pour le 18 mars, soit trois jours plus tard. César pourrait être absent pendant plusieurs mois, voire une année. Il est donc urgent qu'il rencontre le Sénat pour régler les affaires en suspens. Brutus suggère également que le Sénat pourrait réserver une surprise à César. Un mois plus tôt, les 900 membres du Sénat l'ont nommé dictateur à vie. Brutus laisse maintenant entendre qu'ils pourraient bien le nommer roi ce matin, faisant de lui le premier monarque que Rome ait connu en près de cinq cents ans.

Car les citoyens romains vivent dans une république depuis le renversement de Tarquin le Superbe en

509 av. J-C. et ils sont tellement opposés à l'idée d'un dirigeant absolu que le mot latin pour « roi », *rex*, est considéré comme un gros mot. Mais à l'approche de son rendez-vous avec le Sénat, César est convaincu que le peuple verra les choses différemment s'agissant de lui, car il a consacré beaucoup de temps à tenter de les satisfaire. Il a notamment fait en sorte que chacun puisse accéder aux divertissements populaires, de façon à détourner leur attention et à étouffer leurs éventuels doutes au sujet du gouvernement. En ce moment par exemple, sur le chemin du Sénat, entre sa maison située sur la Via Sacra et l'extérieur du *pomerium*, la limite sacrée de Rome, César entend les hurlements de la foule réunie dans la grande arène du théâtre de Pompée pour assister à un sanglant combat de gladiateurs.

Le théâtre de Pompée a été construit il y a onze ans par le plus grand rival de César et baptisé d'après son nom. La structure à colonnes est faite de pierre et de béton, à la différence des traditionnels théâtres en bois romains. C'est une œuvre d'architecture complexe et immense – si monumentale qu'en sept cents ans d'histoire Rome n'a connu aucun lieu de divertissement aussi grand et aussi élaboré. Une moitié de l'amphithéâtre, en forme de D, est consacrée aux divertissements populaires comme les pièces de théâtre et les combats de gladiateurs. On y donne des simulacres de batailles contre des éléphants, ainsi que de vrais combats opposant des lions et des hommes.

Le jardin, avec ses immenses plates-bandes de fleurs et ses arcades ornées de fontaines et de statues, est partiellement couvert pour permettre aux promeneurs de se protéger de la pluie ou du soleil. Dans une autre portion de ce « théâtre » se trouve le grand hall au sol de marbre, froid et silencieux, où se tiennent les séances du Sénat. César aurait pu changer le nom du lieu après l'exécution de Pompée, mais il n'avait aucun intérêt politique à s'en prendre à la mémoire de son rival. Le nom de Pompée orne donc toujours cette superbe structure et une immense statue en marbre du général déchu veille sur le portique du grand hall, comme pour espionner les conversations du Sénat.

Le peuple de Rome se presse joyeusement autour de la litière de César, que les esclaves portent jusqu'au Champ-de-Mars, une immense plaine longeant les rives du Tibre où les légions romaines se rassemblent avant de partir en guerre. Un jour, pour assurer sa popularité auprès de ses armées, César offrit à chaque soldat son propre esclave. Des esclaves choisis dans les rangs des Gaulois contre lesquels ils venaient de gagner une bataille. Les légionnaires n'ont jamais oublié ce cadeau et continuent de remercier leur chef en lui offrant leur soutien inconditionnel. Contrairement à beaucoup d'autres dirigeants, César n'a donc pas de réelles inquiétudes quant à sa sécurité. Il a même assigné à d'autres missions les 2 000 soldats qui faisaient autrefois partie de sa garde personnelle et il ne craint pas de marcher librement dans les rues de Rome, pour que tout le monde constate qu'il n'est pas un tyran. « Je préférerais mourir qu'être craint », aurait-il déclaré un jour.

Le trajet jusqu'au théâtre de Pompée touche à sa fin lorsque César aperçoit un visage familier parmi la foule. « Le jour contre lequel tu m'as averti est arrivé », lance le dictateur à Spurinna, le devin qui avait eu l'audace de prédire le destin tragique que le chef de l'Empire allait rencontrer aujourd'hui même. C'est en étudiant des entrailles de moutons et de poulets sacrifiés que Spurinna avait vu ce qui lui arriverait. La divinité personnelle de César est Vénus, pour qui il a fait construire un grand temple, mais ce matin, César n'a besoin ni de religion ni de superstitions. Un sourire confiant illumine son visage – qui disparaît rapidement lorsque Spurinna lui répond.

« Oui », crie le haruspice étrusque par-dessus la clameur du peuple loyal de Rome qui se presse autour de la litière de César. Spurinna est sûr de sa prédiction, et il ne craint absolument pas d'être réprimandé pour ce qu'il va dire. « Il est arrivé, mais il n'est pas encore passé. »

César entend ces mots mais n'ajoute rien. Son bras gauche ramène sa toge pourpre sur lui et il sort de la litière, dans l'espoir d'être bientôt nommé roi de Rome.

*

Mais il n'y aura pas de couronnement car c'est un groupe d'assassins qui attend César à l'intérieur du Sénat. Ces meurtriers ne sont ni des soldats ni des citoyens en colère, mais des gens qui se font appeler les « Libérateurs » et on trouve parmi eux des dizaines d'amis proches de César et des alliés de confiance. Ce sont des hommes à l'allure et l'éducation royales en qui il a entièrement confiance ; il a partagé avec eux nombre de repas et de victoires sur les champs de bataille. Or, ces sénateurs dissidents sont hostiles au pouvoir toujours croissant de César, ainsi qu'à son ambition de devenir roi. Une telle promotion lui assurerait non seulement l'autorité à vie mais également le pouvoir de transmettre l'empire à l'héritier de son choix. Et bien que César ait récemment refusé en public une couronne que son ami Marc Antoine tentait de placer sur sa tête, ses ennemis ne sont pas dupes. Les sénateurs rebelles ont passé la matinée à ruminer ces pensées sur leurs sièges du Sénat, nerveux à l'idée de manquer de courage au moment de passer à l'action, leurs *pugionis* fraîchement affûtés cachés dans les plis épais de leurs toges.

Les Libérateurs constituent une minorité – 60 hommes sur un total de 900 –, et s'ils perdent leur sang-froid, ils seront vraisemblablement emprisonnés, exécutés ou exilés. César a la réputation d'être clément, cependant sa vengeance ne se fait jamais attendre, comme en témoigne le jour où il ordonna la crucifixion d'une bande de pirates qui l'avaient kidnappé. « Clément », dans ce contexte, signifie que les bourreaux tranchèrent la gorge des pirates de leur *pugio* acéré avant de les clouer à la croix pour que leur mort soit plus rapide.

Certains des sénateurs, comme le général et homme d'État Decimus Junius Brutus Albinus, ont participé aux batailles et ils maîtrisent l'art de tuer. Brutus est celui qu'on a dépêché chez César pour le convaincre de participer à la réunion du Sénat au moment où les conjurés avaient appris qu'il ne viendrait peut-être pas. Brutus doit pourtant à César sa nomination au poste de préteur, ou magistrat. Mais la famille de Brutus combat les tyrans depuis longtemps ; ainsi attribue-t-on à Junius Brutus, en 509 av. J.-C., le renversement de Tarquin le Superbe, ce qui mit fin à la monarchie romaine. Cet ancien acte de rébellion avait dû être mené avec le même sang-froid que les Libérateurs ont prémédité le meurtre de César.

D'autres sénateurs ont des mains douces et délicates de simples fonctionnaires, comme Publius Servilius

Casca Longus et son allié, Lucius Tillius Cimber, connu pour son penchant pour la boisson. Manier une lame dans le but de tuer sera une expérience toute nouvelle pour eux.

Assassiner César est la plus audacieuse – et la plus dangereuse – des idées. Il ne s'agit pas d'un homme comme les autres. Il est devenu le symbole vivant et éclatant du pouvoir et de l'agressivité romaine. César a resserré sa mainmise sur la politique romaine si fermement que ce meurtre ne pourra que conduire à l'anarchie, et peut-être même à la fin de la République romaine.

*

Les Libérateurs sont loin d'être les premiers à souhaiter la mort de Jules César. Rome compte 1 million d'habitants, et les Romains sont des personnes imprévisibles à la docilité toute relative. César est connu de tous et admiré par la plupart. Depuis ses 15 ans et la mort soudaine de son père alors qu'il enfilait ses chaussures un matin, César a dû affronter de nombreuses épreuves pour parvenir à ses fins. Mais chaque combat l'a rendu plus fort et chaque victoire durement remportée a contribué à accroître sa légende – et son pouvoir.

Toutefois, en termes de gloire, de légende et d'impact, aucun moment ne rivalisera jamais avec le matin du 10 janvier 49 av. J.-C. César est alors déjà un grand général, un homme de 50 ans qui a passé une grande partie de la dernière décennie en Gaule, à assujettir les tribus locales et, par la même occasion, à s'enrichir. En ce moment précis, il se tient sur la rive nord d'un fleuve en crue et à moitié gelé, le Rubicon. Derrière lui, les 4000 soldats lourdement armés de la Legio XIII Gemina, une légion aguerrie qui l'a servi pendant les neuf dernières années. Rome est à 420 kilomètres au sud. Le Rubicon représente la frontière entre la Gaule cisalpine et l'Italie – ou, d'un point de vue encore plus pragmatique dans le contexte d'alors, entre la liberté et la trahison.

Les guerres de César ont anéanti la population de la Gaule. Sur les 4 millions de personnes de la région qui s'étend des Alpes à l'Atlantique, 1 million a été tué au combat et 1 autre million a été asservi. Après avoir pris Uxellodunum, une ville située dans les alentours de l'actuelle ville de Vayrac, en Dordogne, César fit couper les mains de tous les hommes qui s'étaient battus contre lui. Et pendant le siège épique d'Alésia, sur les collines de l'actuelle Dijon, il encercla la forteresse avec 60000 hommes et 14 kilomètres de solides fortifications. Il fit également ériger des tours d'où il pouvait admirer le spectacle et d'où les archers faisaient pleuvoir leurs flèches sur les forces ennemies. Pour espérer s'échapper de la ville assiégée, les Gaulois piégés allaient devoir se frayer un passage à travers cette zone meurtrière.

Lorsque la nourriture vint à manquer, les Gaulois, menés par le légendaire Vercingétorix, laissèrent leurs femmes et leurs enfants quitter la ville pour que les Romains les nourrissent. Cela valait toujours mieux que les laisser mourir de faim à l'intérieur de la ville. L'intention était peut-être louable, bien qu'elle les condamnât à une vie d'esclavage. Cependant, César refusa de laisser ces innocents franchir les lignes romaines. Les hommes n'avaient plus rien à manger et ne pouvaient pas les faire revenir. Ils regardèrent, du haut des murs de la ville, leurs femmes et leurs enfants dépérir dans ce no man's land entre les deux armées, où ils subsistèrent d'herbe et de rosée avant de mourir lentement de faim et de soif. Affront supplémentaire, César refusa que leurs corps soient récupérés pour être enterrés.

Mais la plus grande atrocité de César – celle pour laquelle ses ennemis du Sénat ont réclamé qu'il soit jugé pour crime de guerre – fut commise contre les tribus germaniques des Usipètes et des Tenctères en 55 av. J.-C. Ces envahisseurs ennemis avaient discrètement commencé à traverser le Rhin pour rejoindre la Gaule, et les Romains les soupçonnaient de s'intéresser au Sud et à l'Italie. Entre avril et juin de l'an 55 av. J.-C., l'armée de César quitta sa base hivernale en Normandie pour gagner le lieu où les maraudeurs des tribus germaniques avaient rejoint les Gaulois, avec lesquels ils s'étaient alliés contre Rome. Ces « tribus » n'étaient pas des petites communautés nomades mais des forces d'invasion dont la population s'élevait à la moitié de celle de Rome, soit près de 500 000 soldats, femmes, enfants et sympathisants.

Lorsqu'ils apprirent que les troupes de César approchaient, les Germains envoyèrent quatre ambassadeurs pour négocier un traité de paix. César refusa et leur ordonna de faire demi-tour pour repartir de l'autre côté du Rhin. Les Germains firent mine d'obéir aux ordres de César, mais quelques jours plus tard, manquant à leur parole, ils lancèrent une attaque surprise. Alors que les soldats de la cavalerie de César faisaient tranquillement boire leurs chevaux sur les rives de l'actuelle rivière Niers, 800 cavaliers germaniques fondirent sur eux au galop avec l'intention évidente de les attaquer. Leur tactique était singulière – et assez terrifiante. Les Germains, plutôt que de combattre sur leurs montures, préféraient mettre pied à terre pour éventrer de leurs courtes lances ou de leurs épées les destriers ennemis, tuant les animaux, et forçant les légions paniquées à fuir, désormais condamnées à se déplacer à pied.

César considéra cette attaque survenue en période de trêve comme une trahison. Il estima, écrirait-il plus tard, qu'il « ne devait plus considérer les propositions de gens qui avaient ouvert les hostilités par traîtrise, à la faveur d'une demande de paix ». César riposta par une impressionnante démonstration de force. Plaçant sa cavalerie déshonorée à l'arrière des troupes, il donna l'ordre aux légions de parcourir à pas redoublé les 13 kilomètres jusqu'au camp germain. Les Romains profitèrent à leur tour de l'effet de surprise. Ils massacrèrent les Germains qui défendaient leur territoire, en première ligne, tandis que la cavalerie romaine disgraciée, bien décidée à montrer ce qu'elle valait réellement, traqua ceux qui essayaient de fuir. Certains Germains parvinrent jusqu'au Rhin mais se noyèrent alors qu'ils tentaient de franchir la centaine de mètres les séparant de l'autre rive.

César n'en resta pas là. Ses hommes rassemblèrent tous les membres des tribus germaniques qui restaient – les vieillards, les femmes, les adolescents, les enfants et les bébés – et les massacrèrent, avec une moyenne de 8 Germains par légionnaire. En règle générale, les soldats romains sont des hommes éduqués. Ils peuvent réciter des vers et ils apprécient les traits d'esprit. Beaucoup ont des femmes et des enfants et ils sont incapables d'imaginer qu'on puisse traiter leurs proches avec une telle barbarie. Mais ce sont des légionnaires disciplinés, entraînés à obéir aux ordres. Ils transpercèrent donc leurs victimes de l'acier de leurs lames et de la pointe tranchante de leurs lances, ignorant les hurlements des enfants terrifiés et les cris implorant leur clémence.

La vengeance de César débuta comme une déclaration de guerre. Elle se transforma cependant rapidement en génocide : environ 430 000 personnes furent tuées. Et pour montrer aux Germains vivant de l'autre côté du Rhin que ses armées avaient les capacités d'aller où elles voulaient et de faire ce qu'elles voulaient, César fit construire un pont au-dessus de cette rivière jusqu'alors imprenable. Cela ne prit que dix jours. César traversa ensuite le Rhin, lança une rapide série d'attaques, puis se retira et fit détruire le pont.

Rome était une république cruelle, qui ne faisait pas de quartier avec ses ennemis. Mais ces attaques brutales allaient trop loin, même pour l'impitoyable Sénat romain, qui réclama l'arrestation de César. Caton, un homme politique connu pour ses talents d'orateur et pour les conflits qui l'opposaient depuis longtemps à César, proposa que le général soit exécuté et qu'on remette sa tête, au bout d'une lance, aux Germains vaincus. Les accusations contre César étaient certes fondées, mais elles découlaient autant de rivalités politiques que du massacre sur les rives du Rhin. Une chose, en revanche, était certaine : les ennemis de César voulaient le voir mort.

*

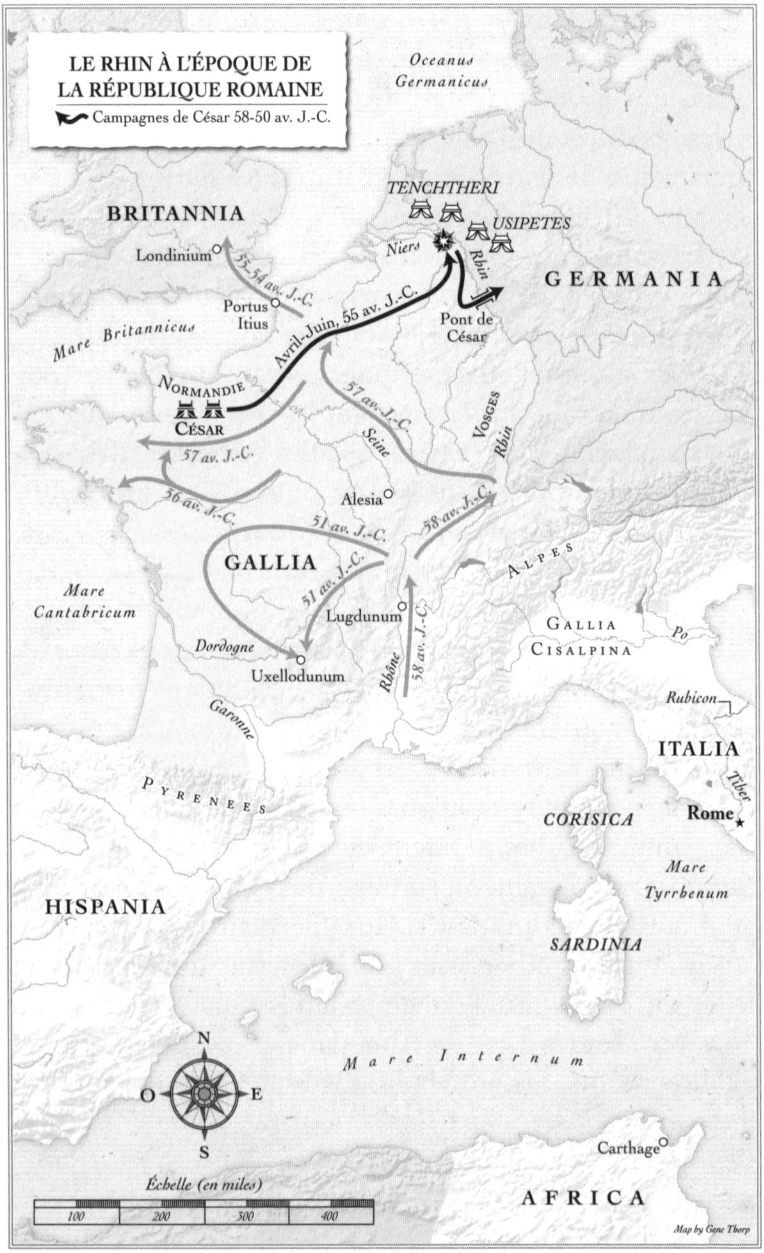

LE RHIN À L'ÉPOQUE DE LA RÉPUBLIQUE ROMAINE
Campagnes de César 58-50 av. J.-C.
Oceanus Germanicus
BRITANNIA
Londinium
55-54 av. J.-C.
Portus Itius
Mare Britannicus
TENCHTHERI
USIPETES
Niers
Rhin
GERMANIA
Avril-Juin, 55 av. J.-C.
Pont de César
Normandie
César
57 av. J.-C.
57 av. J.-C.
Seine
Vosges
Rhin
56 av. J.-C.
Alesia
51 av. J.-C.
58 av. J.-C.
GALLIA
51 av. J.-C.
Alpes
Mare Cantabricum
Lugdunum
58 av. J.-C.
Gallia Cisalpina
Po
Dordogne
Uxellodunum
Rhône
Rubicon
Garonne
ITALIA
Tiber
Pyrenees
Corisica
Rome
Mare Tyrrhenum
HISPANIA
SARDINIA
N
O
E
S
Mare Internum
Carthage
Échelle (en miles)
100
200
300
400
AFRICA
Map by Gene Thorp

En 49 av. J.-C., presque six ans après le massacre, la Gaule est entièrement conquise. C'est le moment pour César de rentrer chez lui, où il sera finalement jugé pour ses actions. Il a reçu l'ordre de dissoudre son armée avant de poser le pied en Italie.

C'est la loi romaine. Tous les généraux qui reviennent au pays doivent disperser leurs troupes avant de franchir la frontière de leur province, en l'occurrence le Rubicon. Cela signifie qu'ils reviennent en paix, sans aucune intention de coup d'État. Celui qui ne dissout pas ses troupes signe un acte de guerre.

Justement, César préfère la guerre. Il décide de franchir le Rubicon selon ses propres règles. À 50 ans, Jules César est dans la fleur de l'âge. Il passe la journée du 10 janvier à repousser ce moment, car s'il échoue, il ne vivra pas assez longtemps pour atteindre le jour de son cinquante et unième anniversaire, dans six mois. Tandis que ses troupes jouent aux dés, affûtent leurs armes et essaient de se réchauffer sous un pâle soleil d'hiver, César se détend dans son bain en buvant un verre de vin. C'est le comportement d'un homme qui sait qu'il ne pourra sans doute pas profiter de son petit confort pendant un certain temps. C'est aussi le comportement d'un homme qui repousse l'inexorable.

César a pourtant de bonnes raisons d'hésiter. Pompée le Grand, son ancien allié, son beau-frère et le bâtisseur du plus grand théâtre romain, l'attend à Rome. Le Sénat a placé le futur de la République entre les mains de Pompée et lui a intimé l'ordre d'arrêter César à tout prix. Jules César s'apprête en effet à faire éclater une guerre civile. Et cette guerre l'oppose autant à Rome qu'à Pompée. Le vainqueur héritera du contrôle de la République romaine. Le perdant, d'une mort certaine.

César passe ses troupes en revue. Les hommes de la Legio XIII sont prêts, disposés en formation, ils attendent son signal. Sur le dos de chaque soldat, 30 kilos de matériel divers – couvertures, casseroles et provisions de céréales pour trois jours. En cette soirée d'hiver, ils portent des bottes, des jambières en cuir et des capes contre le froid. Ils voyageront à pied, sous un casque en bronze et une cotte de mailles. Pour se protéger, chacun dispose d'un bouclier incurvé en bois, toile et cuir, ainsi que de deux javelots – un léger et un plus lourd et plus dangereux. Ils sont également armés d'« épées espagnoles » à double tranchant, fixées dans leurs fourreaux à leurs épaisses ceintures de cuir, et des inévitables *pugionis*. Certains sont équipés de lance-pierres, d'autres d'arcs. Leurs visages sont burinés et usés par les années passées au contact du soleil et du vent. Les blessures infligées par les lances ennemies ont laissé leurs marques sur nombre de leurs corps et l'on peut voir, sur leurs biceps et leurs épaules, les longues cicatrices pourpres des entailles provoquées par un coup d'épée. Ils sont jeunes, entre 17 et 23 ans pour la plupart, mais on distingue également quelques barbes poivre et sel parmi eux, car tout citoyen romain de moins de 46 ans peut être enrôlé dans les légions. Quel que soit leur âge, tous ont suivi l'entraînement physique si difficile qui a rendu légendaire l'endurance des légions. Les nouvelles recrues doivent marcher pendant des heures avec une charge de 20 kilos sur le dos, tout en conservant rigoureusement la disposition de formations compliquées comme le triangle, le carré, le cercle et la tortue, ou *testudo*. Tous les légionnaires romains apprennent également à nager, au cas où une bataille les obligerait à traverser une rivière. Le moindre signe de faiblesse au cours de cet entraînement rigoureux leur vaut un violent coup de bâton sur le dos de la part de leur supérieur.

Lorsque le conscrit a terminé ses quatre mois d'entraînement de base, le conditionnement et l'entraînement draconien restent au cœur de sa vie quotidienne. Trois fois par mois, le soldat doit marcher plus de 30 kilomètres chargé de tout son équipement. Après avoir parcouru cette longue distance en formation, l'unité du légionnaire doit construire un camp fortifié complet, avec des remparts en terre et des tranchées.

Les soldats de la Legio XIII, des hommes musclés, aguerris et loyaux, ont été entraînés à l'art de la stratégie militaire selon ces principes. Ils sont capables d'exploiter intuitivement les forces et les faiblesses de l'ennemi et maîtrisent le maniement de toutes les armes de l'époque. Ils vivent de la terre, mettant en commun leurs provisions de céréales et toute la viande qu'ils peuvent trouver. Ils ont construit des routes et des ponts, livré du courrier, collecté des impôts, assuré le maintien de l'ordre, survécu aux rudes hivers gaulois et connu la douleur provoquée par un projectile qui rebondit contre leur casque. Ils ont même joué le rôle de bourreau, plantant des clous dans les mains et les pieds d'esclaves en fuite et de soldats condamnés à la crucifixion pour avoir déserté leurs propres rangs. Les plus âgés d'entre eux se souviennent du soulèvement de l'an 71 av. J.-C., lorsque 7000 esclaves, menés par un rebelle nommé Spartacus, furent capturés après s'être révoltés et crucifiés sur une rangée de croix de 350 kilomètres de long, s'étendant presque jusqu'à Naples.

Ces hommes ont prêté allégeance à César. Ils admirent son charisme et sa façon de diriger ses troupes en donnant l'exemple, en se soumettant aux mêmes épreuves et aux mêmes privations qu'eux pendant une campagne. Il préfère avancer à pied, parmi ses « camarades », comme il aime nommer ses soldats, plutôt qu'à cheval. Dans les rangs, on apprécie également César car il n'hésite pas à récompenser ses hommes pour leur loyauté. Ils fanfaronnent au sujet des nombreuses conquêtes féminines de leur chef en Gaule, en Espagne et en Angleterre, et ils se moquent même gentiment de sa calvitie naissante en chantant des vers à la gloire de leur « chauve adultère ». César laisse également ses légions se livrer aux plaisirs du jeu et de la chair lorsqu'ils ont quartier libre, affirmant que ses soldats, « même parfumés, peuvent se battre parfaitement ».

César traversant le Rubicon.

Mais en fin de compte, les légionnaires combattent avant tout pour leurs camarades. Ils se sont entraînés ensemble, ont cuisiné ensemble, ont dormi dans les mêmes tentes en cuir exiguës et ont parcouru des centaines de kilomètres côte à côte. Aucune pensée ne leur est plus insupportable que celle d'abandonner un *commilito*, un des leurs, sur le champ de bataille. Ils se considèrent comme des *frater* («frères»), et le plus grand honneur qu'un légionnaire puisse recevoir est la couronne de feuilles de chêne, la *corona civica*, qu'on remet à celui qui a risqué sa vie pour sauver un camarade en difficulté. Jules César porte cette couronne : pour ses soldats, c'est la preuve que leur commandant n'est pas un simple chef de file, mais un homme sur qui l'on peut compter pour mener une guerre avec courage et honneur.

César aura beau conduire les légions à la bataille, ce sont ses hommes qui engageront le combat avec l'ennemi. Ce n'est pas une profession charitable et ce ne sont pas des hommes charitables. Ce sont des légionnaires, à qui l'on a confié la lourde tâche de faire que Rome demeure, sur la durée, la plus grande puissance mondiale.

Dans l'obscurité qui gagne, César s'adresse maintenant à son armée et leur rappelle ce que signifie la traversée du Rubicon. «Il est encore temps de revenir sur nos pas, leur déclare-t-il, même si tous les hommes à portée de voix savent que l'heure de la retraite est passée depuis longtemps. Une fois ce petit pont franchi, c'est le fer qui décidera tout.»

La Legio XIII n'est pas celle que César préfère – sa préférée est la dixième. Mais comme ses autres troupes, les soldats de la dixième sont toujours éparpillés à travers la Gaule. César ne peut les attendre au risque de ruiner ses projets d'une prise éclair de Rome.

Il sent la température qui continue à baisser et il voit ses hommes frissonner dans l'humidité ; Jules César est peut-être nerveux, en tout cas il se rassure vite – conscient que chacun des soldats de la Legio XIII est une machine à tuer.

Malheureusement, c'est également le cas des hommes qu'ils vont affronter. César est en effet sur le point de faire combattre des Romains contre des Romains, des légionnaires contre des légionnaires, des *frater* contre des *frater*.

L'heure est venue. César se tient seul, les yeux fixés sur l'autre rive du Rubicon. Ses officiers sont rassemblés un peu plus loin, attendant ses ordres. Des torches éclairent leurs visages et ceux des soldats de la Legio XIII.

« Alea jacta est », lance alors le général à la cantonade. Il cite un vers de l'auteur grec Ménandre. Le sort en est jeté.

César et sa légion franchissent le fleuve.

*

Ce qui va se produire n'est pas seulement une guerre civile romaine, c'est également la première guerre mondiale de l'histoire. Tout le pourtour méditerranéen se transforme bientôt en champ de bataille, ses plaines et ses déserts sont envahis de légionnaires, ses mers débordent de navires de guerre qui transportent ces hommes d'une terre à l'autre. Les combats sont violents,

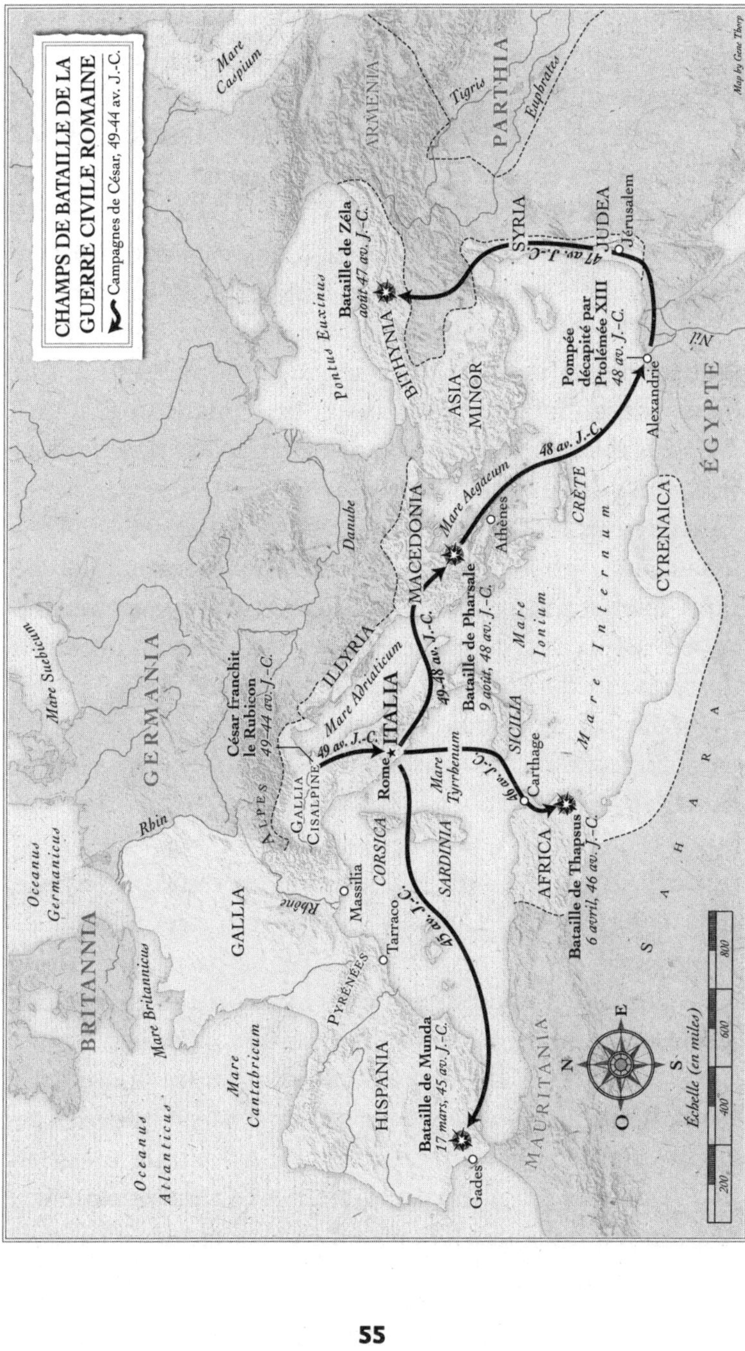

CHAMPS DE BATAILLE DE LA GUERRE CIVILE ROMAINE
Campagnes de César, 49-44 av. J.-C.
Bataille de Zéla
août 47 av. J.-C.
Pompée décapité par Ptolémée XIII
48 av. J.-C.
César franchit le Rubicon
49-44 av. J.-C.
Bataille de Pharsale
9 août, 48 av. J.-C.
Bataille de Thapsus
6 avril, 46 av. J.-C.
Bataille de Munda
17 mars, 45 av. J.-C.
49 av. J.-C.
49-48 av. J.-C.
48 av. J.-C.
47 av. J.-C.
46 av. J.-C.
45 av. J.-C.
Mare Caspium
ARMENIA
PARTHIA
Tigris
Euphrates
SYRIA
JUDEA
Jérusalem
Pontus Euxinus
BITHYNIA
ASIA MINOR
Nil
Alexandrie
ÉGYPTE
CYRENAICA
CRÈTE
Mare Aegaeum
Athènes
MACEDONIA
Danube
Mare Ionium
Mare Internum
ILLYRIA
Mare Adriaticum
ITALIA
Rome
Mare Tyrrhenum
SICILIA
Carthage
AFRICA
SAHARA
GERMANIA
Mare Suebicum
ALPES
GALLIA CISALPINE
CORSICA
SARDINIA
Rhin
Oceanus Germanicus
BRITANNIA
Mare Britannicus
GALLIA
Rhône
Massilia
Tarraco
PYRÉNÉES
HISPANIA
Mare Cantabricum
Oceanus Atlanticus
Gades
MAURITANIA
N
S
E
O
Échelle (en miles)
200
400
600
800
Map by Gene Thorp

souvent au corps à corps. Le sort qui attend les prisonniers de guerre se résume à la torture et la mort. Pour cette raison, lorsqu'une bataille est perdue, beaucoup choisissent de se suicider plutôt que de se rendre. César s'empare de Rome en moins de deux mois, mais la découvre désertée. Prendre la ville ne lui suffit pas. Sa victoire doit être totale. Pompée a fui, et César le prend en chasse à travers la Méditerranée, jusqu'en Égypte.

Tandis qu'il marche sur le rivage pour rejoindre le jeune roi d'Égypte Ptolémée XIII, Pompée – le grand général, l'architecte, le bâtisseur et l'amant prodigieux marié à cinq reprises – reçoit un coup d'épée dans le dos, suivi de plusieurs autres, pour faire bonne mesure. Celui qui a, dans sa jeunesse, goûté trois fois le privilège d'être porté en triomphe à travers les rues de Rome pour fêter ses victoires épiques sur le champ de bataille refuse de laisser ses meurtriers voir son expression au moment de sa mort. Il rabat sa toge sur son visage. Sans perdre de temps, les assassins lui coupent la tête et abandonnent son corps aux oiseaux marins, sur le sable. Imaginant faire plaisir à César, les Égyptiens lui apportent la tête tranchée de Pompée. Mais César est dévasté. Il pleure, puis ordonne qu'on retrouve le reste de son corps afin de lui octroyer de véritables funérailles romaines.

Le meurtre de Pompée ne met pas fin à la guerre. Ses alliés et ses fils, indignés, reprennent le flambeau. César finira par gagner la guerre civile et prendre le contrôle de la République romaine, pour la plus grande joie du peuple qui le vénère, mais ce jour n'adviendra qu'après quatre années de conflit. Entre-temps, César commandera ses légions dans des lieux allant de Pharsale, en Grèce actuelle, aux plaines de Munda, au sud de l'Espagne[1], en passant par Thapsus, en Tunisie. Sa légende ne cessera de croître.

Les conquêtes de César, néanmoins, ne se limitent pas aux champs de bataille.

*

Nous sommes en 48 av. J.-C. et une autre guerre civile fait rage, celle-ci en Égypte. Elle oppose Cléopâtre, 21 ans, à son frère de 13 ans, Ptolémée XIII, guidé par un eunuque fourbe, Pothin. Ptolémée est parvenu à éloigner Cléopâtre de son palais d'Alexandrie, sur les bords de la Méditerranée. Les choses se compliquent lorsque César pourchasse Pompée jusqu'à Alexandrie. Pothin, dans l'espoir de créer une alliance avec César, a fait décapiter Pompée tout juste assassiné, sur la plage égyptienne où le Romain était venu conclure une alliance stratégique avec Ptolémée XIII.

L'initiative barbare de Pothin répugne César, qui avait prévu de traiter Pompée avec indulgence. Car comme l'écrivit plus tard le grand historien Plutarque, rien ne donnait plus de plaisir à César que de « décider très souvent de laisser la vie sauve à certains de ses concitoyens qui avaient porté les armes contre lui ».

À Alexandrie, César s'installe dans le palais royal égyptien. Mais il craint que Pothin n'essaie de le faire assassiner dans son sommeil, aussi veille-t-il tard presque tous les soirs. Un soir, alors qu'il s'est retiré dans ses

1. Après avoir vaincu le roi du Pont, Pharnace, à Munda, César prononça le célèbre *« Veni, vidi, vici »* – « Je suis venu, j'ai vu, j'ai vaincu. »

quartiers, César entend du bruit à sa porte. Il s'attend à voir Pothin ou un de ses assassins, mais c'est une jeune femme qui pénètre seule dans la chambre. Il s'agit de Cléopâtre, même s'il ne le sait pas encore. Elle s'est introduite dans le palais par une entrée sur les quais et s'est faufilée dans les couloirs en toute discrétion. Un tissu couvre ses cheveux et son visage tandis qu'une épaisse cape sombre enveloppe son corps. Envoûté, César attend que l'étrangère se montre.

Avec de lents gestes sensuels, Cléopâtre découvre son visage, ses lèvres pleines et son nez aquilin. Puis elle fait glisser sa cape sur le sol de marbre ; sous sa simple robe de lin, son corps est nu. Les yeux sombres de César la détaillent de bas en haut, il distingue à présent bien davantage que le contour de ses seins menus et la rondeur de ses hanches. Le désir est réciproque. Au sujet de ce moment, un historien écrira que « le désir de Cléopâtre devint plus grand encore qu'il ne l'était auparavant ».

Cléopâtre connaît bien le pouvoir que confère la séduction, et si elle s'apprête à accorder à César ce qu'elle a de plus précieux, c'est évidemment dans un but politique. La manœuvre fonctionne immédiatement. Cette nuit-là, César et elle entament une des liaisons amoureuses les plus passionnées de l'histoire, où s'enchevêtreront politique et romance, et qui aura des répercussions à long terme sur le monde entier. Il suffira d'une nuit pour que Cléopâtre convainque César de la replacer sur le trône d'Égypte. Aux yeux de ce dernier, cela signifie qu'il est désormais l'allié d'une femme dont le règne est issu de l'héritage d'Alexandre le Grand, le conquérant macédonien tout-puissant qu'il admire tant. La convergence de son pouvoir grandissant et de celui de Cléopâtre est un puissant aphrodisiaque. Ils communiquent en grec, même si la rumeur raconte que Cléopâtre parle neuf langues couramment. Ce sont deux personnalités intelligentes, charismatiques et disciplinées, considérées par leurs sujets comme des souverains bienveillants et justes. Tous deux sont également dotés d'un grand talent oratoire capable d'hypnotiser les foules. Cléopâtre et l'Égypte ont besoin de la puissance militaire de César, tandis que César et Rome ont besoin des ressources naturelles de l'Égypte, en particulier de ses abondantes récoltes de blé. César et Cléopâtre formeraient presque le couple parfait, si seulement Jules César n'était pas déjà marié.

Cléopâtre, maîtresse de César et, plus tard, de Marc Antoine.

Ce détail n'a cependant jamais freiné César. Il a épousé trois femmes : la première est morte en couches, il a divorcé de la deuxième qu'il soupçonnait d'infidélité, et il est désormais marié à Calpurnia. Il couche avec les femmes de ses amis, glanant sur l'oreiller des informations au sujet de ses collègues. L'amour de sa vie se nomme Servilia Caepionis, elle est la mère du traître Marcus Junius Brutus – dont beaucoup pensent qu'il est le fils illégitime de César.

Mais la plus célèbre liaison de César n'est pas avec une femme. Une rumeur très répandue raconte que, dans sa jeunesse, il a entretenu une liaison avec le roi Nicomède IV de Bithynie[1] pendant un an. D'ailleurs, le surnom moqueur de « Reine de Bithynie » le poursuit encore aujourd'hui.

Les nombreuses liaisons de César ne lui ont toutefois jamais apporté un élément essentiel : un héritier. On raconte que ses enfants bâtards, en quantité légendaire, sont disséminés à travers la Gaule et l'Espagne. Mais son unique enfant légitime, Julia, est morte en couches il y a longtemps – après avoir, ironie de l'histoire, épousé le rival de César, Pompée. Calpurnia, son épouse actuelle, n'a jamais pu lui donner d'enfants.

Le 23 juin de l'an 47 av. J.-C., Cléopâtre donne naissance à un fils, Philopator Philometor Caesar – dit Césarion. Un an plus tard, Cléopâtre et l'enfant arrivent à Rome, où ils sont hébergés par César et Calpurnia dans leur villa du Trastevere. Lorsque César doit repartir à la guerre, Cléopâtre et l'enfant poursuivent leur séjour à Rome avec Calpurnia. Sans surprise, celle-ci déteste

1. Nord-est de l'actuelle Turquie.

l'Égyptienne. Mais César a ordonné à sa maîtresse de rester à Rome, et la ville bruisse des rumeurs de leur probable mariage. Et le dictateur n'a d'ailleurs pas apaisé la situation en faisant ériger dans le temple de Vénus une statue de Cléopâtre nue, la représentant ainsi comme la déesse de l'amour.

Pour des raisons qu'il est le seul à connaître, César accepte que Césarion porte son nom mais refuse d'en faire son héritier. Son testament stipule qu'à sa mort, c'est son neveu Octave qui deviendra son fils adoptif et son héritier légal. Cléopâtre est intelligente et impitoyable. Elle sait que si sa relation avec César prend fin, elle perdra son emprise sur l'Égypte. Aussi a-t-elle discrètement commencé à fomenter sa trahison – le renversement de Rome par l'Égypte. Son plan nécessite toutefois que Césarion soit nommé héritier et successeur légitime de César – ce qui signifie qu'elle doit parvenir à faire modifier son testament à César.

Il existe peut-être un autre moyen : si César est nommé roi de Rome, il aura besoin d'une reine de naissance royale pour pouvoir parachever un vrai mariage royal. Le plan de Cléopâtre est donc très simple : elle continuera à inciter César à accepter le titre de roi de Rome. Puis ils se marieront, et à la mort de César, son fils régnera en tant qu'héritier légitime.

Tout semble conforter les desseins de Cléopâtre. Il est évident que le Sénat est sur le point de nommer César roi. Cette nomination sera bientôt suivie de leur mariage, et Octave ne représentera plus la moindre menace pour l'accession de Césarion aux trônes d'Égypte et de Rome.

César, le grand homme d'État, est en train de se faire manipuler par une femme qui n'a pas la moitié de son âge et qui ne dispose d'aucune armée. Des milliers d'hommes ont péri pendant la guerre civile romaine, sacrifiés dans le but de prendre le contrôle de la République. Et voilà que Cléopâtre est en passe de parvenir au même objectif, avec pour seule arme ses talents de séductrice.

Son plan est brillant. Absolument parfait. Mais c'était sans compter sur les ides de mars. Car lorsque la bataille pour la succession prendra fin, il n'y aura plus de république de Rome et plus de Césarion.

Et plus de Cléopâtre, non plus.

*

À l'arrivée de Jules César dans la chambre du Sénat, un « ami » s'est avancé pour engager la conversation avec lui. Il s'agit de Popillius Laenas, le descendant d'une lignée de propriétaires terriens romains vieille de plusieurs siècles, connus pour leur cruauté et leur penchant pour la trahison. D'où cette inquiétude des conspirateurs, qui observent la scène de loin sans entendre ce que Popillius dit à César. Quelques secondes plus tôt, Popillius a souhaité bonne chance à Marcus Brutus, mais peut-être n'était-ce qu'une ruse. Les Libérateurs perçoivent l'allure sérieuse et amicale de sa discussion avec César. Ils ont l'estomac retourné par la peur que Popillius puisse être en train d'informer César du complot. « Ne pouvant entendre ce qu'ils disaient, mais le devinant à partir de ce qu'ils savaient (...) ils se regardèrent les uns les autres et s'avertirent du regard de ne pas attendre d'être arrêtés mais de se donner eux-mêmes la mort », écrivit l'historien Plutarque au sujet de ce moment.

Une fois la conversation terminée, Popillius embrasse les mains de Divus Caesar et quitte le théâtre de Pompée. César ne semble pas agité. Soulagés, les Libérateurs retournent prendre place dans leurs fauteuils en attendant qu'il s'installe.

La haute statue de Pompée darde son regard noir sur César alors qu'il entre sans bruit dans le Sénat. Cassius, qui doit tenir le rôle d'assassin principal, avec Brutus, se tourne vers la statue de Pompée et prie, dans l'espoir que l'ancien ennemi de César lui insuffle du courage.

Tout le Sénat se lève lorsque César avance dans la chambre. Ils ont passé la matinée à gérer les affaires de l'État et ils le regardent à présent prendre place sur un trône doré. Presque immédiatement, un groupe nombreux se dirige vers lui, Lucius Tillius Cimber à sa tête. Leur comportement n'a rien d'inquiétant car il est courant que les sénateurs s'approchent de César avec des pétitions personnelles – et, en effet, César distingue clairement le rouleau que Tillius tient dans une main. Mais il ne voit pas le poignard qu'il serre fermement dans l'autre.

César devine aisément ce que souhaite Tillius. Le frère du sénateur a été envoyé en exil ; la pétition est très certainement une demande de grâce.

Le groupe de sénateurs se rassemble autour de César, leur nombre augmente rapidement, et le voici bientôt encerclé par une petite foule. Les hommes se penchent pour déposer des baisers de respect sur le crâne et le torse du dictateur. Oppressé par leurs démonstrations, il se retranche au fond de son siège.

L'agacement de César face à leur comportement agressif se mue en colère et il se lève brusquement.

Le meurtre de Jules César.

C'est le moment que les assassins attendaient. Tillius attrape alors le haut de la robe de César et la déchire au niveau de l'épaule. À cet instant, le Libérateur nommé Publius Servilius Casca Longus – ou « Casca » – lance un coup de poignard dans l'épaule de César. Le coup est faible et la plaie ne saigne pas beaucoup, mais la douleur soudaine fait crier César. « Scélérat de Casca, dit-il en agrippant fermement le manche du poignard, que fais-tu ? »

Alors qu'il se retourne pour faire face à son agresseur, César aperçoit non pas un couteau, mais 60. Ce n'est pas un coup de poignard qu'il reçoit, mais des dizaines. Chaque sénateur a sorti un *pugio* de sous sa toge. César discerne bien des visages ennemis, mais la plupart des présents sont des amis, parmi lesquels Decimus Brutus et un autre Brutus – Marcus, le stoïcien arrogant de 41 ans dont on prétend qu'il serait le propre fils de César. Les conspirateurs s'acharnent sur le dictateur, transperçant encore et encore son corps sans défense de leurs lames acérées. Leur frénésie est telle que beaucoup de sénateurs poignardent leurs pairs par erreur, si bien que tous sont bientôt couverts de sang.

César, de son côté, tente de se défendre tant bien que mal.

Marcus Brutus porte finalement le coup fatal. Plutôt que de viser le cœur ou la grande artère du cou, le fils bâtard plonge sa lame dans l'aine de César. À l'acte meurtrier se superpose celui de l'émasculation, destiné à humilier l'homme qui n'a pas voulu reconnaître Marcus comme son fils. Le sang imbibe la tunique de César et coule le long de ses jambes nues et pâles tandis qu'il s'effondre sur le trône.

« Toi aussi, mon fils ? » prononce César d'un ton désespéré en dévisageant Marcus.

Pour que personne ne puisse voir le masque de mort qui recouvrira bientôt son visage, César relève sa toge et cache sa tête. Une large flaque de sang se forme sur le sol de marbre tandis que son corps glisse du trône et reste étendu aux pieds de la statue de Pompée.

Une fois sa tête recouverte, Jules César s'éteint enfin. Ce n'est que mort qu'il obtiendra finalement le pouvoir ultime qu'il désirait tant, lors de sa déification posthume par le Sénat. Enfin, on le nomme Divus Julius.

Jules le Dieu était pourtant bien mortel et son assassinat en a apporté la preuve.

CHAPITRE TROIS

PHILIPPES, NORD DE LA GRÈCE
23 OCTOBRE, 42 AV. J.-C.
MATIN

Le Fils de Dieu se croit immortel[1]. Il lutte également contre un très mauvais rhume.

Gaius Julius Caesar Octavianus, ou Octavien, est souffrant depuis ce qui lui semble être une éternité. Son armée a établi son campement près d'un immense marais, ce qui n'arrange certainement pas les choses. Le jeune homme qui s'est attribué le titre de Divi Filius (« Fils de Dieu ») enroule sa cape autour de ses épaules pour se réchauffer et étudie d'un air absorbé le ciel bleu sans nuages. Il espère y déceler une bonne nouvelle qui viendrait atténuer les souffrances causées par sa maladie. Au-dessus de lui, deux aigles royaux décrivent des cercles étroits, les serres ouvertes, lancés dans un combat en plein vol. L'aigle est le symbole de la légion romaine,

1. Octavien (plus tard devenu César Auguste) utilisa le terme *divi filius* comme outil de propagande pendant une grande partie de sa vie. Des dizaines de millions de pièces furent frappées de son portrait et de ce titre. Un denier d'argent émis en 38 av. J.-C. montre même Jules César de profil, face à Octavien. À côté de César est frappé le nom Divus Iulius et à côté d'Octavien, Divi Filius.

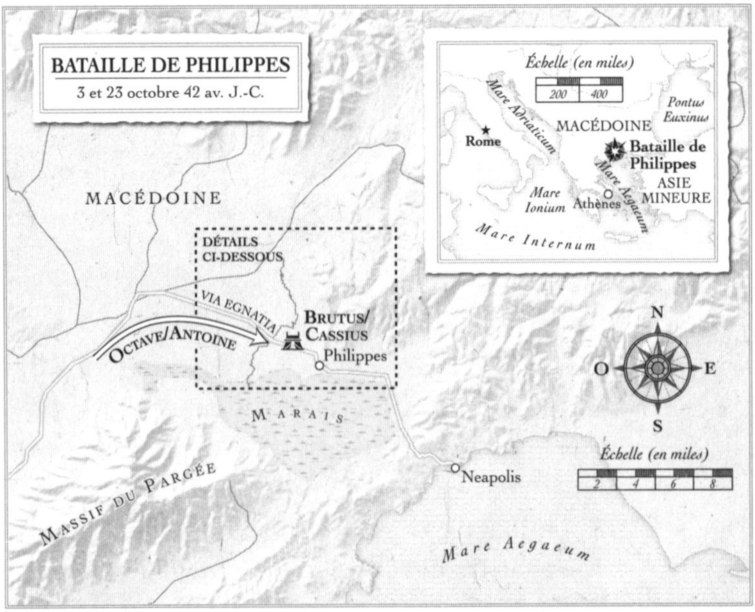
BATAILLE DE PHILIPPES
3 et 23 octobre 42 av. J.-C.
Échelle (en miles)
200
400
Pontus Euxinus
Mare Adriaticum
MACÉDOINE
Rome
Bataille de Philippes
Mare Aegaeum
ASIE MINEURE
Mare Ionium
Athènes
Mare Internum
MACÉDOINE
DÉTAILS CI-DESSOUS
VIA EGNATIA
BRUTUS/ CASSIUS
OCTAVE/ANTOINE
Philippes
N
O
E
S
MARAIS
Échelle (en miles)
2
4
6
8
Neapolis
MASSIF DU PARGÉE
Mare Aegaeum

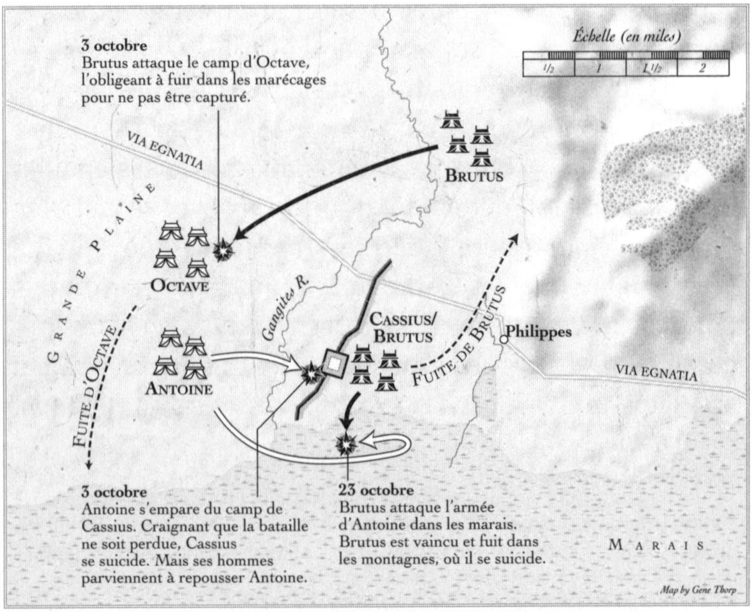
3 octobre
Brutus attaque le camp d'Octave, l'obligeant à fuir dans les marécages pour ne pas être capturé.
Échelle (en miles)
1/2
1
1 1/2
2
VIA EGNATIA
BRUTUS
GRANDE PLAINE
OCTAVE
Gangites R.
CASSIUS/ BRUTUS
FUITE D'OCTAVE
ANTOINE
FUITE DE BRUTUS
Philippes
VIA EGNATIA
3 octobre
Antoine s'empare du camp de Cassius. Craignant que la bataille ne soit perdue, Cassius se suicide. Mais ses hommes parviennent à repousser Antoine.
23 octobre
Brutus attaque l'armée d'Antoine dans les marais. Brutus est vaincu et fuit dans les montagnes, où il se suicide.
MARAIS
Map by Gene Thorp

et assister au duel entre ces deux grands prédateurs la veille de sa propre bataille représente sans doute un présage favorable.

Mais un présage favorable pour qui : pour Octavien, ou pour les Libérateurs qui ont tué son oncle ?

Leurs deux puissantes armées, composées de plus de trois douzaines de légions et de 200 000 hommes en tout, se font face sur cette plaine des Balkans. C'est une vaste étendue délimitée par des montagnes basses d'un côté et, de l'autre, par le grand marais devant lequel est posté Octavien – un terrain parfait pour cultiver le blé, ou faire la guerre. La fumée d'un millier de feux de bois s'élève en volutes dans le ciel. Les deux camps se livrent aux préparatifs de dernière minute pour la bataille qui vengera le meurtre de Jules César survenu à Rome il y a deux ans, à plus de 1 000 kilomètres de là.

Le raclement des lames en acier sur les pierres à affûter remplit les airs. Les légionnaires choisissent leurs armes du jour et délaissent les javelots et les flèches. Les combats promettent d'être au corps à corps, au un contre un. Aussi les légionnaires glissent-ils des poignards et des épées dans leurs fourreaux plutôt que de prendre des lances, peu utiles en combat rapproché. Des centaines de milliers de légionnaires endurcis se préparent des deux côtés de la ligne, coinçant le bas de leurs capes dans leurs ceintures pour éviter de trébucher lorsqu'ils courront au combat. Des chevaux de cavalerie patientent calmement tandis que l'on jette des selles sur leurs dos nus, ne sachant que trop bien ce qui les attend : le chaos.

L'allié d'Octavien, Marc Antoine, est un homme d'État et un général débauché et alcoolique. Il supervise les préparatifs. Son torse puissant, son physique héroïque et ses cuisses épaisses et musclées dont il tire la plus grande fierté donnent à Marc Antoine l'allure complète du guerrier. Contrairement à Octavien, qui restera en retrait au camp pendant la bataille, Marc Antoine se réjouit à l'idée de se ruer sur le champ de bataille pour y attaquer l'ennemi avec la même férocité que ses légions.

César Auguste, premier dirigeant de l'Empire romain.

Octavien, en revanche, est un jeune homme de 20 ans maladif et pompeux. Il a un grand nez, un menton fuyant et des pommettes larges et hautes encadrées d'une tignasse courte et d'une frange qu'il passe son temps à lisser compulsivement sur le côté. Le fils adoptif de César ne commande même pas ses propres hommes. Il a abandonné cette responsabilité à un homme du même âge que lui, Marcus Vipsanius Agrippa, un intellectuel dont la forte carrure détonne avec son improbable passion pour la géographie.

Néanmoins, Octavien compense sa faiblesse physique par sa ruse et son audace. Depuis qu'il a appris que le testament de César faisait de lui l'héritier légal du dictateur, Octavien a détourné de grosses sommes d'argent public pour son usage personnel, augmenté les impôts et s'est autoproclamé Divi Filius. Il s'est assuré que les Libérateurs Marcus Brutus et Cassius, dont les légions attendent de l'autre côté du champ de bataille, soient déclarés ennemis de l'État. Leurs biens ont été confisqués ; ils ont fui Rome pour sauver leur vie puis ont formé une armée dans l'espoir de rentrer à Rome triomphants. Octavien et Marc Antoine les ont pris en chasse avec leurs propres légions. C'est sur cette plaine qu'ils ont rejoint les Libérateurs il y a cinq mois. Les deux armées ont passé l'été campées sur ce terrain, à construire des palissades et des fortifications en s'observant de loin, dans l'attente du jour fatidique. Une mauvaise passe pour Octavien qui enchaîna les maladies au cours de ces mois longs et froids.

Trois semaines plus tôt, les deux forces s'étaient enfin affrontées. Cassius avait été la première victime. Craignant d'avoir perdu la bataille, il avait préféré se suicider plutôt que se soumettre aux horreurs qu'on infligeait aux prisonniers. L'histoire de Marcus Licinius Crassus, un ancien général qui avait servi Jules César, aurait d'ailleurs fait réfléchir n'importe quel homme envisageant de se rendre. Lors de la bataille de Carrhes en 53 av. J.-C., les Parthes victorieux capturèrent Crassus et le mirent à mort en lui faisant couler de l'or fondu dans la gorge[1].

Cassius s'empala donc sur son épée, convaincu que tout était perdu. Mais le Libérateur avait tort. Peu après son suicide, ses légions avaient repris le dessus et remporté la bataille.

Octavien avait bien failli mourir lui aussi cet après-midi-là. Ses lignes avaient été percées pendant la contre-attaque de Cassius, et le jeune chef n'était parvenu à échapper à ses ennemis qu'en se cachant dans les marécages pendant que les légionnaires de Cassius pillaient son camp avant de retourner derrière leurs lignes. Honteux de s'être montré si lâche et d'avoir laissé plus de 15 000 de ses hommes se faire tuer, Octavien était resté caché pendant trois jours avant de se faufiler discrètement jusqu'à sa tente.

Aujourd'hui, trois semaines plus tard, le grondement des *tubae*, ou clairons, reconnaissable entre tous, résonne d'un bout à l'autre de la plaine, et le cœur des légionnaires romains s'emballe, car c'est l'appel à la bataille.

Ce matin, le lâche tient sa revanche. Octavien en est persuadé à l'issue du combat entre les deux aigles. Les

1. Des années plus tard, une autre histoire célèbre ferait réfléchir à deux fois les hommes quant au fait de se rendre. Lorsque les légions de Rome perdirent un combat décisif contre les tribus germaniques pendant la bataille de Teutobourg, certains soldats romains furent enfermés dans des cages en osier et brûlés vivants, tandis que d'autres furent placés sur des autels et sacrifiés aux dieux germains. En entendant leurs hurlements, le général romain Publius Quinctilius Varus se suicida. Les Germains lui tranchèrent ensuite la tête et l'expédièrent à Rome pour les funérailles. L'ironie veut que le père de Varus se soit allié avec les conspirateurs du complot contre Jules César et qu'il se suicide sur le champ de bataille de Philippes pour ne pas être capturé vivant. Varus lui-même devint tristement célèbre pour avoir crucifié 2 000 Juifs à l'entrée de Jérusalem afin d'étouffer les révoltes après la mort d'Hérode le Grand.

oiseaux ont choisi de se battre au-dessus du champ de bataille par le plus pur des hasards, sans aucune mise en scène de sa part. Or, l'aigle surgi du côté de Marcus Brutus chute à présent vers la terre, mis à mort par le majestueux oiseau de proie venu du côté d'Octavien.

C'est un bon présage. Et comme feu son oncle Jules, le Divi Filius croit aux présages.

*

Deux ans après les faits, la mort de Jules César continue d'affecter presque chaque partie du monde. C'est le cas à Rome, où le chaos continue à régner, et en Égypte, où l'impitoyable Cléopâtre est parvenue, bon an mal an, à conserver le pouvoir en tuant son propre frère. L'onde de choc met un certain temps à atteindre la Judée, mais elle sera bientôt perceptible dans la province de Galilée, dans le village de Nazareth, où un charpentier du nom de Jacob élève son fils, Joseph.

Jacob est un descendant direct d'Abraham, le patriarche de la foi juive, et de David, le plus grand roi que la Judée ait jamais connu. 26 générations séparent Jacob d'Abraham et au moins 14 le séparent de David. Abraham était un homme extrêmement riche ; David et son fils Salomon l'étaient encore davantage, mais la lignée traverse aujourd'hui une période difficile. La modeste Nazareth n'a rien à voir avec les grands royaumes qui ont vu naître les générations précédentes. C'est un village calme et tranquille, où vivent moins de 400 habitants dans trois douzaines de maisons, situé dans une cuvette formée par les collines ondoyantes du sud de la Galilée. Les petites maisons[1] sont construites à partir de roche calcaire et d'autres pierres qu'on extrait de la colline. Jacob est un bâtisseur qui travaille à la fois avec des pierres de construction et du chêne coupé dans les forêts proches pour les toitures et les meubles. Lorsque le travail manque à Nazareth, il peut toujours en trouver dans la ville cosmopolite de Sepphoris, à seulement une heure de marche.

Comme son père avant lui, Jacob forme Joseph à marcher dans ses pas. Il ne lui apprend pas seulement le métier de charpentier, mais également les autres compétences nécessaires à la vie de tous les jours, comme presser le vin et l'huile d'olive, aplanir un flanc de colline pour y cultiver le blé qui nourrira la famille et rediriger la source locale pour qu'elle irrigue leur terre. Mais le plus important de tout est que Jacob élève son fils dans la foi juive. Car les cultures grecque, arabe et romaine ont beau avoir toutes laissé leur empreinte à Nazareth au cours des siècles, la lignée de Jacob et sa dévotion à un Dieu unique n'ont pas changé depuis l'époque d'Abraham, deux mille ans plus tôt.

Même le grand Jules César n'a pas osé s'attaquer à la tradition juive. Ce dictateur calculateur, qui croyait en la divinité de Vénus et préférait lire les présages dans

1. La maison typique à Nazareth est une structure d'un ou deux étages qui héberge une famille, construite sur le flanc d'une colline de calcaire. Le sol est fait de terre tassée avec de la cendre et de l'argile, et les murs sont constitués de simples pierres empilées les unes sur les autres. On se sert de boue pour les joints qui protégeront les habitants des éléments. Le toit est plat, fait de bois, de paille, de boue et de chaux. Le rez-de-chaussée sert d'entrepôt et d'abri pour les animaux la nuit. C'est également là que brûle le feu de bois. On dort à l'étage, sur de fins matelas rembourrés avec de la laine. Une échelle permet de passer d'un étage à l'autre. Il n'y a ni toilettes ni salle de bain à l'intérieur de la maison.

les entrailles des animaux morts plutôt que de prier, était, étonnamment, un ardent défenseur de la Judée et du mode de vie juif – ne serait-ce que pour la localisation de ce territoire, zone tampon naturelle entre la Syrie et l'Égypte. César avait compris, comme les nazis le comprendraient deux mille ans plus tard, combien il était important, pour gouverner un empire, d'autoriser les leaders locaux à conserver un certain contrôle sur leur propre destinée. En réalité, les nazis s'inspireraient des principes de base de l'occupation romaine : un responsable local pour jouer les dirigeants fantoches, un réseau d'informateurs pour alerter au moindre signe de rébellion et l'apparence que la vie suit son cours habituel malgré l'assujettissement de la population.

La mort de César a eu un impact direct sur cette petite région tranquille connue sous le nom de Judée, même si ses citoyens n'en ont pas conscience. La bataille de Philippes, un moment épique de l'histoire, aura certes des conséquences bien plus grandes encore sur la région. Car après elle, rien ne sera plus jamais pareil pour les Juifs.

*

La bataille est terminée. Comme beaucoup le craignaient, les combats ont été sanglants et rapprochés. Les soldats se sont livrés à de violents corps à corps, agrippant et déchirant littéralement leurs ennemis. Le sang jaillit de leurs plaies ouvertes et de leurs membres sectionnés. De nombreux soldats se sont fait trancher les ischio-jambiers, ces muscles épais à l'arrière de la cuisse. Ils ne peuvent plus marcher. Ces hommes vont connaître une lente agonie sur le champ de bataille.

La plaine entre la montagne et les marais est jonchée de milliers de cadavres. Bientôt, il n'en restera plus rien – des hordes de citoyens viendront d'abord dépouiller les morts du moindre objet de valeur, puis les buses et les loups finiront de nettoyer en faisant un festin.

Les survivants de l'armée vaincue sont enchaînés, mais ils continuent à défier l'adversaire. Ils ne montrent aucun respect pour Octavien, qu'ils raillent et insultent dès qu'il apparaît.

Le général perdant, Marcus Brutus, ne se trouve pas parmi eux – il a persuadé son esclave de le tuer en lui assénant un unique coup fatal de sa longue épée. La tête de Brutus sera tranchée et envoyée à Rome, tandis qu'on brûle le reste de son corps à l'endroit précis où il est tombé.

Chacun connaissait l'enjeu avant que ne retentisse le premier rugissement de *tubae*: cette journée et cette bataille allaient sceller le destin de la République romaine.

Ce sera bel et bien le cas. Le régime relativement égalitaire de la République sera bientôt remplacé par un empire despotique. Et même si Octavien devra attendre onze longues années avant de pouvoir dominer pleinement ce royaume en empereur incontesté, il savourera un jour ce moment de gloire, aussi sûrement qu'il savoure sa victoire d'aujourd'hui. Il régnera toute sa vie, chaque année un peu plus dur, un peu plus cruel. Et tout comme Jacob de Nazareth forme Joseph à marcher dans ses pas, le nouvel empereur apprendra à son fils adoptif, Tibère, à régner d'une main de fer. Ainsi, lorsqu'il sera nommé empereur à son tour, il dirigera Rome avec la même sévérité, ne tolérant aucune opposition et anéantissant toute rébellion. Il n'hésitera pas à fouetter, mettre à nu et crucifier en public tout homme soupçonné d'être une menace pour Rome.

Dont un humble charpentier.

Mais, aujourd'hui, un autre général traverse les rangs des vaincus. À lui, personne ne manque de respect. Marc Antoine, 41 ans, fend le carnage d'un pas pesant et décidé sous les regards admiratifs des soldats des deux camps.

Octavien et Marc Antoine sont les vainqueurs. Mais il est évident que le nouvel empire ne peut avoir qu'un seul chef. Alors, pendant les dix prochaines années, ces deux hommes vont se livrer une guerre longue et âpre pour gagner le contrôle total de Rome. L'issue affectera le monde entier.

*

La bataille finale a lieu en 31 av. J.-C., à Actium, sur la côte grecque. Juste avant le début du combat, un des meilleurs généraux de Marc Antoine, Quintus Dellius, passe à l'ennemi et livre les plans de bataille d'Antoine à Octavien. La trahison permet de détruire la flotte de Marc Antoine, à la suite de quoi ses 19 légions et 12 000 membres de cavalerie désertent[1]. Traqué et

1. Actium est située au niveau de la ville actuelle de Préveza, à l'ouest de la Grèce, près de la mer Ionienne. Certains pensent que Marc Antoine avait renoncé à prétendre au titre d'empereur après dix longues années de combat pour se retirer en Égypte avec Cléopâtre. Ses forces avaient été décimées par la malaria, et son moral était au plus bas. Selon cette théorie, la bataille d'Actium visait à dissimuler cette retraite. Si c'est le cas, Antoine a mis en scène une des plus grandes ruses de l'histoire, impliquant 230 navires de guerre, plusieurs milliers d'archers et 20 000 soldats. L'intégralité de la bataille s'est déroulée en mer et s'est achevée

sans armée, Antoine fuit en Égypte avec sa maîtresse de longue date, Cléopâtre. La reine autrefois puissante avait choisi de s'allier avec le guerrier plutôt qu'avec Octavien. Furieux, Octavien le prend en chasse et Marc Antoine préfère se suicider avec son épée plutôt qu'être fait prisonnier. Il meurt dans les bras de sa maîtresse. Celle-ci le suit dans la mort en avalant un poison à base d'opium et de ciguë[1]. Elle a 39 ans.

Pour asseoir son règne et son statut d'héritier incontesté de son oncle, Octavien ordonne l'assassinat de Césarion, le fils bâtard de Jules César et Cléopâtre. Le garçon de 16 ans s'enfuit en Inde, mais finit par revenir en Égypte lorsqu'on lui promet qu'il deviendra le nouveau pharaon. Mensonge. Les hommes de main d'Octavien étranglent le jeune prétendant au trône, mettant ainsi fin au complot ourdi par Cléopâtre bien des années auparavant, lorsque, pour la première fois, elle avait partagé le lit du glorieux Jules César, longtemps avant son assassinat. La boucle sournoise est bouclée.

C'est ainsi que le nouvel Empire romain se retrouve aux mains d'un homme tout-puissant convaincu qu'il est le Fils de Dieu : Octavien, qui répondra bientôt à un nouveau nom.

Loué soit César Auguste.

---

avant que l'infanterie d'Antoine ne puisse engager le combat avec Octavien à terre. Cléopâtre, qui s'accrochait toujours à son espoir de diriger Rome, était présente, mais sur un autre navire que celui de Marc Antoine. Avant que les deux amants puissent s'enfuir, plus de 5 000 soldats de Marc Antoine furent tués et presque 200 navires furent capturés ou coulés.

1. L'histoire qui raconte que Cléopâtre se suicida en laissant un aspic venimeux (ou, selon certains, un cobra égyptien) mordre sa poitrine nue n'est qu'une légende. Le mélange d'opium et de ciguë est le poison qu'utilisa également le grand philosophe Socrate pour mettre fin à ses jours.

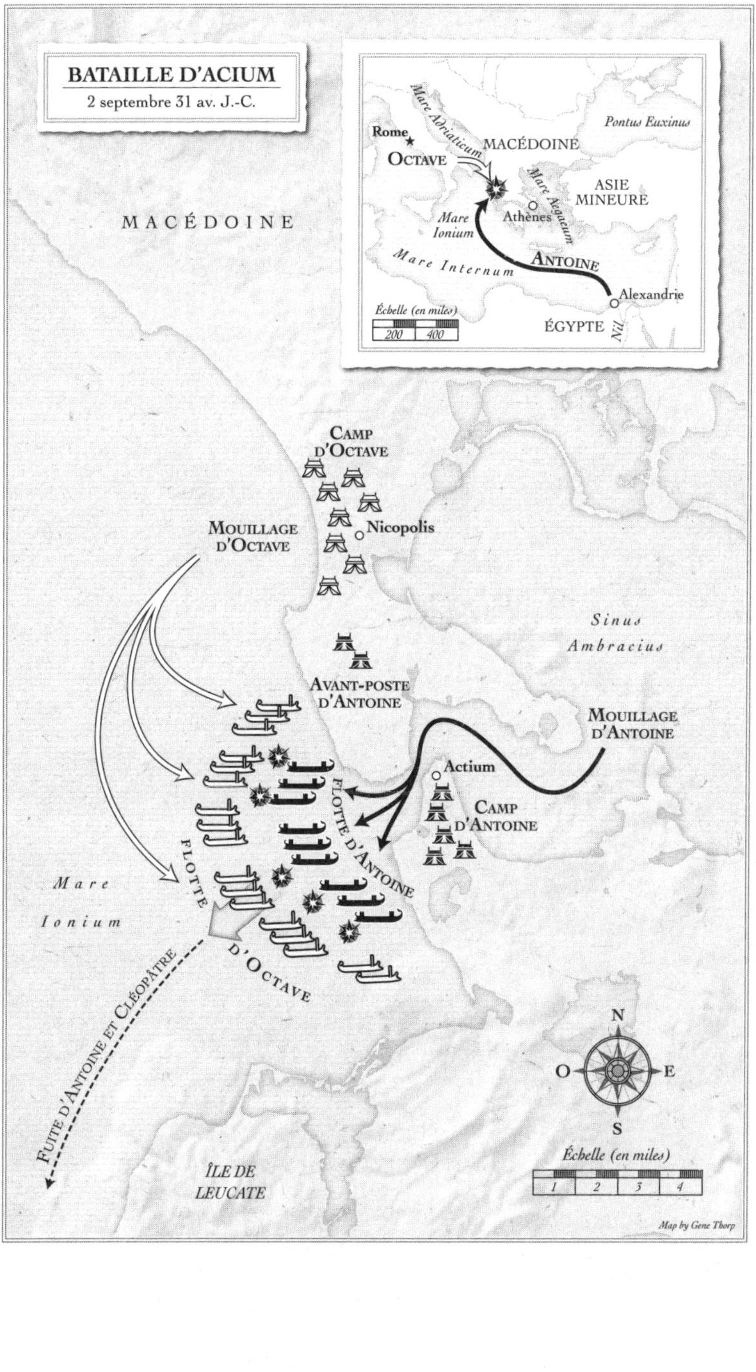

BATAILLE D'ACIUM
2 septembre 31 av. J.-C.
Rome
Octave
Mare Adriaticum
MACÉDOINE
Pontus Euxinus
Mare Aegaeum
ASIE MINEURE
Athènes
Mare Ionium
Mare Internum
Antoine
Alexandrie
Échelle (en miles)
200
400
ÉGYPTE
Nil
MACÉDOINE
Camp d'Octave
Nicopolis
Mouillage d'Octave
Sinus Ambracius
Avant-poste d'Antoine
Mouillage d'Antoine
Actium
Camp d'Antoine
Flotte d'Antoine
Flotte d'Octave
Mare Ionium
Fuite d'Antoine et Cléopâtre
Île de Leucate
N
O
E
S
Échelle (en miles)
1
2
3
4
Map by Gene Thorp

CHAPITRE QUATRE

VALLÉE DU JOURDAIN, JUDÉE
22 MARS, 7 APR. J.-C.
MIDI

L'enfant à qui il reste vingt-trois ans à vivre a disparu. La route pour quitter Jérusalem vers le nord-est est poussiéreuse et aride. C'est une piste désolée et escarpée qui traverse la ville à flanc de colline pour rejoindre la rivière Jourdain et, plus loin, le désert rocheux de la Pérée. Il n'y a pas beaucoup d'ombre et très peu d'endroits où s'arrêter à l'abri du soleil. Marie et Joseph marchent au milieu d'une file de pèlerins qui rentrent à Nazareth après avoir fêté la Pâque à Jérusalem. La loi juive les oblige à effectuer ce voyage chaque année. Le couple laisse derrière lui une ville bien différente de celle qu'ils ont connue lorsque Jésus est né. Hérode est mort depuis longtemps, mais plutôt que de voir la situation du peuple juif s'améliorer – le roi, devenu fou, avait passé les dernières heures de sa vie à agiter un couteau en ordonnant qu'on exécute un autre de ses fils –, celle-ci n'a fait qu'empirer depuis la mort du tyran.

De violentes émeutes éclatèrent après son décès, en mars de l'an 4 av. J.-C., et l'anarchie prit le dessus lorsque le peuple de Jérusalem comprit que l'héritier d'Hérode n'était qu'une pâle copie, faible et incapable, de son père. Archélaos, le nouveau roi, répliqua cependant avec sévérité et démontra qu'il pouvait se montrer aussi cruel qu'Hérode. Le massacre se déroula pendant la fête de la Pâque, ou Pessah – qui signifie «passage». Elle célèbre la nuit pendant laquelle l'ange de la mort passa sans s'arrêter au-dessus des maisons des Juifs, alors esclaves dans l'Égypte des pharaons, pour tuer les garçons premiers-nés des Égyptiens plutôt que les leurs. Cette fête symbolise la liberté qui suivit la captivité, lorsque Moïse conduisit le peuple hors d'Égypte pour rejoindre la terre que Dieu leur avait promise.

Pendant la fête de la Pâque, les rues de Jérusalem grouillent de centaines de milliers de fidèles accourus du monde entier. Aussi, lorsque Archélaos décida d'affirmer son autorité en donnant l'ordre à sa cavalerie de charger la foule compacte qui remplissait les cours du Temple, le spectacle fut terrifiant. Brandissant leurs javelots et leurs longues épées en bronze ou en fer, les mercenaires babyloniens, thraciens et syriens d'Archélaos massacrèrent 3000 pèlerins innocents. Marie, Joseph et Jésus assistèrent au bain de sang et eurent beaucoup de chance de quitter le Temple vivants. Ils virent également plus de 2000 rebelles juifs se faire crucifier à l'extérieur des murs de Jérusalem par des soldats romains envoyés pour étouffer de nouvelles révoltes. Au mépris de la loi juive[1], personne ne descendit les corps des croix pour les

1. Deutéronome, XXI, 22-23: «Si l'on fait mourir un homme qui a commis un crime digne de mort, et que tu l'aies pendu à un bois, son cadavre ne passera pas la nuit sur le bois; mais tu l'enterreras le jour même, car celui qui est pendu est un objet de malédiction auprès de Dieu.»

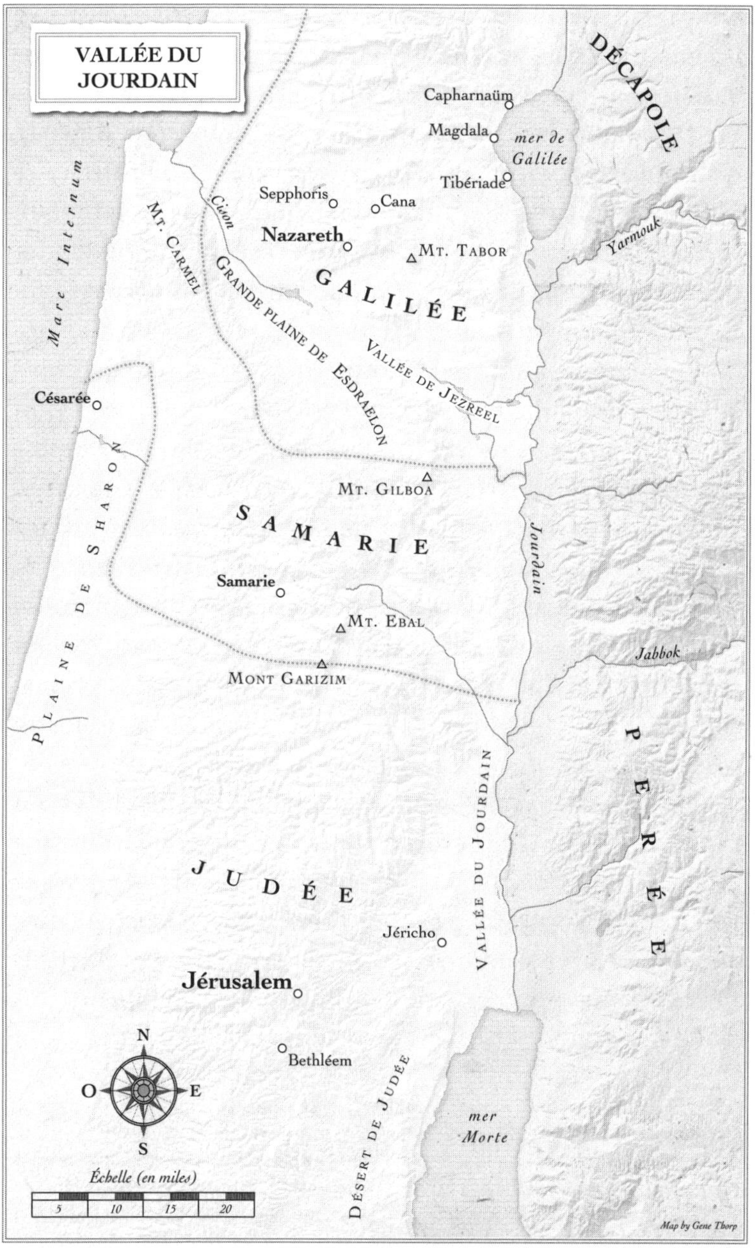
VALLÉE DU JOURDAIN
DÉCAPOLE
Capharnaüm
Magdala
mer de Galilée
Tibériade
Sepphoris
Cana
Cison
Nazareth
Mt. Tabor
Mt. Carmel
Mare Internum
GALILÉE
Yarmouk
Grande plaine de Esdraelon
Vallée de Jezreel
Césarée
Mt. Gilboa
SAMARIE
Jourdain
Plaine de Sharon
Samarie
Mt. Ebal
Jabbok
Mont Garizim
PÉRÉE
Vallée du Jourdain
JUDÉE
Jéricho
Jérusalem
N
O
E
S
Bethléem
Désert de Judée
mer Morte
Échelle (en miles)
5
10
15
20
Map by Gene Thorp

enterrer. Ils les laissèrent pourrir ou se faire dévorer par les chiens sauvages et les vautours, de manière à montrer le destin de ceux qui défient l'Empire romain.

Très vite, Rome s'immisce complètement dans la politique judéenne[1]. En l'an 6 apr. J.-C., l'empereur César Auguste juge Archélaos inapte à régner et le force à l'exil en Gaule. La Judée est maintenant une province romaine, dirigée par un préfet envoyé de Rome. Quelques Juifs règnent encore sur des morceaux de l'ancien royaume d'Hérode, mais ce ne sont que des hommes de paille qui portent le titre de tétrarque et non de roi. Un tétrarque est un chef subalterne de l'Empire romain. Ce terme, dont le préfixe *tétra* signifie « quatre », renvoie au partage du royaume de Judée en quatre zones inégales, après la mort d'Hérode le Grand. Ses trois fils héritèrent de ces différentes parties : une pour Hérode, une pour Philippe et deux pour Archélaos. Après l'exil de ce dernier en l'an 6 apr. J.-C., Rome envoya des préfets pour devenir les gouverneurs chargés de surveiller la terre des Juifs.

Jérusalem est dirigé par l'aristocratie locale et les grands prêtres du Temple. Ceux-ci rendent la justice par le Grand Sanhédrin, une cour composée de 71 juges qui détient l'autorité absolue pour faire respecter la loi religieuse juive – même si, en cas de peine de mort, ils doivent recevoir l'accord du gouverneur romain.

---

1. En hébreu, «Juif» se dit *Yehudi* (ידוהי) et désigne, à l'origine, un habitant de Yehuda (la Judée), où l'on trouve Jérusalem et le Temple. Plus tard, le mot prit le sens de membre de la religion de Yehuda, comme il est relevé chez plusieurs prophètes postérieurs et dans le Livre d'Esther. Les Juifs prirent le nom d'Hébreux (מִידוּקִי), ou fils d'Israël. En grec et latin, on les appelait respectivement *Ioudaioi* et *Iudaei.* En hébreu, ce pouvait être *Israël* ou Fils d'Israël, ou Yehudim.

De cette manière, l'empereur César Auguste maintient l'équilibre entre les besoins de Rome et les règles de la foi juive. Il exige malgré tout une soumission complète à son empire et les Juifs n'ont pas d'autre choix que d'endurer l'humiliation. Mais cela ne signifie pas qu'ils ne se rebellent plus. On se soulève ici plus que dans n'importe quelle autre partie du puissant Empire romain, ce royaume tentaculaire qui s'étend sur toute la longueur de l'Europe, sur les plages parthes et qui englobe presque tout le pourtour méditerranéen. La rébellion la plus sérieuse survint en l'an 4 av. J.-C. Jésus n'était alors qu'un bébé. Une faction rebelle força l'entrée du grand palais fortifié de Sepphoris, pilla l'arsenal royal, distribua des armes aux habitants de la ville et tenta de renverser le gouvernement local. Sous les ordres de César Auguste, Publius Quinctilius Varus, le gouverneur romain de la Syrie, envoya sa cavalerie massacrer les rebelles, réduire en cendres la ville de Sepphoris et asservir ses 8 000 habitants.

Le peuple juif s'est également mis à boycotter la poterie romaine. Aussi vain que puisse sembler cet acte de résistance passive, il a le mérite de rappeler quotidiennement aux Romains que malgré l'oppression, les Juifs ne se laisseront jamais complètement piétiner par Rome. Et ce, malgré le fait que l'Empire romain exerce sur les Juifs une domination de plus en plus tyrannique, alors que la République romaine avait gardé ses distances avec les pouvoirs politiques judéens sous le règne de Jules César.

Pour l'heure, les milliers de fidèles qui affluent sur la route désolée menant à la rivière Jourdain peuvent oublier la colère et la peur que leur ont inspirées les soldats romains postés dans les baraques juste à côté du Temple. Les festivités de la Pâque sont terminées. Avant de les laisser partir, on les a arrêtés aux portes de la ville pour qu'ils s'acquittent auprès du publicain d'un des nombreux impôts exorbitants qui transforment leur vie en lutte permanente – en l'occurrence, un impôt sur les marchandises achetées à Jérusalem – et ils rentrent maintenant chez eux, en Galilée. Les pèlerins forment une longue caravane pour mieux se protéger des voleurs, kidnappeurs et esclavagistes. Quelques chanceux tirent un âne sur lequel ils ont chargé leurs affaires, mais la plupart portent leur eau et leur nourriture sur leurs propres épaules. Marie et Joseph n'ont pas aperçu leur fils de 12 ans depuis la veille, mais ils sont sûrs que Jésus est quelque part dans la caravane, marchant avec des amis ou de la famille éloignée.

Ce n'est ni le chemin le plus facile, ni le plus court pour rentrer, mais c'est le plus sûr. Ils auraient pu s'épargner deux jours de marche en choisissant le chemin le plus direct, celui du Nord, mais il traverse la Samarie, une région où la haine raciale entre les Samaritains et les Juifs est à son comble, et il longe des cols de montagnes où de dangereux brigands se font fort de concrétiser ces préjugés.

Malgré tout, le chemin que la caravane emprunte pour contourner la Samarie comporte ses dangers. On y croise très peu d'auberges ou de sources d'eau et de nourriture, et le paysage alterne entre désert et étendue sauvage cahoteuse. Mais la foule est nombreuse et rassurante, et les compagnons de route de Marie et Joseph ne sont pas des étrangers puisqu'ils font ce voyage ensemble chaque année. Les membres de la caravane prennent soin de leurs compagnons et de leurs familles. Si un enfant perd ses parents à la tombée de la nuit, les autres voyageurs lui offrent une place pour dormir et l'envoient retrouver ses parents le lendemain matin.

Marie et Joseph pensent que c'est ce qui est arrivé à Jésus. C'est un enfant gai et charismatique qui s'entend très bien avec les autres. Ils n'ont donc pas été surpris lorsqu'il ne les a pas rejoints autour de leur feu de camp la nuit dernière. Pas une seconde ils n'ont douté qu'il réapparaîtrait ce matin.

Mais la matinée est passée et tandis que le soleil de midi brille haut au-dessus de leurs têtes, Marie et Joseph réalisent qu'ils n'ont pas vu Jésus depuis très longtemps.

Ils parcourent toute la caravane à la recherche de leur garçon, de plus en plus inquiets, suppliant leurs amis pèlerins de leur donner des nouvelles de leur fils. Mais personne ne se souvient d'avoir vu Jésus depuis que l'interminable colonne de voyageurs a quitté Jérusalem.

Marie et Joseph comprennent qu'ils ont non seulement perdu leur fils, mais qu'il est même fort probable qu'ils l'aient laissé là-bas.

Ils n'ont d'autre choix que de faire demi-tour et de reprendre la route en sens inverse. S'il le faut, ils referont le trajet jusqu'à Jérusalem et se soumettront une nouvelle fois aux Romains. Rien n'est plus important que de retrouver Jésus.

Il doit accomplir sa destinée, même si ses parents inquiets ignorent à quel point cette destinée pourrait se révéler tragique.

CHAPITRE CINQ

JÉRUSALEM
23 MARS, 7 APR. J.-C.
APRÈS-MIDI

La longue marche de Marie et Joseph jusqu'à Jérusalem pour aller chercher Jésus touche enfin au but. À présent, au milieu des marchands, soldats et voyageurs exotiques remplissant les rues bondées de cette ville très animée, ils doivent le retrouver.

Pendant ce temps, le Fils de Dieu, puisque c'est ainsi que Jésus se présentera pour la première fois ce jour même, écoute, captivé, un groupe de maîtres juifs qui échangent sur leur foi commune. Jésus de Nazareth, 12 ans, est assis dans l'ombre du grand Temple, sur une terrasse près de la chambre de la Pierre de taille, où siège le tout-puissant Sanhédrin. Récemment, pendant la fête de la Pâque, des milliers de fidèles se sont rassemblés ici même, installés sur la terrasse et les marches, dans l'espoir d'entendre les enseignements des sages et des prêtres du Temple. Malgré l'atmosphère spirituelle de la fête, les Juifs sont restés méfiants, conscients que les troupes romaines de l'empereur Auguste surveillaient de près leurs moindres faits et gestes.

Jésus enseignant dans le Temple.

À présent, les pèlerins ont entamé leur long périple pour rentrer chez eux, les soldats ont regagné leurs baraques de la forteresse Antonia, toute proche du Temple, et les fidèles de la citadelle religieuse ont pu reprendre leur routine habituelle faite de prières, de jeûne, de culte, de sacrifices et d'enseignement. C'est un rythme que l'enfant n'a jamais connu auparavant et qu'il apprécie énormément. Peut-être trouve-t-on étrange la présence de ce jeune garçon imberbe, originaire de la Galilée rurale et vêtu avec simplicité, assis seul au milieu des rabbins aux barbes grises, aux longues robes et aux connaissances encyclopédiques de l'histoire juive, mais personne ne dit rien. Bien au contraire : la facilité avec laquelle Jésus comprend ces concepts spirituels complexes impressionne les prêtres et les professeurs. Ils l'écoutent lorsqu'il s'exprime et le traitent comme un savant, émerveillés par ses dons incroyables.

Jésus se doute bien que ses parents sont déjà repartis vers Nazareth. Ce n'est pas un enfant insensible, mais il a tellement soif d'apprendre et de partager ses idées qu'il ne lui est jamais venu à l'esprit que Marie et Joseph allaient s'inquiéter de sa disparition. Il ne voit pas non plus dans ses actions un acte de désobéissance. Le besoin d'approfondir sa compréhension de Dieu submerge toute autre considération. Comme pour tous les garçons juifs, le début de sa puberté signera son entrée dans la communauté religieuse en tant que membre à part entière et plus comme un simple enfant. Il devra alors rendre compte de ses actes. Mais Jésus est différent des garçons de son âge. Il ne se contente pas d'apprendre simplement l'histoire orale de sa foi ; il ressent aussi un vif désir de débattre de ses nuances et de ses légendes. Ce désir est si profond que même maintenant, plusieurs jours après le départ de ses parents, Jésus trouve toujours de nouvelles questions à poser.

*

Pendant ce temps, Marie et Joseph arpentent désespérément les ruelles étroites et les bazars de la ville basse, redoutant le pire. Jésus a pu s'éloigner de la caravane et être enlevé. Ces choses-là arrivent. Pourtant, ils restent convaincus qu'il se trouve à Jérusalem, certainement effrayé, seul et affamé. Peut-être que les grands prêtres ont eu pitié de lui et l'ont autorisé à passer la nuit au Temple, dans une de ses nombreuses chambres.

À moins qu'il n'ait eu d'autre choix que de rester dehors, recroquevillé dans une ruelle, tremblant dans l'air froid de la nuit. Le plus déconcertant dans la disparition de Jésus, c'est que cela ne lui ressemble pas du tout. En temps normal, c'est un garçon extrêmement bien élevé, qui n'a jamais donné le moindre souci à Marie et Joseph.

Ils pénètrent dans le Temple par les portes du Sud et gravissent les marches du large escalier en pierre pour rejoindre le mont du Temple. Sur la vaste place bondée, ils scrutent les nombreux fidèles dans l'espoir de reconnaître leur fils.

Mais par où commencer ? Le mont du Temple est deux fois plus grand que le Forum de Rome. C'est une plate-forme de plus de 1 hectare, encerclée de murs longs d'un demi-kilomètre qui s'élèvent à 140 mètres au-dessus de la vallée du Cédron. Hérode le Grand a fait construire l'intégralité de la structure en seulement dix-huit mois, sur le site où s'élevaient autrefois les temples de Salomon et de Zorobabel. Le mont consiste, pour sa plus large partie, en une vaste cour à ciel ouvert connue sous le nom de parvis des Gentils, accessible à la fois aux Juifs et aux païens. C'est sur ce parvis que se tiennent actuellement Marie et Joseph.

Aucun signe de Jésus. Ils se dirigent alors vers le centre du mont. Ici, telle une île où s'empileraient 15 étages d'or et de calcaire, se dresse le Temple. Loin de n'être qu'un lieu de culte, le Temple est également un refuge où l'on vient se protéger de la répression de l'occupant romain, un lieu où tous les Juifs peuvent parler librement et prier Dieu sans crainte. Il y a des cours séparées pour les hommes et les femmes, des chambres où dorment les prêtres lorsqu'ils sont en service, des escaliers et des terrasses d'où ces prêtres enseignent la foi juive, et des autels où des moutons, des colombes et des génisses sont sacrifiés. Le Temple est la première chose sur laquelle se pose le regard des visiteurs de Jérusalem lorsqu'ils arrivent du sommet des collines environnantes et regardent vers la ville en contrebas.

Sur ses quatre côtés, le Temple est bordé par un muret qui le sépare du parvis des Gentils. Seuls les Juifs peuvent franchir le muret. Au cas où un soldat romain ou un autre païen serait tenté de franchir ses portes, une inscription leur rappelle qu'ils risquent la mort : « DÉFENSE EST FAITE AUX ÉTRANGERS DE PÉNÉTRER À L'INTÉRIEUR DE LA CLÔTURE ET DU PÉRIBOLE ENTOURANT LE TEMPLE. QUICONQUE Y SERA SURPRIS SERA TENU POUR RESPONSABLE DE SA MORT. »

La menace est vaine. Un Juif serait exécuté sur-le-champ s'il osait tuer un légionnaire entré sans permission. Et de temps en temps, les Romains envoient même des troupes dans le Temple pour affirmer leur autorité. Toutefois, l'avertissement est loin d'être inutile. Ces mots rappellent aux visiteurs qu'il s'agit d'un lieu saint et inviolable, construit, selon la tradition, à un endroit précis sur le mont Moriah : l'endroit où Abraham faillit sacrifier Isaac, où le roi David choisit de construire le Premier Temple et où Dieu ramassa de la poussière afin de créer Adam, le premier homme. C'est le plus grand et le plus profond des symboles de la foi juive.

*

Marie et Joseph quittent le parvis des Gentils pour franchir les portes du Temple. Leur tâche devient encore plus fastidieuse car l'édifice est composé de nombreuses chambres, et Jésus pourrait se trouver dans n'importe laquelle d'entre elles – ou dans aucune. Ils passent devant les colonnades de la porte de l'Est et entrent dans la cour des Femmes. Longue de 70 mètres, encadrée de 4 chandeliers qui culminent à 26 mètres de hauteur, cette cour carrée peut accueillir 6 000 fidèles en même temps. À l'apogée de la fête de la Pâque, à peine quelques jours plus tôt, une foule devait être entassée ici. Mais aujourd'hui, l'endroit est suffisamment vide pour que Marie et Joseph voient immédiatement que Jésus n'est pas là.

Ils procèdent alors par élimination. De toute évidence, Jésus n'est pas dans la chambre des Lépreux. La chambre du Foyer héberge les prêtres en service et n'abrite que des dortoirs et des bureaux, il est donc peu probable qu'il s'y trouve. La chambre de la Pierre de taille est le lieu de résidence de l'assemblée des grands prêtres qui forment le Sanhédrin, peu de chance donc de le trouver là. Mais Marie et Joseph sont désespérés, et déterminés à chercher partout. Ils fouillent le Temple avec la même frénésie que lorsqu'ils ont fouillé les bazars et les ruelles de Jérusalem plus tôt dans la journée.

Tandis que Marie et Joseph passent de cour en cour, l'air se charge du bruit et de l'odeur des vaches et des moutons que les prêtres préparent pour leur mort cérémonielle sur l'autel. Après avoir dépouillé les carcasses, ils nettoient les litres de sang répandus lorsqu'un animal est offert à Dieu. Les sacrifices rituels d'animaux sont le quotidien de la vie du Temple. Un animal est abattu pour que les péchés d'un individu soient pardonnés. L'odeur intense du sang imprègne inévitablement les lieux.

Vue du Temple par le sud.

Finalement, dehors, sur la terrasse où les sages et les scribes enseignent les saintes Écritures aux croyants pendant la Pâque et les autres fêtes sacrées, Marie entend la voix de Jésus. Mais les mots qui sortent de sa bouche ne ressemblent en rien à ceux du fils qu'elle connaît si bien. Jamais Jésus n'a montré qu'il possédait une telle connaissance de la loi et la tradition juives. Marie et Joseph ont donc le souffle coupé lorsqu'ils constatent avec quelle facilité il parle de Dieu.

Néanmoins, ils sont aussi, à juste titre, furieux contre leur fils.

« Mon enfant, balbutie Marie, pourquoi as-tu agi de la sorte ? Ton père et moi te cherchions avec angoisse.

– Pourquoi me cherchiez-vous ? » répond-il.

Il y a de l'innocence dans ses paroles. « Ne saviez-vous pas que je dois m'occuper des affaires de mon Père[1] ? »

Si les estimés rabbins du Temple entendent la réponse de Jésus, ils n'en laissent rien paraître. Car si le garçon insinue là que Dieu est réellement son père – pas seulement au sens figuré, mais au sens propre –, sa parole équivaut à un blasphème, car c'est prétendre à la divinité. Cette prétention n'est d'ailleurs pas bien différente, à leurs yeux, de celle de César Auguste. Mais l'empereur

1. Personne ne comprend cette déclaration au moment où il la prononce, mais ce passage de Luc, II, 49 correspond au moment où Jésus commence à exposer la véritable signification de l'appellation « Fils de Dieu ». Il est d'ailleurs important de noter que le passage inclut un procédé littéraire grec consistant à répéter le mot δεῖ, qui signifie « il est nécessaire ». Luc utilise cette expression huit fois dans un but stratégique concernant Jésus. Il fait allusion à une relation « nécessaire » avec le Père, même si aucune réaction ou explication n'est donnée. Au fil de la lecture des Évangiles, le titre « Fils de Dieu » s'imprègne d'une importance de plus en plus grande à mesure que sont prononcés les affirmations et actes de divinité de Jésus – mais en dépit des allusions, les disciples et les spectateurs ne saisissent pas toute l'ampleur de ce qu'il dit.

romain n'est pas juif et ne peut donc répondre de son blasphème devant la loi juive. S'il l'était, le patriarche Moïse le punirait de mort.

Mais Jésus, lui, est juif. Et s'il est coupable de blasphème, la loi juive engage tous les membres de l'assemblée à placer leurs mains au-dessus de lui, puis à reculer et bombarder de pierres le garçon sans défense jusqu'à ce que mort s'ensuive.

Or, Jésus de Nazareth ne reconnaît pas Joseph, charpentier et fils de Jacob, l'homme qui se tient, désespéré, auprès de Marie dans la cour du Temple, comme son père. Jésus affirme que le Dieu unique et véritable du peuple juif est son père légitime.

La loi n'autorise toutefois pas qu'on accuse Jésus de blasphème. En tant que mineur, il n'a pas encore à répondre de ses mots. Alors, peut-être que les rabbins ont bien entendu son audacieuse déclaration et qu'ils laissent échapper un soupir de soulagement car ils savent que ce jeune et brillant érudit échappe ainsi à une mort cruelle.

*

Marie et Joseph escortent leur fils jusqu'à la sortie du Temple et le ramènent chez eux. Là-bas, les routes ne sont pas pavées, aucun mur ou fortification ne protège le village des envahisseurs. À cette époque, plusieurs familles cohabitent sur un même terrain, qu'on sépare parfois avec de petites cours. Nazareth est situé dans une cuvette formée par les collines de la Galilée rurale. Une ancienne route de caravanes passe à 10 kilomètres de là, mais aucune voie importante ne traverse Nazareth. C'est

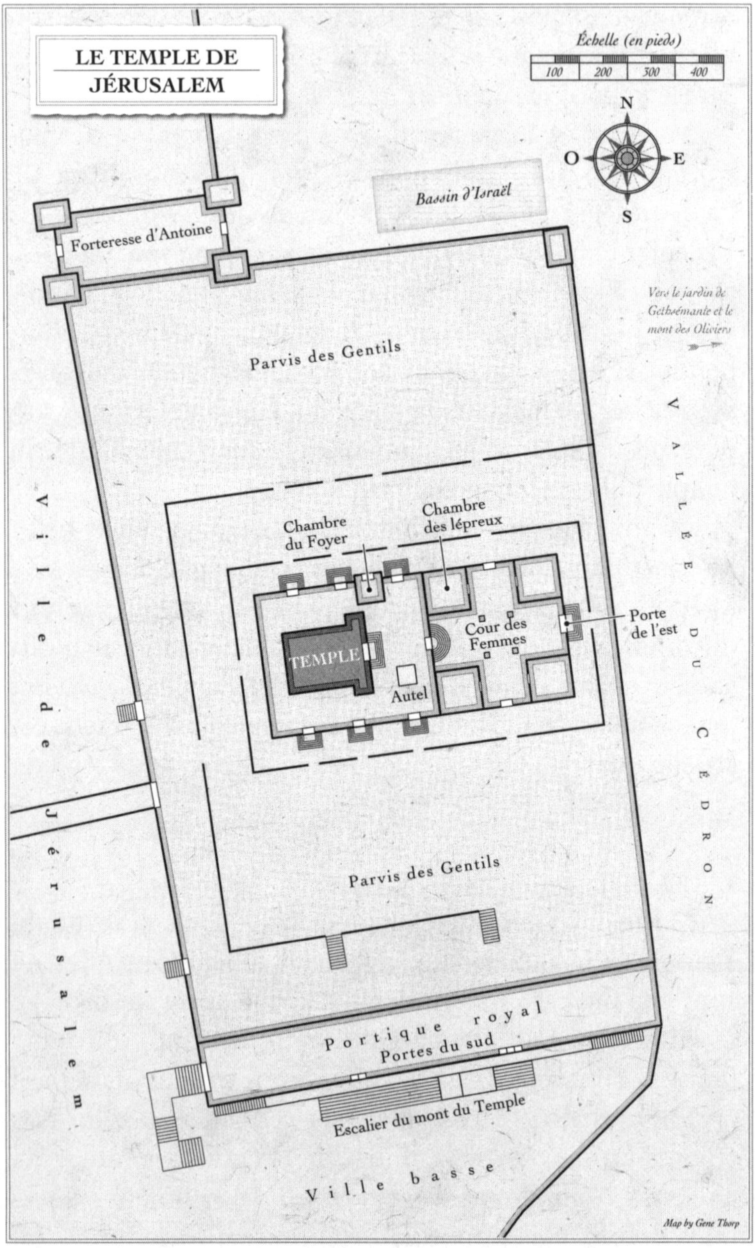
LE TEMPLE DE JÉRUSALEM
Échelle (en pieds)
100 200 300 400
N
O
E
S
Bassin d'Israël
Forteresse d'Antoine
Vers le jardin de Gethsémanie et le mont des Oliviers
Parvis des Gentils
Vallée du Cédron
Ville de Jérusalem
Chambre du Foyer
Chambre des lépreux
TEMPLE
Autel
Cour des Femmes
Porte de l'est
Parvis des Gentils
Portique royal
Portes du sud
Escalier du mont du Temple
Ville basse
Map by Gene Thorp

une petite ville destinée à le rester, du fait de sa topographie, mais également car elle ne dispose que d'une seule source d'eau pour tous les habitants.

Pourtant, Nazareth est une ville extraordinaire pour un jeune garçon[1]. Il y a des collines à escalader, des grottes à explorer et des champs où courir. L'été, lorsque l'air est si chaud que Jésus dort sur le toit en terre de la maison, des figues et des olives poussent en abondance sur les arbres. Au printemps, on plante le blé qui fournira le pain quotidien de la famille. Nazareth n'est qu'à 30 kilomètres de la mer Méditerranée mais elle pourrait bien être beaucoup plus éloignée car le poisson est presque aussi rare que la viande rouge dans l'alimentation du jeune Jésus. Ce n'est donc pas une vie d'excès, mais on ne manque jamais de rien : les arbres et les champs produisent du blé, des olives, des oignons, des lentilles, un morceau d'agneau de temps en temps, et des œufs qui peuvent être pochés dans le plus précieux des produits : l'huile d'olive. On l'utilise aussi bien en cuisine que pour alimenter les lampes ou apaiser les peaux irritées.

Marie et Joseph sont des fidèles dévoués et ils ont fait tout leur possible pour transmettre leur amour de Dieu à Jésus. Accrochée au linteau de leur porte, une petite

1. Selon les Évangiles, Jésus avait bien quatre frères : Jacques, José, Judas et Simon. Ils mentionnent aussi des sœurs mais n'en donnent pas le nombre exact. Pour l'Église catholique, Marie est restée vierge toute sa vie. Cette doctrine fut énoncée pour la première fois quatre siècles après la mort de Jésus, par l'un des premiers chefs de l'Église, nommé Simon. L'Église considère que les frères et sœurs mentionnés dans les Évangiles sont les cousins de Jésus. Pour l'Église orthodoxe, ce sont des demi-frères et demi-sœurs, apportés dans le foyer par Joseph, qui était veuf avant d'épouser Marie. Pour la plupart des autres cultes chrétiens, Marie n'est pas restée vierge toute sa vie et ces enfants sont bien les frères et sœurs de Jésus.

boîte en bois contient un parchemin sur lequel est inscrit le Shema, la plus élémentaire des prières juives : « Écoute, Israël, l'Éternel, notre Dieu, l'Éternel est Un. » C'est une prière que la famille récite en se levant chaque matin, et chaque soir, après avoir rentré les animaux, avant d'aller dormir. Jésus est circoncis, comme le veut l'alliance entre Dieu et Abraham. Ses vêtements sont ornés de glands, conformément au livre des Nombres[1] et il se rend à la synagogue chaque semaine. Là-bas, Jésus revêt un châle de prière et s'assied sur un banc, le dos contre le mur de la petite pièce carrée, pour lire les rouleaux sacrés et chanter les Psaumes. C'est à la synagogue que Jésus, enfant, apprend à lire et à écrire. En effet, la période d'occupation romaine incite le peuple juif à cultiver encore davantage ses traditions. Conserver leur identité est devenu une priorité encore plus grande. Un groupe de maîtres pieux, les pharisiens, a aidé à mettre en place un système d'écoles dans les synagogues, enseignant aux enfants l'hébreu et la loi juive.

Pendant le shabbat, c'est dans la synagogue de Nazareth que Jésus s'assied près de son père, entouré de ceux qui considèrent Joseph comme leur ami. Les hommes de Nazareth ont tous effectué ensemble le long voyage jusqu'à Jérusalem ; ils ont fait partie de la grande caravane de la Pâque. Beaucoup d'entre eux ont même en mémoire le souvenir de Marie enceinte avant son mariage, en train d'endurer ce pèlerinage avant la naissance de Jésus. Ces hommes se souviennent de la honte qui avait entaché les premiers jours de la relation

1. Nombres XV, 38. Voir aussi Deutéronome, XXII, 12 : « Tu mettras des glands aux quatre coins du vêtement dont tu te couvriras. »

entre Marie et Joseph, lorsque tout le monde sut qu'elle était tombée enceinte en dehors des liens du mariage. Ils se souviennent de la loyauté obstinée de Joseph et de son refus de la rejeter. Les habitants de Nazareth finirent par suivre son exemple et accepter l'union de Joseph et Marie. Jésus a grandi dans ce contexte. Il est devenu un homme travailleur et pieux, résolu à mener une vie spirituelle, comme n'importe quel habitant de Nazareth.

L'histoire des Juifs est une litanie de résistance élevée contre l'oppression des divers envahisseurs étrangers venus conquérir la terre que nous appelons aujourd'hui Israël. D'une certaine manière, pour le peuple de Galilée, l'occupation romaine s'inscrit dans la continuité d'une tradition longue de plusieurs siècles. Mais ils ont beau supporter en silence l'aggravation de la situation sous César Auguste, leur amertume grandit de jour en jour.

L'éducation de Jésus n'a rien d'exceptionnel. Les habitants de Jérusalem, où il retourne fêter la Pâque chaque année, remarquent tous son fort accent galiléen. Il travaille six jours par semaine en tant que charpentier avec son père ; il construit les toits et les montants de porte des maisons de Nazareth, et pose les fondations de l'extension urbaine de Sepphoris, la ville voisine. Jésus semble destiné à passer sa vie ici, à y fonder sa propre famille et construire sa propre maison sur le flanc d'une colline de Nazareth.

Pourtant, le jeune Jésus ne restera pas longtemps dans cette petite ville. La sainteté et la magnificence de Jérusalem l'appellent. Il se familiarise avec les sons et les odeurs de la ville au cours de ses visites annuelles, et il apprend rapidement à se repérer dans des lieux aussi importants que le mont des Oliviers, le jardin de

Gethsémani, la vallée du Cédron et le Temple lui-même. En grandissant, Jésus le petit enfant devient un homme à la carrure de charpentier et aux mains calleuses. Sa sagesse et sa foi croissent d'année en année. Il cultive sa sérénité et son puissant charisme, qui semblent innés, et apprend à s'exprimer en public avec éloquence.

Cependant, Jésus reste prudent lorsqu'il s'adresse à une foule. Devenu un membre à part entière de la communauté religieuse juive à 13 ans, il sait qu'il est désormais responsable de ses actes et que s'il affirme être le Fils de Dieu, ce blasphème lui vaudra l'exécution publique. Les Juifs lapideraient Jésus s'il disait une telle chose, et les Romains le tueraient certainement pour avoir suggéré qu'il était l'égal de leur divin empereur. La lapidation serait une mort bien douce en comparaison des horreurs dont les Romains sont capables – et dont Jésus a été le témoin direct.

*

Selon toute vraisemblance, à peine un an plus tôt, Judas de Gamala[1] a été crucifié à Sepphoris. Jésus et les autres Galiléens ont assisté à cette horreur. Judas était un homme instruit, il était également un mari et un père

1. Judas de Gamala, un Galiléen, ne doit pas être confondu avec Judas de Galilée, qui fomenta une rébellion après la mort d'Hérode le Grand en l'an 4 av. J.-C. Ce sont deux individus distincts mais certains récits historiques confondent les deux hommes. Tous deux sont morts dans des circonstances terribles, après s'être révoltés. Personne ne sait avec certitude comment Judas de Gamala a été exécuté, mais il a probablement été crucifié. Et si Rome détenait quasiment l'exclusivité de ce mode opératoire à l'époque, la tradition juive contenait toutefois certainement ses propres exemples de crucifixions. Selon le célèbre récit de Flavius Josèphe, le roi juif Alexandre Jannée crucifia 800 pharisiens en 88 av. J.-C. (Il convient de noter que les sources historiques confirment que les deux fils de Judas de Gamala furent crucifiés.)

qui désirait élever ses enfants dans un monde meilleur – une Galilée gouvernée par des Israélites plutôt que par des marionnettes romaines venues massacrer le peuple à coups d'impôts insupportables. Judas voyagea à travers les villages agricoles et les ports de pêche de Galilée, prêchant la sédition aux paysans appauvris, les incitant à ne plus payer d'impôts à Rome, ni au Temple de Jérusalem. Il fonda même une secte juive, qui épousait une nouvelle théologie radicale de dévotion inconditionnelle au seul et unique Dieu des Israélites. S'incliner devant César Auguste et Rome est un péché, disait Judas à tous ceux qui voulaient bien l'écouter.

Les Romains auraient sans doute négligé le cas Judas et continué à le considérer comme un simple fanatique religieux un peu trop zélé s'il n'avait pas levé une armée de paysans pour tenter de renverser violemment le gouvernement romain de Galilée. Cet acte provoqua une réponse immédiate : Judas devait mourir.

L'ordre émana d'Hérode Antipas, le cinquième fils d'Hérode le Grand, qui avait lui-même traqué Jésus bébé. Le père et le fils avaient tous les deux fait tout ce qui était en leur pouvoir pour brutaliser et dépouiller le bon peuple de Galilée.

Bien sûr, César Auguste percevait la part la plus importante de tous les impôts récoltés. Il s'était adouci depuis le début de sa carrière. Le pouvoir absolu lui réussissait, et le vaniteux héritier de Jules César, celui qui avait été raillé pour sa lâcheté à Philippes, était désormais un monarque de 70 ans, célèbre pour les somptueux temples et bâtiments qu'il avait fait construire à travers son empire. Il nourrissait même une certaine admiration pour les Juifs et leur adhésion révérencieuse à leurs enseignements. César Auguste vivait dans l'opulence, mais pas dans la décadence. Tibère, son fils adoptif et héritier, lui, se vautrerait dans l'abondance et les perversions.

Mais c'est César Auguste qui avait autorisé Hérode le Grand à rester sur le trône de Judée pendant près de quatre décennies, et ce fut également lui qui divisa en personne le royaume après la mort du tyran, avant d'accorder le contrôle de la Galilée à Hérode Antipas.

Les soldats d'Antipas capturèrent rapidement Judas de Gamala et commencèrent par le déshabiller dans la cour du palais, première étape du processus de crucifixion.

Une foule avait été autorisée à entrer pour assister à la scène et elle pouvait regarder de près le calvaire de Judas. Parmi cette foule se trouvaient les fils de Judas, Jacob et Simon. Ils ne pouvaient s'en douter alors, mais le jour viendrait où ils seraient crucifiés à leur tour, pour avoir cherché à venger la mort de leur père.

Les soldats d'Antipas forcèrent Judas de Gamala à se mettre à genoux face à un poteau en bois auquel ils l'attachèrent, les mains au-dessus de la tête. Deux soldats apportèrent des fouets à manche court. Au bout des trois lanières en cuir étaient fixés des petites billes de plomb et des os de mouton. Les soldats se relayèrent alors pour fouetter de toutes leurs forces le dos de Judas. Coup de fouet après coup de fouet, les lanières de cuir lacéraient la peau et les muscles tandis que le plomb et l'os créaient de profondes ecchymoses. Les coups provoquèrent de multiples hémorragies internes. À l'image de chaque étape d'une exécution romaine, la mise à nu et les coups de fouet poursuivaient un but précis : l'oppresseur humiliait Judas en exposant sa nudité aux yeux de tous et il cherchait à annihiler toute volonté par le fouet, de façon à ce qu'il n'offre aucune résistance lorsqu'il serait jeté au sol et cloué à la croix. La crucifixion à la romaine ne représentait pas seulement une technique d'exécution barbare, elle relevait d'un processus de destruction physique et mentale de la victime, homme, femme ou enfant. Lorsque Judas pendrait à la croix, son corps ne serait plus qu'une enveloppe vide.

La loi juive fixe à 39 le nombre de coups de fouet qu'on peut infliger à un homme – plus précisément, « 40 moins 1 ». Ce n'est pas le cas chez les Romains – ou, dans le cas d'Hérode Antipas, chez les mercenaires non juifs qui font office de soldats romains. Ces païens pouvaient fouetter un homme aussi longtemps qu'ils en avaient envie. À la seule condition que leur victime puisse encore porter la traverse de sa croix jusqu'au lieu de la crucifixion. Alors, même si un soldat comptait chacun des coups de *flagrum* assénés sur le dos, les cuisses et le crâne de Judas, il était évident que la victime en recevrait bien plus de 39. Il ne s'agissait pas d'un petit voyou. C'était un traître dont le crime avait été d'« exhorter la nation à se libérer de Rome », comme l'écrirait le grand historien Flavius Josèphe. Mais plus grave encore, Judas avait incité le peuple judéen à refuser les impôts injustement imposés par Rome et Hérode. Il avait comparé la taxation à une forme d'esclavage et avait encouragé ses compagnons juifs à se dresser contre leurs oppresseurs.

Judas hurla de douleur lorsqu'un soldat abattit une nouvelle fois le cuir sur sa chair. Mais il s'abstint d'insulter ses bourreaux ; sinon, le supplice n'en serait que plus long. Aussi endura-t-il la torture. Bientôt, son corps fut couvert de sang.

Dans l'Empire romain, un condamné à mort pouvait être pendu, brûlé vif, décapité, enfermé dans un sac rempli de scorpions et noyé, ou crucifié. Les quatre premiers modes d'exécution paraissent terribles, mais le dernier était de loin considéré comme le pire. Et, bien que la crucifixion fût désormais pratiquée dans tout l'Empire romain, même par des tétrarques comme Hérode Antipas, c'était une mort si horrible qu'il était interdit d'exécuter un citoyen romain de cette manière.

Judas de Gamala reçut un dernier coup. Son corps gisait à présent sur le sol, mou et ensanglanté. Les soldats apportèrent ensuite une planche de bois vaguement dégrossie qu'ils jetèrent au sol. Malgré le sang qui ruisselait le long de son dos, Judas dut se mettre debout. Ses bourreaux hissèrent la traverse pleine d'échardes – le *patibulum*, en latin – sur ses épaules. Comme tous les condamnés, Judas allait devoir transporter la traverse de sa croix hors des murs de Sepphoris jusqu'au lieu où un piquet vertical planté dans le sol formerait la seconde partie du crucifix. Il serait cloué à cette croix sur laquelle on le laisserait mourir. Ses jambes seraient brisées pour rendre la torture encore plus épouvantable. Il resterait cloué sous les yeux des milliers d'habitants de Sepphoris, incapable de retenir l'urine et les excréments qui souilleraient sa croix et achèveraient son humiliation. Judas serait mort à la tombée de la nuit – avec un peu de chance.

Le récit de l'exécution de Judas se répandit dans toute la Galilée. Il ne fut cependant pas le seul à être persécuté. On ne comptait plus le nombre d'aspirants prophètes convaincus que la violence pouvait mettre un terme à l'occupation romaine. Tous payèrent cette suffisance de leur vie. Et puis on les oublia, si bien que, quelques générations plus tard, très peu se souvenaient encore de l'histoire de Judas de Gamala.

*

La Galilée est la province la plus au nord du territoire baptisé Canaan par le patriarche Abraham. Un des petits-fils d'Abraham, un homme nommé Jacob, également appelé Israël, fonda le peuple qui deviendrait les Israélites. Plus tard, le territoire sous contrôle romain connu alors sous le nom de Judée porterait ce nom.

La Galilée est ancrée entre deux « mers » : la Méditerranée et un lac si grand qu'on l'appelle « mer de Galilée », parsemé de villages de pêcheurs comme Capharnaüm. Au nord et à l'ouest, elle est bordée par la Syrie et au sud par la Samarie. C'est une région peu peuplée aux collines ondoyantes, avec de larges champs, des petits villages et des fermiers qui cultivent les parcelles de terrain léguées par leurs ancêtres.

Depuis son retour en Galilée, dix ans plus tôt, Hérode Antipas s'est consacré à la reconstruction de la ville de Sepphoris. Il s'est installé dans cette ville pleine d'un nouveau dynamisme et il compte bien la rendre encore plus majestueuse que Jérusalem. Le découpage de l'empire de son père, réparti entre ses frères et lui signifie d'une part que la Judée est une nation divisée, gouvernée par trois personnes différentes – Antipas en Galilée, son frère Philippe sur ce qui est aujourd'hui la Jordanie, et son frère Archélaos au sud, à Jérusalem –, et d'autre part que pour la première fois de l'histoire, le dirigeant de la Galilée vit en Galilée. Sepphoris est ainsi devenu le centre cosmopolite de la région, côte à côte avec le mode de vie agraire et les paysages ruraux de la Galilée. Joseph de Nazareth y trouve régulièrement du travail grâce aux incessants projets de construction d'Antipas. Que ce soit pour construire un de ces nouveaux castels, plâtrer des murs ou poser des mosaïques sur le sol de la basilique, un artisan trouve toujours à faire dans cette vaste métropole de calcaire brillant, perchée sur une colline.

Sepphoris est si grand qu'elle compte deux marchés, un dans la ville haute et un dans la ville basse. On y trouve tout ce dont un homme peut avoir besoin : du verre, de la poterie, du poisson séché, des oignons, des herbes, du bétail, et même de la compagnie pour peu que l'on s'éloigne discrètement de l'effervescence et qu'on gagne les petites ruelles plus calmes.

Comme Jérusalem, Sepphoris est fortifié. Des caravanes d'ânes apparaissent aux portes de la ville chaque semaine et demandent l'autorisation d'entrer pour vendre leurs marchandises. La ville ne ressemble à aucune autre en Galilée. Depuis son repeuplement et sa renaissance, elle héberge des médecins, des avocats, des artisans, des percepteurs, et des artistes donnant des spectacles de mimes ou des comédies au théâtre. Mais la construction de cette magnifique métropole a coûté cher. Sepphoris héberge aussi de nombreuses personnes qui ont perdu leur ferme à cause des impôts excessifs d'Antipas. Sans champ à labourer ni maison bien à eux, ils s'entassent dans les franges les plus pauvres de la ville, gagnent leur vie en volant, en vendant leur corps ou en mendiant. Sous le vernis du progrès et de la sophistication de ce prétendu « bijou de la Galilée » se cachent en réalité la décadence et le déclin.

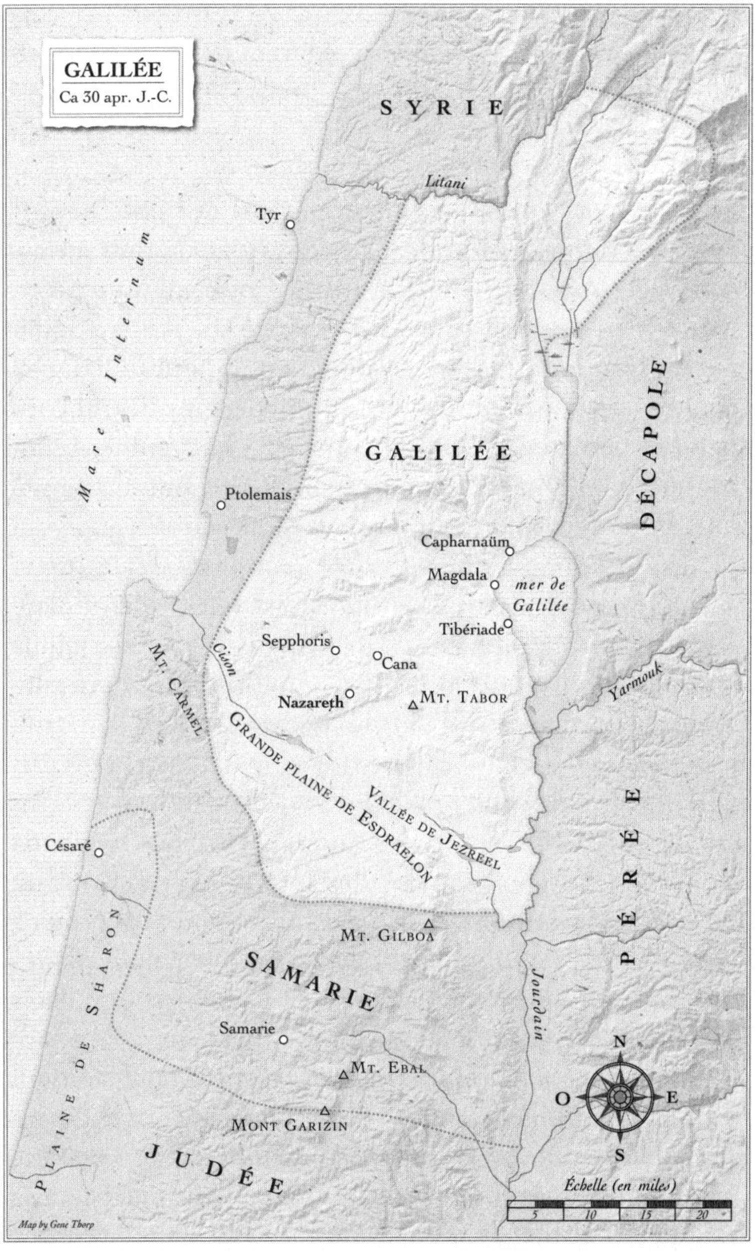
GALILÉE
Ca 30 apr. J.-C.
SYRIE
Litani
Tyr
Mare Internum
GALILÉE
DÉCAPOLE
Ptolemais
Capharnaüm
Magdala
mer de Galilée
Tibériade
Sepphoris
Cana
Cison
Mt. Carmel
Nazareth
Mt. Tabor
Yarmouk
Grande plaine de Esdraelon
Vallée de Jezreel
Pérée
Césaré
Mt. Gilboa
Samarie
Jourdain
Plaine de Sharon
Samarie
Mt. Ebal
Mont Garizin
Judée
N
O
E
S
Échelle (en miles)
5
10
15
20
Map by Gene Thorp

Et alors que Sepphoris est l'image même de la prospérité, beaucoup de Galiléens meurent de faim.

*

Joseph et Marie, comme la plupart des Juifs, vivent dans la crainte d'Hérode Antipas. Avec sa fine moustache et la barbe sombre qui couvre son menton, Antipas possède le physique typique du scélérat. Son père, Hérode le Grand, avait certes de lourds défauts, mais il avait également accompli de grandes choses pendant son règne. C'est loin d'être le cas d'Antipas. Inexpérimenté, il n'a jamais manqué de rien et trouve tout naturel qu'on lui ait remis un royaume.

Bien qu'il soit né en Judée, Antipas a été éduqué à Rome, une ville qu'il adore. Pour rendre hommage à Auguste et à Rome, non seulement il dépouille les Juifs en fixant des impôts exorbitants mais il ordonne également des exécutions à la romaine contre tous ceux qui oseraient le défier.

Depuis plusieurs décennies, l'indignation des Galiléens envers Rome ne cesse d'enfler. Les habitants croulent sous les taxes et considèrent qu'Antipas n'est qu'un « adorateur du luxe » qui utilise ces impôts pour reconstruire Sepphoris autant que pour financer son propre train de vie ostentatoire. Et plus il veut de luxe, plus les impôts augmentent.

L'argent à proprement parler est rare. Tout homme juif adulte doit s'acquitter annuellement d'un demi-shekel d'impôt au Temple, en monnaie. Les fermiers peuvent payer le reste de leurs créances en figues, huile d'olive ou grain. Ils n'ont aucun moyen de contourner

Hérode Antipas.

les taxes car ils doivent se rendre à Sepphoris pour vendre leur récolte. Et le percepteur honni est toujours à sa place lorsqu'ils arrivent à destination. La situation n'est pas plus réjouissante pour les pêcheurs, contraints de s'acquitter de droits spéciaux, en plus d'une portion de leur pêche journalière, pour avoir le droit de jeter leurs filets ou de s'amarrer au port.

On ne méprise aucun homme plus que le percepteur. Ce dernier ne se contente pas d'extorquer des fonds à des personnes déjà très pauvres, il n'hésite pas à malmener, voire à torturer ceux qui ont du retard dans leurs paiements. Impossible d'y échapper. Ceux qui ne peuvent pas payer doivent emprunter du grain ou de l'huile dans les silos de stockage détenus par les hommes d'Antipas. Les taux d'intérêt sont exorbitants – 100 % pour l'huile et 25 % pour le grain. Et accumuler du retard dans le paiement de ces dettes conduit irrémédiablement à la ruine. Pour les régler, ces paysans sont souvent obligés de vendre leurs enfants en tant qu'esclaves à leurs créanciers ou de se séparer de leur ferme et de travailler la terre en tant que métayers. Certains perdent leur maison et leur héritage et se mettent à mendier, passant d'une vie de digne propriétaire terrien juif à une existence avilie hors des frontières de la société.

Il existe néanmoins une ville en plein essor où beaucoup de ces gens se sont installés et où ils ont été acceptés, malgré leur modeste statut. Cette ville de 40 000 habitants s'appelle Magdala – « Magdalena » pour les Romains, « Magdalene » dans la langue grecque des Évangiles – et tandis que Jésus de Nazareth arpente les rues de Sepphoris, une jeune fille vive prénommée Marie arpente celles de Magdala. Ses parents ne possèdent rien. Inévitablement, son innocence sera détruite dans les confins miteux de cette ville hors la loi. Plus tard, elle deviendra prostituée, faisant ce qu'il faut pour survivre, tout en ne cessant de rêver à une vie meilleure.

*

Comme Joseph est un charpentier habile, il peut payer ses impôts. Et, de fait, la plupart des habitants de Galilée y parviennent – mais souvent de justesse. De nombreux

Galiléens souffrent de malnutrition car il ne leur reste plus assez de nourriture pour subvenir à leurs propres besoins. Dans les affres de la faim, ils perdent leurs cheveux, et leur espoir s'atrophie en même temps que leurs muscles. En silence, ils bouillent de colère. Mais plutôt que de blâmer Rome ou César Auguste, les habitants de Galilée commencent à décharger leur rage sur leurs voisins. Ils cessent de prêter du grain et de l'huile à leurs amis ou à leurs connaissances, de peur de voir leurs réserves s'épuiser. Ils négligent la tradition juive qui veut que l'on pardonne les dettes. La communauté de paysans soudés qui est parvenue à survivre pendant tant de générations aux règnes des Grecs, des Perses et des Assyriens, commence à se déliter sous les règnes d'Auguste et Antipas.

Les grandes légendes du peuple juif parlent des héros de leur foi, se dressant pour vaincre les envahisseurs étrangers. Le peuple regrette les jours glorieux du roi David, des siècles auparavant, lorsque les Juifs étaient leurs propres maîtres et Dieu la force incontestée la plus puissante de tout le cosmos. Les habitants de Galilée sont très indépendants dans leur manière de penser. Ils sont convaincus qu'ils finiront par reprendre le contrôle de leur destinée et c'est notamment pour cela que l'exhortation de Judas de Gamala à s'élever contre Rome les a si profondément touchés.

Dans cette conviction, il y a de l'espoir. Les épreuves de la terre et la cruauté de Rome ont engendré une foi nouvelle dans le pouvoir du Dieu juif, qu'ils prient pour qu'il les délivre, les soulage et les rendent plus forts. Voici le monde dans lequel vit le jeune Jésus de Nazareth. Ce sont les prières qu'il entend se déverser chaque jour. La promesse que Dieu viendra les délivrer constitue la seule lueur d'espoir pour le peuple opprimé de Galilée. S'ils tiennent bon, un jour, d'une manière ou d'une autre, Dieu enverra quelqu'un pour arranger les choses, comme il l'a fait avec Abraham, Moïse, Daniel, Samson et David.

Dix ans après la mort d'Hérode le Grand, les habitants du village de Jésus de Nazareth et leur terre attendent avec impatience l'arrivée d'un nouveau roi des Juifs.

*

Il est impossible de savoir à quel point Jésus a été affecté par toute cette agitation dans son village. En grandissant, il devient un homme fort, qui respecte ses parents. Joseph meurt entre le treizième et le trentième anniversaire de Jésus, lui léguant l'affaire familiale. Jésus reste dévoué à sa mère, et réciproquement. Mais arrivé à l'âge de 30 ans, Jésus de Nazareth sait que le silence n'est plus une option.

Le temps est venu d'accomplir sa destinée.

C'est une décision qui changera le monde.

Et qui le conduira à mourir dans d'atroces souffrances.

Livre II

VOICI L'HOMME

CHAPITRE SIX

FLEUVE DU JOURDAIN, PÉRÉE
26 APR. J.-C.
MIDI

Jean le Baptiste est immergé jusqu'à la taille dans l'eau marron et froide du fleuve. Il attend calmement le prochain pèlerin qui est en train de braver le courant pour le rejoindre. Il regarde vers la rive boueuse du Jourdain, où des dizaines de fidèles font la queue sans se plaindre de la chaleur, patientant pour subir le rituel d'immersion complète qui les lavera de leurs péchés.

Les fidèles sont majoritairement des travailleurs pauvres. Ils sont galvanisés par Jean et ses enseignements radicaux. Le jeune homme aux cheveux longs, à la barbe broussailleuse et à la peau brûlée par le soleil s'est imposé une rude discipline en vivant seul dans le désert et en se nourrissant de sauterelles pour les protéines et de miel pour l'énergie. Il ne porte pas la robe élaborée des pharisiens hautains qui l'espionnent en ce moment depuis la rive, mais une tunique grossière coupée dans la peau d'un chameau et sanglée fermement autour de sa taille par une simple ceinture de cuir. Jean est célibataire.

Il adore Dieu et seulement Dieu. Certains le trouvent excentrique, d'autres le voient comme un rebelle, et beaucoup jugent son franc-parler un peu trop caustique, mais tous reconnaissent qu'il a eu le courage de leur promettre quelque chose que ni Rome ni les grands prêtres ne peuvent leur offrir : l'espoir. Ainsi, les fidèles sont venus chercher ce qu'il leur a promis.

La fin du monde tel que nous le connaissons est proche, prêche Jean. Un nouveau roi viendra pour juger les hommes. Venez purifier vos péchés dans l'eau du fleuve, ou le roi nouvellement consacré – le « Christ » – vous punira de la façon la plus terrible qui soit. Le message est à la fois religieux et politique, il remet en cause l'Empire romain et la hiérarchie du Temple juif.

Jean tend le bras vers le prochain pèlerin. Mais avant qu'il puisse baptiser l'homme, un percepteur crie depuis la rive : « Maître, et nous, que devons-nous faire ? » Il parle au nom de sa profession, bien conscient du mépris qu'il inspire aux autres en détournant l'argent des Juifs au profit d'un roi païen installé à Rome.

« N'exigez rien au-delà de ce qui vous a été ordonné », répond Jean.

Il y a peu d'ombre le long du Jourdain, et les fidèles attendent depuis des heures pour avoir une chance d'être immergés dans ces eaux froides. Mais malgré leur inconfort, chacun écoute avec attention ce que Jean a à dire.

« Et nous, que devons-nous faire ? » crie un soldat. Tous savent que de nombreux soldats ont été impliqués dans des pratiques contraires à l'éthique pour obéir à Tibère, le nouvel empereur dépravé et largement détesté.

Jean répond sans porter de jugement. « Ne commettez ni extorsion ni fraude envers personne, et contentez-vous de votre solde. »

Le Baptiste se retourne vers l'homme qui se tient à côté de lui, immergé dans la rivière. Il l'écoute avec attention confesser ses nombreux péchés. Puis Jean prie pour lui. « Il vient après moi celui qui est plus puissant que moi, et je ne suis pas digne de délier, en me baissant, la courroie de ses souliers. Moi, je vous ai baptisés d'eau ; lui, il vous baptisera du Saint-Esprit. »

Il n'y a qu'un esclave à qui on pourrait demander de délier les sandales d'un homme, les mots de Jean sont donc extrêmement puissants et traduisent un immense respect. Tandis que les pèlerins acquiescent en hochant la tête, Jean place une main contre le dos de l'homme et le guide lentement sous la surface de l'eau, l'y maintient quelques secondes, puis le remonte jusqu'à ce qu'il se tienne sur ses pieds. Le pèlerin, soulagé que ses transgressions soient maintenant pardonnées, lutte contre le courant pour regagner la terre ferme. Sans attendre qu'il l'ait atteinte, un autre fidèle affronte le courant pour vivre la même expérience.

« Qui es-tu ? » demande une voix péremptoire sur la rive. Jean attendait cette question. C'est la demande condescendante d'un prêtre qu'on a envoyé de Jérusalem pour juger si Jean se rend coupable d'hérésie. Le saint homme n'est pas seul, il a fait le voyage avec plusieurs pharisiens, sadducéens et Lévites[1].

1. Il s'agissait des voix religieuses les plus importantes de leur époque. Les pharisiens étaient très pointilleux sur la loi religieuse ; les sadducéens étaient tout aussi pieux, mais ils étaient aussi riches et plus libéraux dans leurs réflexions ; et les Lévites, descendants directs de Lévi, un des fils du patriarche Jacob, formaient une tribu de prêtres et de gardiens du Temple.

«Je ne suis pas le Christ», répond Jean. Les grands prêtres savent qu'il fait référence au nouveau roi juif, un homme choisi par Dieu pour guider les Israélites comme l'avaient été Saul et David, les grands rois des générations passées.

« Alors, qui es-tu ? demande un pharisien. Es-tu Élie ? »

Ce n'est pas la première fois que Jean entend cette comparaison. Comme lui, le prophète Élie prêchait en annonçant la fin du monde.

« Non, répond Jean avec fermeté.

– Qui es-tu ? insistent à nouveau les prêtres. Que nous puissions donner une réponse à ceux qui nous ont envoyés. »

Jean préfère invoquer le prophète Isaïe dont le nom signifie « Dieu sauve ». Huit cents ans plus tôt, à cause de ses nombreuses prophéties hardies, Isaïe aurait subi le martyre en étant scié en deux. Dans l'une de ses prophéties, Isaïe prédit qu'un homme viendrait annoncer la fin du monde et l'arrivée de Dieu sur Terre. Cet homme serait « la voix de celui qui crie dans le désert : Préparez le chemin du Seigneur, aplanissez ses sentiers[1] ».

Jean prie et jeûne depuis plusieurs jours. Il croit sincèrement être l'homme dont parlait Isaïe. Même s'il risque d'être condamné à une mort violente pour cela, il se sent obligé de voyager de ville en ville pour avertir les gens que la fin du monde est proche et qu'ils doivent s'y préparer en se faisant baptiser.

« Qui es-tu ? exigent à nouveau les prêtres, d'un ton de plus en plus sec et insistant.

---

1. Référence à la pratique courante consistant à améliorer les routes avant le passage d'un roi voyageant d'un pays à l'autre. Les vallées étaient comblées et les chemins tortueux corrigés de façon à ce que le voyage du roi soit aussi paisible que possible.

– Je suis la voix de celui qui crie dans le désert», répond Jean.

*

Les prêtres du Temple ne sont pas les seules autorités à surveiller de près Jean le Baptiste. Depuis Tibériade, la nouvelle capitale qu'il a fait construire, plus grande et plus somptueuse encore que Sepphoris, Hérode Antipas a dépêché des espions sur les rives du Jourdain pour suivre à la trace le moindre de ses mouvements. On ne parle que du Baptiste en Galilée, et Antipas craint que cet évangéliste charismatique convainque les gens de se rebeller contre lui.

Antipas est prêt à s'occuper de Jean de la même manière qu'il s'est occupé de Judas de Gamala, près de vingt ans plus tôt. Mais avec son message de non-violence, Jean représente une menace bien plus grande. La vie en Galilée n'a fait qu'empirer depuis l'exécution de Judas. En décidant, dix ans après avoir reconstruit Sepphoris, de construire Tibériade sur le rivage ensoleillé de la mer de Galilée, Antipas a alourdi le fardeau financier du peuple de Galilée. Comme pour tous ses projets de construction, Antipas n'a reculé devant aucune dépense. Et une fois encore, ce sont les taxes infligées aux paysans de Galilée qui ont permis de les couvrir.

Antipas a baptisé la nouvelle ville du nom de l'empereur romain qui a succédé à César Auguste il y a douze ans. Tibère était autrefois un grand général, il a courageusement défendu Rome contre les barbares germaniques. Mais tous les malheurs personnels endurés dans son existence l'ont désormais transformé en homme odieux. Tibère ne connaît aucune limite. Un de ses passe-temps favoris consiste à nager avec ses « petits poissons », des jeunes garçons qu'il sélectionne lui-même et auxquels il apprend à le chasser dans la piscine impériale, nus, et à le mordiller entre les cuisses.

Ces activités aquatiques ne sont pas les plus choquantes des nombreuses perversions de l'empereur, mais Antipas sait qu'il vaut mieux éviter de porter un jugement moral. Même après plus de vingt ans passés sur le trône, son règne dépend uniquement du bon vouloir de Rome. Antipas possède d'ailleurs ses propres vices. Il a en effet divorcé de son épouse pour épouser celle de son frère, une abomination aux yeux du peuple juif.

Voici donc pourquoi, alors qu'il réfléchit à présent à la façon dont il va faire exécuter Jean le Baptiste – un homme dont le seul crime est d'annoncer avec passion l'arrivée du Christ –, Antipas a nommé la capitale d'une province juive extrêmement pieuse d'après un païen de 68 ans qui organise des orgies dans sa villa privée et se débarrasse de ses ennemis en les jetant du haut d'une falaise de 300 mètres.

Et alors qu'Antipas refuse de juger moralement Tibère, l'homme infâme qui contrôle son destin, le Baptiste, lui, ne bénéficiera pas d'une telle indulgence.

*

Jérusalem est désormais sous le joug d'une inquiétante alliance entre la foi et l'État. Or, les hommes de cette coalition contre nature surveillent également de près le Baptiste.

Depuis qu'Auguste a déclaré, vingt ans plus tôt, qu'Archélaos était inapte à régner, quatre autres gouverneurs romains se sont succédé à la tête de la Judée.

Le cinquième vient juste d'arriver. Son nom est Ponce Pilate.

*

Tandis que Jean le Baptiste prêche sur les rives du Jourdain et que Jésus de Nazareth s'apprête à mettre fin au silence qu'il s'impose depuis des années au sujet de sa véritable identité, Ponce Pilate débarque sur le rivage où se dresse la ville fortifiée de Césarée. Il vient assumer la fonction récemment laissée vacante par Valerius Gratus.

Pilate est un homme massif et arrogant, originaire de l'Italie centrale, ancien soldat et membre de l'ordre équestre. Son épouse, Claudia Procula, l'accompagne en Judée. La mutation est peu réjouissante, car la Judée est une région reculée, réputée pour être une province très difficile à gouverner. Mais si Pilate parvient à y faire ses preuves, le pouvoir à Rome devrait s'assurer que sa prochaine affectation soit un peu plus prestigieuse.

Pilate n'est pas l'ami des Juifs. Lors de l'une de ses premières décisions officielles, il ordonne aux troupes romaines de Jérusalem d'apposer le buste de l'empereur Tibère sur leurs étendards[1]. Lorsque le peuple proteste

1. L'étendard romain est une statue d'aigle, ou *aquila*, fixée au sommet d'une barre en métal. Dans le cas du conflit avec Pilate, un emblème présentant une ressemblance avec Tibère est placé juste au-dessus de l'aigle. L'étendard est le symbole d'une légion, qui ne se déplace jamais sans. Il est tenu par un porte-étendard, auquel on doit notre expression moderne pour désigner une personne incarnant une idée ou une valeur. Perdre l'étendard au combat est une disgrâce extrême. Lorsque les légionnaires moribonds de la bataille de Teutobourg en l'an

contre ces images que la loi juive interdit, Pilate répond en envoyant ses troupes intimider les protestataires. Les soldats les encerclent, menacent de passer à l'attaque mais les Juifs refusent de céder. Au lieu de battre en retraite, ils se penchent en avant et tendent le cou, signalant clairement qu'ils sont prêts à mourir pour leurs croyances.

Pour la première fois, Pilate constate en personne la puissance de la foi juive. Il donne l'ordre à ses hommes de se retirer. Les étendards sont enlevés.

Pilate imagine alors une nouvelle stratégie pour tenir les Juifs. Il construit une alliance déconcertante avec Caïphe, le plus puissant des grands prêtres de Jérusalem. Caïphe est issu d'une famille de prêtres et vit dans une luxueuse maison de la ville haute. Il possède les pleins pouvoirs sur la vie religieuse à Jérusalem, dont la mise en application de la loi juive. Cela implique qu'il a le droit de condamner un homme, ou une femme, à mort.

Mais si Caïphe a le pouvoir de prononcer un jugement, c'est au gouverneur romain de décider s'il doit être appliqué.

Pilate est un païen romain. Caïphe est un Juif. Ils vénèrent des dieux différents, mangent des aliments différents, nourrissent des espoirs différents pour leur futur et parlent des langues différentes. Pilate sert sous les ordres d'un empereur divin, tandis que Caïphe sert sous les ordres de Dieu. Mais ils maîtrisent tous les deux la langue grecque et sont fermement convaincus qu'ils

9 apr. J.-C. abandonnèrent trois étendards (légions XVII, XVIII et XIX), l'Empire romain explora les régions germaniques pour les récupérer. Ils finirent par les trouver. Il est intéressant de noter qu'une image de Jésus ornerait les étendards romains à partir du IVe siècle.

ont le droit de faire tout ce qu'ils veulent pour rester au pouvoir.

Ainsi, l'État et la foi maintiennent la Judée dans un étau. Caïphe joue aujourd'hui pleinement son rôle dans leur partenariat : il envoie les autorités religieuses dans le désert pour examiner d'un œil critique le ministère de Jean le Baptiste.

*

« Race de vipères, crie Jean aux prêtres du Temple qui sont venus jusqu'au fleuve pour l'interroger. Déjà la hache est mise à la racine des arbres : tout arbre donc qui ne produit pas de bons fruits sera coupé et jeté au feu. »

Tous les fidèles se tournent vers les autorités religieuses outrées, puis de nouveau vers Jean, impatients d'entendre ce qu'il dira ensuite. Car s'il est bien connu que certains de ces hommes instruits sont de terribles hypocrites, personne n'ose les critiquer en public. Mais Jean, sur un ton plein de défi, ordonne aux pharisiens et aux sadducéens de se faire baptiser, ou bien d'aller brûler dans un feu éternel.

Les religieux restent cois, abasourdis par les mots de Jean.

Celui-ci porte à nouveau son attention sur la foule venue se faire baptiser. Fermiers, artisans, percepteurs, et soldats – tous révèrent le mode de vie monacal de Jean, ainsi que sa franchise et son énergie. Son comportement témoigne d'une liberté intrépide que beaucoup rêvent d'imiter. Il semble immunisé contre les menaces de Rome. Dans la foule, certains s'interrogent : Jean paie-t-il ses impôts ? Et si ce n'est pas le cas, que va-t-il lui arriver ?

Surtout, chacune de ces personnes, au fond de son cœur, se demande si Jean est lui-même le Messie dont il prêche la venue.

*

La réponse arrive le lendemain.

À nouveau, Jean se tient dans le Jourdain. Derrière lui, le village de Béthanie, sur la rive au loin. Comme d'habitude, il fait très chaud, et une longue file de croyants attend d'être baptisés.

Jean observe, à bonne distance, un homme qui approche de la rivière. Comme le Baptiste, Jésus de Nazareth a les cheveux longs et une barbe. Il porte des sandales et une simple tunique. Ses yeux sont clairs et ses épaules larges, comme celles d'un travailleur. Il semble légèrement plus jeune que Jean.

Soudain, une colombe se pose sur l'épaule de Jésus. Celui-ci ne fait rien pour la chasser, et l'oiseau semble ravi de rester.

La colombe change tout[1]. À cet instant, la rage qui avait si souvent nourri les mots du Baptiste disparaît.

1. L'apparition de la colombe est racontée dans chacun des quatre Évangiles du Nouveau Testament. On pourrait l'interpréter comme une tentative pour introduire un symbolisme spirituel dans le récit des Évangiles. Mais en réalité, chaque fois que le mot « colombe » est utilisé dans les Évangiles canoniques et l'Ancien Testament, c'est une allusion à une colombe réelle – pas à une divinité. Selon les Évangiles de Matthieu, Marc et Luc (les Évangiles synoptiques), la colombe est apparue *après* le baptême de Jésus. Selon Jean, l'oiseau s'est posé sur Jésus avant le baptême. Les Évangiles sont un mélange de tradition orale, de fragments écrits de la vie du Christ et de déclarations de témoins oculaires. Ceci explique peut-être les divergences. L'apparition de la colombe a pu se produire en même temps que le baptême de Jésus. Cependant, les Évangiles ont été écrits soixante-dix ans après la mort de Jésus (Marc au début des années 50, Luc entre 59 et 63, Matthieu dans les années 70 et Jean entre 50 et 85). Pour que cette colombe reste ancrée dans la tradition orale de Jésus pendant si longtemps, l'apparition de l'oiseau avait dû marquer les esprits de tous ceux qui étaient présents.

Elle laisse place à l'émerveillement : il comprend que sa vision est enfin devenue réalité. Sous les yeux interloqués des pèlerins, Jean, frappé d'admiration, se dirige vers Jésus. « Voici l'agneau de Dieu. J'ai vu l'Esprit descendre du ciel comme une colombe et s'arrêter sur lui. Je ne le connaissais pas, mais celui qui m'a envoyé baptiser d'eau, celui-là m'a dit : Celui sur qui tu verras l'Esprit descendre et s'arrêter, c'est celui qui baptise du Saint-Esprit. Et j'ai vu et j'ai rendu témoignage qu'il est le Fils de Dieu. »

Les fidèles tombent à genoux et pressent leurs visages contre la terre. Jésus ne réagit pas à ce signe d'adoration. Mais il ne fait rien non plus pour les en empêcher. Le Nazaréen se contente d'entrer dans l'eau pour prendre place près de Jean et se faire baptiser.

Jean est frappé de stupeur. « C'est moi qui ai besoin d'être baptisé par toi, et c'est toi qui viens à moi ? »

Jésus ne tire pas au clair la question de son identité. C'est un simple charpentier, un constructeur qui a travaillé toute sa vie. Il connaît par cœur les Psaumes et les Écritures. Il paie ses impôts et prend soin de sa mère. Pour un simple observateur, c'est un Juif laborieux comme il en existe beaucoup. Aucun signe de sa divinité ne saute aux yeux.

Dans la culture juive, celui qui affirme être Dieu commet un crime capital. À voix basse, Jésus révèle pourtant à Jean le Baptiste sa véritable identité. Inclinant la tête pour recevoir l'eau, Jésus dit à Jean : « Laisse faire maintenant, car il est convenable que nous accomplissions ainsi tout ce qui est juste. »

Jean pose une main sur le dos de Jésus et le guide lentement sous l'eau. « Je te baptise d'eau pour t'amener à la repentance », dit Jean en immergeant Jésus dans le courant.

Il l'aide ensuite à se redresser.

« J'ai vu et j'ai rendu témoignage qu'il est le Fils de Dieu », crie Jean.

« Fils de Dieu » est un titre royal qui indique que la personne est un messie, ce fut le titre attribué au roi David. Lorsque le Messie reviendra, croit-on, il sera roi des Juifs, dans la lignée de David, le roi parfait. Ceux qui observent la scène comprennent donc « Fils de Dieu » comme un titre davidique, c'est-à-dire celui qui est consacré, qui deviendra chef et roi[1].

La foule reste à genoux tandis que Jésus pose le pied sur la rive et reprend sa marche. Il part seul dans le désert pour jeûner pendant quarante jours et quarante nuits. C'est un voyage qu'il effectue de son plein gré, conscient qu'il doit affronter et vaincre toutes les tentations afin de purifier son esprit et son corps avant de prêcher publiquement son message de foi et d'espoir.

La mission de Jean le Baptiste est maintenant accomplie. Et par là même, son destin est scellé.

*

1. C'est un moment crucial du ministère de Jésus pour deux raisons. D'abord parce que ces allusions remontent au Psaume, II, 7 et à Isaïe, XLII, 1, et peut-être Isaïe, XLI, 8. Or, le Psaume II est un psaume royal, où II, 7 fait essentiellement référence au Messie, ce dont attestent les commentaires de Jean le Baptiste dans Luc, III, 16. Les références à Isaïe, en particulier XLII, 1, sont des références au serviteur auquel on attribue à la fois un caractère prophétique et salvateur. Ainsi, le baptême fusionne deux portraits dans la figure du Messie/serviteur. En second lieu, le baptême lui-même marque le début du ministère de Jésus avec l'approbation divine. L'approbation vient à la fois des paroles divines venues du ciel et de la consécration par l'Esprit.

Jean est un prophète au destin unique : il voit ses prédictions s'accomplir de son vivant. Le peuple désire toujours être purifié de ses péchés par le baptême, et une foule immense continue à suivre Jean partout où il va. Ses disciples semblent même encore plus nombreux. Bien qu'il ne soit plus nécessaire de prophétiser l'arrivée d'un nouveau Christ, Jean reste un orateur extrêmement doué. Il n'est pas de ceux qui se taisent face à l'immoralité et à l'injustice. Aussi, lorsqu'il apprend qu'Hérode Antipas a divorcé de sa femme et violé la loi religieuse juive en épousant l'ancienne épouse de son frère, il est incapable de rester silencieux. À travers tous les villages qu'il visite, il ne cesse de décrier Antipas, montant le peuple contre son chef.

Antipas donne l'ordre aux espions chargés de surveiller Jean de l'arrêter. Jean se retrouve enchaîné. Il parcourt ainsi 25 kilomètres dans le désert brûlant avant d'apercevoir enfin quelque chose. C'est Machéronte, la forteresse d'Antipas construite au sommet d'une montagne. Jean doit ensuite gravir les 900 mètres qui montent jusqu'à la citadelle. Le sentier est encerclé de ravins rocailleux. Antipas a tout fait pour rendre ce château imprenable. Dans la crainte d'une attaque de l'Arabie, qui se trouve à l'est, il a renforcé ces fortifications naturelles avec des murs de 20 mètres d'épaisseur et des tours d'angle hautes de 30 mètres. « Par ailleurs, écrirait un jour l'historien Josèphe au sujet de la transformation de Machéronte par Antipas, il plaça une grande quantité de machines de guerre, s'assurant que les habitants y soient en sécurité, même pendant le siège le plus long. »

La vue depuis le palais, érigé au centre de la forteresse, est magnifique. Si Jean avait le droit d'en profiter, il pourrait apercevoir les fines courbes marron de son bien-aimé Jourdain serpenter à travers la vallée très loin, en contrebas. Peut-être a-t-il le temps de jeter un rapide dernier coup d'œil au paysage avant de franchir les grandes portes en bois et d'entrer dans la citadelle. Mais ces portes se referment bien vite derrière lui. Toujours enchaîné, il est escorté jusqu'à la salle du trône d'Antipas. Là, plein de défi et de courage, il fait face à cet homme qui prétend être le roi des Juifs. Et même lorsqu'on lui donne une chance de se rétracter, Jean refuse. « Il ne t'est pas permis d'avoir la femme de ton frère », déclare-t-il au roi.

La femme en question, Hérodiade[1], est assise à côté d'Antipas. Avec ses accusations, Jean la condamne au même titre que son mari. Cependant, Hérodiade voit qu'Antipas craint Jean et qu'il a peur d'ordonner sa mort. Quoi qu'il en soit, Hérodiade est une femme patiente et elle sait qu'elle finira par trouver un moyen de se venger. Comment ce sauvage débraillé ose-t-il l'insulter ainsi ?

C'est ainsi que Jean est jeté dans le donjon de Machéronte, où il croupira jusqu'à ce qu'Antipas le libère – ou qu'Hérodiade le fasse tuer.

Pendant ce temps, une menace bien plus grande pour Antipas commence à émerger. Jésus de Nazareth a commencé son voyage spirituel et entame une mission qui défiera l'autorité des puissants.

1. Pour Antipas, le problème est autant moral que politique. Flavius Josèphe explique que pour épouser Hérodiade, Antipas prévoyait de divorcer de la fille du roi des Nabatéens, Arétas IV. Cette disposition créa de fortes tensions entre les deux royaumes. Dans le district de Pérée, de nombreux sujets d'Antipas appartenaient à l'ethnie des Nabatéens et étaient donc plus loyaux envers Arétas qu'envers Antipas. L'arrestation de Jean ne ferait évidemment qu'aggraver la situation – lorsque Arétas vainquit plus tard Antipas au combat, le peuple affirma que c'était une punition divine pour le meurtre de Jean le Baptiste.

CHAPITRE SEPT

VILLA JOVIS, CAPRI
26 APR. J.-C.
NUIT

Bien loin de la Galilée, le Romain qui se prend pour le fils adoptif de Dieu est en exil. La vie à Rome n'a pas épargné Tiberius Julius Caesar Augustus – c'est en tout cas ce qu'il pense. Il s'est donc réfugié au sommet de cette île forteresse pour finir ses jours dans le plaisir, en toute tranquillité. Allongé dans sa chambre, il regarde des petites servantes et de jeunes garçons nus copuler devant lui. Choisis pour leur beauté, ils ont été rapportés contre leur gré des contrées éloignées de l'Empire romain. Ils doivent satisfaire les caprices érotiques et sexuels de la « Vieille Chèvre », puisque c'est ainsi que l'on appelle le vieux Tibère, 68 ans, derrière son dos. Parfois, il demande aux enfants de s'habiller en dieu Pan et en nymphes, et d'aller minauder dans les jardins royaux, avant de s'offrir les uns aux autres, et aux invités de l'empereur.

Ce soir, les amateurs d'orgie restent à l'intérieur du tentaculaire palais, avec ses sols en marbre, ses statues érotiques, ses œuvres d'art, et sa vue imprenable sur la Méditerranée en contrebas. Au cas où les performances des jeunes gens condamnés à se soumettre à l'empereur au regard blasé et au visage grêlé manqueraient d'imagination, des manuels d'éducation sexuelle très explicites importés d'Égypte sont disponibles.

Les jeunes interprètes ne peuvent pas s'empêcher de jeter des regards furtifs à Tibère. Si tout va bien, il se joindra à eux et choisira peut-être un des adolescents pour lui seul. Mais s'ils échouent, et si Tibère n'est pas stimulé par leurs acrobaties, l'empereur ne se contentera pas de quitter la pièce. Il fera bien pire. Il est probable qu'il jettera leurs corps du haut du « saut de Tibère », la falaise de quelque 300 mètres de haut proche du palais. De cette hauteur, peu importe si la victime tombe dans la mer ou sur les rochers saillants de la baie de Naples. Personne ne survit à la chute.

C'est précisément ce qui amuse Tibère et lui procure une joie perverse. Il apprécie autant les plaisirs de la chair, en tant qu'acteur ou spectateur, que le spectacle de ses victimes hurlant face à la mort imminente.

En vérité, presque tous les petits acteurs de la soirée subiront le triste sort d'être jetés du haut de la falaise. Tibère ne supporte pas l'idée que les rumeurs de sa débauche parviennent jusqu'à Rome. Le meilleur moyen de faire taire ces enfants consiste donc à les tuer après les avoir utilisés.

Mais les jeunes acteurs n'en savent rien. Ils croient sincèrement qu'ils quitteront un jour la Villa Jovis vivants et regagneront leurs villages. Alors ils exécutent leur performance comme si leur vie en dépendait, cédant aux moindres caprices de l'infâme Tibère.

Pendant ce temps, l'empereur vieillissant – un homme qui a autrefois connu l'amour et le bonheur – est allongé

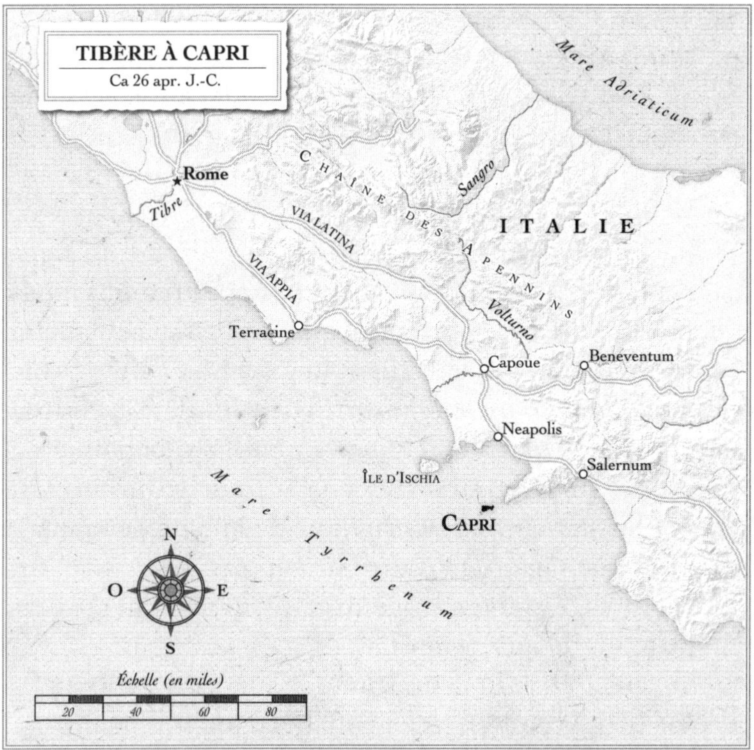
TIBÈRE À CAPRI
Ca 26 apr. J.-C.
Mare Adriaticum
Rome
Tibre
CHAÎNE DES APENNINS
Sangro
VIA LATINA
VIA APPIA
ITALIE
Volturno
Terracine
Capoue
Beneventum
Neapolis
Salernum
ÎLE D'ISCHIA
CAPRI
Mare Tyrrhenum
N
O
E
S
Échelle (en miles)
20
40
60
80

ÎLE D'ISCHIA
ITALIE
VILLA JOVIS
«SAUT DE TIBÈRE»
ÎLE DE CAPRI
Mare Tyrrhenum
Map by Gene Thorp

sur un tas d'oreillers, un verre de vin toujours à portée de main, les yeux vitreux et la peau marbrée d'eczéma et de furoncles. Tibère est un homme dépourvu de conscience.

*

Peut-être est-ce la mort de ses deux fils qui a conduit Tibère à Capri. Ou la présence insupportable de sa mère, la manipulatrice Livie, veuve du grand César Auguste. À moins que ce ne soit la terrifiante foule de pétitionnaires qui le harcelaient chaque jour à Rome, puant le désespoir, pour lui demander telle ou telle faveur. Ou encore la peur d'être assassiné, car les intrigues de palais, avec ses lieutenants en colère, ses époux délaissés et ses neveux éloignés lorgnant le trône, semblaient l'envahir un peu plus de jour en jour.

Ou peut-être, tout bêtement, Tibère ne supportait-il plus d'entendre les gens chuchoter qu'il buvait trop. Né pour régner, il ne sait que trop bien ce que cela implique : les gens attendent beaucoup de lui et le jugent sans vergogne. Quelle qu'en soit la raison, il s'est retiré dans un château perché sur une colline de la belle Capri, au-dessus de la Méditerranée et de ses étincelantes eaux turquoise, quasi surnaturelles. Ici, il peut manger ce qu'il veut, coucher avec qui il veut et boire autant qu'il veut, tout en gouvernant Rome à distance.

Pour savoir quel destin les dieux lui réservent, Tibère a emmené avec lui l'homme en qui il a le plus confiance : Thrasylle, l'astrologue royal. En plus des bains, citernes, grands halls, suites privées et phare que Tibère a fait construire pour rendre la vie à Capri aussi confortable que possible, il a également fait bâtir un observatoire spécial afin de permettre à Thrasylle de déchiffrer les étoiles tous les soirs.

Bien sûr, si Thrasylle déçoit Tibère en lui livrant une mauvaise information ou en essayant de le manipuler, sa longue chute jusqu'à la mer ressemblera trait pour trait à celles des jeunes esclaves sexuels.

Car Tibère a appris depuis fort longtemps qu'il ne pouvait faire confiance à personne. Il est né deux ans après la mort de Jules César, dont le nom fut incorporé au sien. Lorsque sa mère divorça de son père biologique pour épouser l'homme qui serait plus tard connu sous le nom d'Auguste, la trahison profita au petit Tibère, alors âgé de 3 ans. L'empereur romain l'adopta immédiatement et le considéra comme son propre fils. Tibère était présent dans le char d'Auguste lorsqu'il avait défilé à travers la ville pour célébrer publiquement sa victoire décisive sur Marc Antoine et Cléopâtre.

Le garçon grandit dans un contexte privilégié et reçut une éducation classique. Il excella en art oratoire et rhétorique. À l'âge de 20 ans, il commandait déjà des armées. Brillant tacticien et valeureux combattant, Tibère était connu pour ses succès sur les champs de bataille – de même que pour son caractère sombre et morose et pour l'acné sévère qui couvrait son visage. À son retour à Rome, il tomba amoureux d'une jeune femme de noble naissance nommée Vipsania qu'il épousa. Elle donna naissance à un fils, Drusus Julius Caesar, et fut rapidement enceinte de leur deuxième enfant. Mais Auguste s'immisça alors avec une cruelle décision. Elle transformerait à jamais le futur empereur. Le Fils de Dieu autoproclamé donna l'ordre à Tibère de divorcer de Vipsania après huit ans de mariage et d'épouser Julia, la fille d'Auguste, veuve depuis peu. Tibère essaya de s'opposer au divorce mais Auguste lui ordonna d'être conciliant, sous peine de s'exposer à une punition terrible. Dévastée, Vipsania fit une fausse couche.

Tibère, bien que bouleversé, obéit à l'empereur. Peu de temps après, il rencontra par hasard sa bien-aimée Vipsania dans une rue de Rome. Il s'effondra et se donna en spectacle en sanglotant et en implorant son pardon. Lorsque Augustus eut vent de la scène, il ordonna à Tibère de ne plus jamais adresser la parole à Vipsania.

L'empereur Tibère.

C'est ainsi que mourut la part humaine de Tibère. Ce moment signa son entrée dans une vie de cruauté, de dépravation et d'alcoolisme. L'homme qui avait étudié la rhétorique dans sa jeunesse et aimé la mère de son enfant fut émotionnellement anéanti. Il n'agirait plus jamais avec humanité. Son comportement ne posait toutefois aucun problème à sa nouvelle femme, Julia, qui se vautrait elle-même dans la débauche. Elle avait un faible pour les nains et lorsque Tibère partit une nouvelle fois à la guerre – cette fois-ci en Gaule – elle en choisit un qu'elle garda près d'elle à chaque instant pour satisfaire ses désirs immédiats. Julia était une très belle femme, elle trouvait donc facilement des partenaires pour s'adonner à ses plus bas instincts. Elle participait à des orgies, se prostituait ouvertement et affichait publiquement son mépris pour Tibère. Le plus grave advint lorsque Tibère rentra de Gaule et qu'il découvrit qu'elle avait transformé leur maison en bordel.

Même Auguste fut choqué. Il autorisa Tibère à divorcer. Mais l'homme qui deviendrait un jour empereur ne se remarierait jamais plus.

Humilié, Tibère, qui approchait des 40 ans, s'exila sur l'île grecque de Rhodes. Là, il commença à boire des quantités de plus en plus importantes et à prendre au quotidien les cruelles habitudes qui ne le quitteraient plus jusqu'à sa mort. Il commettait fréquemment des meurtres, et ordonna même qu'on décapite un homme dont le seul crime était d'avoir fait un mauvais calcul mathématique.

À la fin de son règne, Auguste rappela Tibère de Rhodes pour le préparer à devenir empereur. Il n'y avait pas d'autre option. Tibère accepta le défi, qu'il releva avec une détermination impitoyable. Après la mort d'Auguste en 14 apr. J.-C., le nouvel empereur ordonna l'exécution de tous les prétendants au trône. Pendant douze longues années, Tibère lutta contre le Sénat et supervisa l'empire avec efficacité et sérieux. Mais après les morts soudaines et inexpliquées de son fils adoptif Germanicus[1] et de son fils naturel Drusus[2], âgés de 33 et 34 ans, Tibère ne put en endurer davantage.

Fatigué des intrigues romaines, Tibère fit rénover les villas d'Auguste sur l'île de Capri. Il en profita pour y construire des « niches de luxure » et des piscines spéciales dans lesquelles il nage maintenant, nu, avec de jeunes garçons. Ses servants sont autorisés à kidnapper

---

1. Germanicus succomba à une maladie mystérieuse. C'était un général populaire, en particulier auprès des légions. Grâce à lui, la défaite de la bataille de Teutobourg avait été vengée, et les étendards perdus des légions XVII, XVIII et XIX récupérés. Beaucoup pensaient qu'il tenterait d'accéder au trône à la mort d'Auguste, mais il le laissa à Tibère. Des rumeurs couraient selon lesquelles Tibère l'aurait assassiné car il représentait une menace trop grande pour l'ascension de Drusus au trône. Cette rumeur gagna en crédibilité lorsque Gnaeus Calpurnius Piso, le gouverneur de Syrie qui devait passer en jugement pour la mort de Germanicus, se suicida pour ne pas avoir à témoigner. Germanicus ne deviendrait certes jamais empereur, mais son fils Caligula succéderait à Tibère sur le trône. Il deviendrait tristement célèbre pour son goût de la débauche, qui surpasserait même celui de Tibère.

2. Drusus fut empoisonné par sa femme, Livilla, et son amant, Lucius Aelius Sejanus. Le crime avait été commis avec tant d'adresse qu'on ne le découvrit que huit ans plus tard. Une fois confondue, Livilla fut forcée de se suicider en se laissant lentement mourir de faim. La mort de Sejanus se révéla bien plus atroce. Il était devenu très puissant à Rome, grâce à l'exil auto-imposé de Tibère à Capri. Le 18 octobre de l'an 31 apr. J.-C., lorsqu'il apprit que Sejanus avait assassiné Drusus en versant du poison dans son vin, Tibère donna l'ordre de l'arrêter. Sejanus fut étranglé cette nuit-là à Rome, et son corps fut jeté à la foule, qui le mit en pièces. Après cela, on organisa une chasse à l'homme pour retrouver tous ses amis et ses proches et les tuer également. Le fils et la fille de Sejanus, arrêtés en décembre, moururent par strangulation. Lorsqu'on rapporta à Tibère que la fille était vierge et qu'elle ne pouvait donc pas, selon la loi, être condamnée à mort, il commanda au bourreau de placer la corde autour du cou de la jeune Junilla, de la violer et de ne tirer la corde qu'une fois la jeune fille déflorée.

des enfants, et Tibère emploie même un homme qu'on appelle l'« intendant des plaisirs impériaux », dont la seule mission consiste à fournir de nouveaux corps à l'empereur.

Dans le même temps, Tibère continue de régner sur le vaste Empire romain. Du haut de sa montagne, loin des tentatives d'assassinat et entouré uniquement de ceux qu'il peut tuer sur un coup de tête, Tiberius Julius Caesar publie les décrets moraux et légaux qui détermineront le sort de millions de personnes. Ces mandats affectent tout particulièrement les administrateurs romains.

Ponce Pilate, tout juste nommé gouverneur de Judée, sait que son avenir personnel et professionnel dépend de sa capacité à satisfaire l'empereur dégénéré. En dépit de son propre mode de vie païen, Tibère admire les traditions religieuses juives. Il considère les Juifs comme les sujets les plus dévoués de l'empire lorsqu'il s'agit de respecter le caractère saint du shabbat. Il envoie même des ordres à Ponce Pilate sur la façon dont doit être traitée la population juive : « Ne change rien qui soit déjà sanctionné par la coutume et considère comme un don sacré les Juifs ainsi que leurs lois, car d'eux dépend l'ordre public. »

C'est donc dans le but d'honorer ce « don sacré » que Ponce Pilate renforce ses liens avec le grand prêtre Caïphe, le représentant de la foi juive et l'homme le plus puissant de Jérusalem. Selon les ordres de Tibère, Pilate ne doit pas se mêler des affaires en lien avec la loi juive.

C'est un ordre dont Pilate ne se souviendra que trop bien.

*

Hérode Antipas, qui approche maintenant des 50 ans, comprend que son allégeance à Tibère est vitale. Il a passé beaucoup de temps à Rome, à se former aux us et coutumes romains, et il partage leur goût pour la littérature, la poésie et la musique. Antipas le Juif s'habille même comme l'aristocratie romaine, préférant le pan de tissu semi-circulaire que l'on appelle toge à la simple tunique du peuple juif.

Pendant son séjour à Rome, Antipas a appris à assaisonner généreusement sa nourriture de sauce de poisson fermenté, un condiment vinaigré apprécié des Romains, dont le goût puissant masque le manque de fraîcheur de certains aliments. Il a assisté à des courses de chars au Circus Maximus. Il aurait peut-être même pris un esclave pour amant. À Rome, la prostitution est autorisée et même taxée. Pour un citoyen romain, la seule humiliation réside dans le fait d'être le partenaire soumis d'une relation homosexuelle, raison pour laquelle la rumeur de la liaison de Jules César avec le roi de Bithynie n'a jamais été oubliée par ses ennemis.

Antipas jouit d'un pouvoir conséquent sur les paysans juifs, mais il doit néanmoins obéir aux ordres de Rome. Il lui est impossible d'émettre le moindre jugement négatif sur les décisions de Tibère – même si les Juifs sont de plus en plus désabusés face à l'autorité romaine. La crainte qu'Antipas éprouve envers Tibère l'empêche également de faire passer une quelconque réforme dans le but d'aider le peuple juif. Pris entre deux feux, Antipas se tait et accumule autant de richesses que possible.

*

L'Empire romain a beau être très vaste, les nombreuses routes construites par les légions et les couloirs de navigation fréquentés quotidiennement entre Rome et ses nombreux avant-postes font que les rumeurs circulent vite. Les serviteurs de maison commèrent, et des bruits courent au sujet du comportement violent et choquant de Tibère. Il assassine à tour de bras, décime des familles entières au moindre affront. Il profane même de jeunes enfants. Il se venge des femmes qui refusent de s'offrir à lui – même celles de naissance ou de mariage nobles – en laissant ses domestiques les violer.

Antipas n'est pas Tibère. Le dirigeant de Galilée a bien des défauts, parmi lesquels la vanité et une certaine faiblesse de caractère, mais son comportement n'a rien de commun avec celui de l'empereur romain. Malgré tout, même les provinces les plus reculées ne peuvent échapper aux effets de la dépravation morale de Tibère, qui provoque l'érosion de la discipline et la justice. L'empereur ne se rendra jamais en Judée et ne se retrouvera jamais face à face avec Jésus de Nazareth ou avec les pèlerins qui se rendent en masse à Jérusalem chaque année pour fêter la Pâque. Néanmoins, chaque décision prise par le nouveau gouverneur romain, Ponce Pilate, vise à gagner l'estime de Tibère. Il en va de même pour Antipas, comme le prouve sa décision de nommer la magnifique ville construite sur la rive de la mer de Galilée d'après l'empereur tout-puissant.

Telle est la vie dans l'Empire romain, qui a amorcé le lent déclin qui le conduira à sa perte. La justice et la grandeur d'âme sont rares chez la classe dirigeante. Les paysans juifs cherchent donc un sauveur, un homme que les prophètes leur ont promis. Pendant un temps, certains ont vu ce sauveur dans Jean le Baptiste. Mais celui-ci est en train de dépérir en prison.

Des conversations prudentes parlent désormais d'un nouvel homme, bien plus puissant que Jean. Jésus de Nazareth est sur le point d'arriver.

CHAPITRE HUIT

JÉRUSALEM
AVRIL, 27 APR. J.-C.
JOURNÉE

Jésus gravit les marches qui mènent aux cours du Temple, un fouet fermement enroulé dans sa main. Il est entouré de pèlerins venus célébrer la Pâque. Des centaines de milliers de fidèles juifs ont une nouvelle fois entrepris ce long voyage – depuis la Galilée, la Syrie, l'Égypte et même Rome – pour fêter l'apogée de l'année juive. Ils n'ont pas vraiment le choix : s'abstenir de venir au Temple pendant la Pâque constitue l'une des 36 transgressions punies par la sanction sacrée du *karet*, qui revient à être spirituellement « coupé » de Dieu. Ceux qui transgressent la loi connaîtront une mort prématurée ou une autre peine connue de Dieu seul[1]. Aussi, comme à chaque printemps depuis son enfance, Jésus de Nazareth a fait le voyage jusqu'à Jérusalem.

1. Les spécialistes débattent toujours de la nature exacte du *karet*. Flavius Josèphe écrivit qu'il s'agissait d'une punition physique, perpétrée par l'homme. Certains pensaient que cela signifiait mourir bien avant son heure, probablement entre 50 et 60 ans, « par la main du ciel ». Il existe néanmoins une clause de repentir permettant d'annuler le *karet*.

La ferveur religieuse qui emplit les rues de la ville est extraordinaire. Tous ces Juifs sont rassemblés pour célébrer leur foi sans retenue et chanter les louanges de Dieu. Les agents du Temple ont réparé les routes de terre qui donnent accès à la ville ; après les violentes pluies de l'hiver, elles sont à nouveau praticables. On a clairement signalisé les sépultures de façon à ce qu'aucun pèlerin ne touche une tombe par inadvertance et se rende impur. On a construit des puits spéciaux pour que chaque homme et chaque femme puissent s'immerger dans le bain rituel de purification avant d'entrer dans la Ville sainte. Les *mikvaot* (des bassins de purification) ont été creusés dans les soubassements puis plâtrés pour que les pèlerins dévoués s'y baignent.

Jésus lui-même s'immerge dans un de ces bassins lors d'une dernière pause avant d'atteindre Jérusalem. À l'intérieur des murs de la ville, il voit les centaines de fours temporaires en argile qu'on a construits. Ainsi, chaque pèlerin pourra faire rôtir son sacrifice pascal avant de s'installer pour le repas du Séder. Il entend les moutons bêler ; les bergers et leurs troupeaux sont descendus des collines après la saison de l'agnelage et se pressent maintenant dans les rues étroites. Et Jésus imagine sans peine le son des trompettes en argent et les voix harmonieuses du chœur des Lévites qui résonneront dans les cours du Temple juste avant l'abattage rituel d'un agneau innocent pour le sacrifice de la Pâque. Un prêtre recueillera son sang dans une coupe en or, puis le répandra sur l'autel pendant que l'agneau sera pendu à un crochet et écorché. La prière d'action de grâces du Hallel[1] suivra

1. Il est composé de six psaumes (113-118). Les versets complets sont trop longs pour être rapportés ici, mais leurs thèmes sont, dans l'ordre : une célébration

bientôt et des chants de l'alléluia résonneront dans les cours du Temple.

Voici comment se déroule la fête de la Pâque à Jérusalem. Il en va ainsi depuis la reconstruction du Temple. Chaque Pâque est unique par sa gloire et selon les histoires personnelles, mais les rituels restent les mêmes.

Pour l'heure, Jésus entre sur le parvis des Gentils. Il s'apprête à lancer une révolution audacieuse et scandaleuse.

Car la fête de la Pâque, cette année, ne sera pas comme les précédentes. Elle restera gravée dans l'histoire pour des mots empreints d'une profonde colère. Déployant son fouet, Jésus se prépare à inaugurer son ministère.

*

Les cours du Temple partiellement fermées empestent le sang et le bétail. À l'ombre des auvents du Temple, des tables sont alignées contre un mur, avec des piles de pièces dessus. Elles sont jalousement gardées par des intrigants arrogants connus sous le nom de *shulhanim*. Ce sont les changeurs de monnaie. En longues files, les voyageurs attendent leur tour pour échanger leur maigre fortune contre de la monnaie frappée par des agents de Rome. Les pièces romaines sont ornées d'images d'êtres

---

de la majesté et la miséricorde de Dieu ; un rappel que la Judée est le sanctuaire de Dieu ; une louange du Seigneur en tant que seul et véritable Dieu ; un remerciement pour sa délivrance de la mort ; un rappel de sa loyauté éternelle ; et une action de grâces pour la délivrance des ennemis. Le terme *psaume* vient du grec. Les mots hébreux traditionnels sont *tehillim* (« louanges ») ou *tephillot* (« prières »). Il y a en tout 150 psaumes, dont le Psaume 117, composé de trois phrases, est le plus court.

vivants, de dieux ou de portraits de l'empereur. Mais cette monnaie doit être convertie en shekels[1], la monnaie utilisée à Jérusalem. En vertu de la loi juive qui interdit les images gravées, ces pièces spéciales sont frappées de dessins de plantes ou de choses non humaines. Le shekel, qu'on appelle également « monnaie de l'impôt du Temple », est dénigré par de nombreux pèlerins car c'est la seule monnaie acceptée pour les taxes annuelles ou pour acheter des animaux destinés aux sacrifices rituels.

Les changeurs de monnaie fixent des taux de change abusifs pour convertir les monnaies locales en shekels. Les grands prêtres du Temple profitent eux aussi de cette escroquerie. Dans les cours intérieures du Temple, de vastes caveaux sont remplis des shekels et des autres devises échangées chaque année par les pèlerins. Lorsque le Temple prête cet argent – et il le fait souvent, en particulier aux paysans qui ont besoin d'aide pour s'acquitter de leurs impôts –, le taux d'intérêt est exorbitant. De grands livres tiennent le compte de toutes les dettes, et ceux qui ne peuvent pas les rembourser s'exposent à de sévères humiliations : la perte de leur maison, de leur terre et de leur bétail, et au final de leur existence puisqu'ils peuvent devenir des esclaves de dette ou des membres de la classe « impure ». Les quartiers pauvres de la ville basse de Jérusalem sont bondés de familles chassées de leur terre parce qu'elles ne pouvaient pas rembourser l'argent emprunté au Temple.

---

1. De nos jours, le shekel est encore la monnaie d'Israël. À l'époque, on disait que son métal était plus pur que la monnaie de l'Empire romain, le denier. Un denier valait entre 10 et 16 as, la plus petite pièce en circulation régulière. Un denier était en général en argent et frappé de l'image de l'empereur en fonction. Le taux de change du denier en shekel était généralement de quatre pour un.

La Pâque est donc une célébration de la foi et de la piété, mais également de l'argent. Plus de 4 millions de Juifs se rendent à Jérusalem chaque année. Les marchands locaux et les aubergistes voient leurs revenus augmenter mais ce sont les prêtres du Temple et leurs maîtres romains qui génèrent le plus de profit grâce à la taxation et au changement de monnaie. Ils s'enrichissent également sur le dos des pauvres qui doivent acheter un agneau ou une colombe pour le sacrifice pascal. Si le prêtre chargé d'inspecter l'animal trouve la moindre imperfection, le sacrifice est jugé impur et le paysan est contraint d'en acheter un autre. On comprend facilement que les pèlerins rongent leur frein en silence lorsqu'ils traitent avec les prêtres du Temple. Ils sont nombreux à souhaiter voir brûler le livre des comptes et à rêver de piller les coffres du Temple. Quarante ans plus tard, c'est exactement ce que feront les fils et filles d'Israël.

Mais l'événement est encore bien loin de cette semaine pascale. Aujourd'hui, Jésus grimpe jusqu'à la grande cour ouverte du parvis des Gentils. Depuis son baptême et sa période de jeûne dans le désert, son ministère a été très calme.

Jésus de Nazareth ne dispose d'aucune armée. Il n'a pas de fortune. Il n'a pas d'épée. Il n'a pas de quartier général ni d'infrastructure nécessaire pour soutenir un quelconque mouvement. Jusqu'à présent, il ne s'est pas comporté comme un rebelle et n'a pas recherché l'affrontement. Sa principale apparition en public depuis qu'il a été baptisé par Jean remonte à un mariage dans le village galiléen de Cana, auquel il a assisté avec sa mère. Si Jésus prévoit de faire éclater une révolution en se proclamant Dieu, ses plans restent bien cachés dans son esprit. Il n'a pas prêché un seul message en public. Il n'a pas défié Rome ni les grands prêtres du Temple – et ce n'est visiblement pas dans ses intentions.

Mais lorsque Jésus passe devant les tables chargées de pièces et voit le peuple de Galilée désemparé devant les changeurs cupides et les prêtres hautains qui les surveillent, quelque chose se produit en lui. Ce rituel du changement de monnaie de la Pâque est exactement le même que lorsqu'il était enfant. Mais aujourd'hui, Jésus sent qu'il a le pouvoir de faire quelque chose contre cette injustice criante.

Le Nazaréen n'a jamais été enclin à la colère et encore moins à la rage. En règle générale, il dégage même un puissant sentiment de sérénité. Alors, lorsqu'ils le voient foncer tête baissée vers les tables des changeurs de monnaie, ceux qui le connaissent s'alarment. Il se déplace d'un pas puissant et son regard laisse entrevoir une détermination inflexible.

Les tables sont faites de bois. Les milliers de pièces qu'on y a fait glisser dans un sens et dans l'autre ont marqué et rayé leur surface. Ces pièces, de tailles et de formes irrégulières, s'empilent mal. Les changeurs de monnaie sont donc assis devant d'immenses tas de monnaie, qui brillent sous le soleil ardent de Jérusalem.

Les tables ont beau être lourdes, leur poids n'est pas un problème pour Jésus, qui a passé vingt ans de sa vie à travailler le bois et la pierre avec son père. Il place ses deux mains sous la table la plus proche et la renverse. Les pièces, l'équivalent d'une petite fortune, volent dans toutes les directions. Et tandis que les *shulhanim* stupéfaits hurlent de rage en voyant les pièces rouler jusqu'à la cour de pierre, Jésus est déjà en train de renverser la table suivante, puis celle d'après.

Personne n'a jamais rien vu de tel. Le comportement de Jésus est un acte de folie, qui pourrait le faire condamner à mort. Devant la foule ébahie, Jésus brandit le fouet, fabriqué avec des morceaux de corde. Il délaisse les tables des changeurs de monnaie pour l'endroit où l'on vend les chèvres et les moutons. Il fait claquer son fouet, provoquant la fuite les animaux. Puis il marche jusqu'aux cages où sont enfermées les colombes, également destinées à être vendues puis sacrifiées, et ouvre les portes pour les libérer.

Et personne ne fait rien pour l'en empêcher.

Jésus fait la démonstration d'une puissance telle que même les hommes les plus forts n'osent pas se mettre en travers de son chemin. Les hommes, les femmes et les enfants se dispersent autour de Jésus et son fouet. « Sortez d'ici, crie-t-il aux changeurs de monnaie et aux vendeurs de bétail. Comment osez-vous faire de la maison de mon Père une maison de commerce ! »

Les hommes qui, quelques secondes plus tôt, exerçaient un pouvoir absolu sur les pèlerins, se recroquevillent, terrifiés à l'idée que Jésus abatte son fouet sur eux. Les changeurs de monnaie voient leur fortune répandue sur le sol mais n'esquissent aucun mouvement pour tenter de ramasser les pièces. Le bétail s'éparpille sur le parvis des Gentils – des vaches, des chèvres et des moutons galopant sans but à travers la foule, leur rendez-vous avec la lame sacrificielle temporairement annulé.

Les cours sont si vastes que l'explosion de fureur de Jésus ne parvient pas jusqu'aux oreilles des prêtres et des fidèles présents à l'intérieur du Temple. Les nombreux pèlerins qui ne l'ont pas vu libérer les animaux sont surpris de voir ces petits troupeaux égarés parmi eux. Mais les pauvres et les opprimés qui ont observé l'acte de défi de Jésus savent qu'ils ont été témoins de quelque chose de très spécial. Ils restent cloués au sol, ébahis par ce spectacle aussi impressionnant qu'inattendu.

Soudain, un groupe de pèlerins et d'officiers du Temple encercle Jésus, qui tient son fouet serré dans une main, dans une posture de défi. « Quel miracle nous montres-tu, pour agir de la sorte ? » demande un changeur de monnaie. Malgré l'agitation, aucun soldat n'intervient pour calmer les choses. Il vaut mieux laisser ce fou s'expliquer.

« Détruisez ce Temple, et en trois jours je le relèverai », promet Jésus.

Ils sont maintenant convaincus de sa folie. « Il a fallu quarante-six ans pour bâtir ce temple, et toi, en trois jours tu le relèveras ? » demande un changeur de monnaie dans une moue méprisante. Parmi les spectateurs se trouve Nicodème, pharisien dévoué et membre de l'assemblée législative juive, qui observe Jésus avec intérêt et attend sa réponse.

Mais Jésus ne dit rien. Il sait que ses mots n'auront pas d'impact sur les cœurs et les esprits dans le Temple.

Personne ne lui bloque le passage lorsque Jésus quitte le parvis des Gentils et se dirige vers le Temple à proprement parler. Il entend le tintement des pièces en argent et en bronze que les changeurs de monnaie s'empressent de ramasser derrière lui. Les vendeurs de bétail courent après leurs bêtes. Les pèlerins, quant à eux, continuent de s'émerveiller de ce dont ils viennent d'être témoins. Beaucoup d'entre eux rêvaient depuis longtemps de commettre un acte de rébellion sociale aussi osé. Avec son accent galiléen, sa simple tunique et son physique de travailleur, il est clair que Jésus est l'un des leurs. Pour certains, cet homme est un héros. Et le monde entier parlera bientôt de ses actions[1].

*

La nuit à Jérusalem est un moment de célébration paisible. Les pèlerins se serrent dans les cours et les auberges locales pour dormir. La coutume veut que les habitants ouvrent de bon cœur leurs maisons aux visiteurs. Mais comme les centaines de milliers de voyageurs venus pour la Pâque sont trop nombreux pour être tous hébergés dans la ville, ils s'installent sur les flancs de colline et dans les vallées à l'extérieur de la ville, qui se parsèment bientôt de centaines de feux de camp. Dans les épais bosquets du mont des Oliviers, sur la vallée du Cédron, et plus bas, au niveau de la vieille ville de David, qui se trouve au sud du Temple, des familles et des amis étendent nattes et couvertures pour passer la nuit sous les étoiles.

Jésus est parmi eux. Il est revenu au Temple à maintes reprises pendant son séjour pascal, délivrant ses enseignements depuis le cloître du Temple, appelé portique de Salomon. C'est l'endroit du Temple qu'il préfère, et

1. Avant d'être mis par écrit, les Évangiles étaient des récits oraux. C'est ce qui peut expliquer qu'il existe des divergences entre eux. L'histoire de Jésus et des changeurs de monnaie est placée au début du ministère de Jésus chez Jean (II, 14-22), tandis que Matthieu (XXI, 12-17), Marc (XI, 15) et Luc (XIX, 46) la placent tous à la fin. Certains en ont déduit que Jésus s'était livré à cet exercice à deux reprises, puisque les détails précis des différents Évangiles divergent.

même lorsqu'il ne vient pas pour y écouter les maîtres ou y offrir ses propres enseignements au sujet du royaume de Dieu, il s'attarde souvent dans ce secteur, marchant et s'imprégnant de l'atmosphère. Où qu'il aille, il est à présent suivi par de nombreuses personnes qui lui posent des questions au sujet du royaume de Dieu et qui écoutent ses réponses avec déférence.

En très peu de temps, Jésus est parvenu à marquer les esprits. Son assaut spectaculaire contre les changeurs de monnaie semble avoir payé.

Le Nazaréen est à l'aise en public. Il aime les gens et s'exprime avec éloquence, illustrant souvent ses enseignements par des histoires. Partager son message représente une immense libération après toutes ces années pendant lesquelles il s'est imposé le silence. Qui plus est, sa douceur et son charisme naturels ne font qu'augmenter l'intérêt de son auditoire, qui en demande toujours plus. Au demeurant, rien de surprenant à ce que les officiers du Temple aient commencé à le surveiller de près, après son comportement scandaleux envers les changeurs de monnaie. Les pharisiens, ces hommes obsédés par la loi juive dans ses moindres aspects, lui prêtent une attention particulière. Le comportement de Jésus les laisse sceptiques, et ils ont besoin d'informations spécifiques avant de pouvoir porter un jugement religieux.

Ce soir, caché par l'obscurité, le pharisien Nicodème, un membre puissant de l'assemblée législative juive, s'approche du Nazaréen. Il a choisi la nuit car il serait délicat pour lui d'exprimer ce qui lui trotte dans la tête au beau milieu des cours du Temple, en plein jour. Le moindre paysan pourrait entendre ses paroles. Nicodème sait également qu'à cette heure tranquille il pourra engager une conversation avec Jésus sans qu'on les interrompe.

« Rabbi », commence Nicodème avec déférence, avançant dans la lumière des flammes. Si Jésus est surpris de voir un pharisien aussi haut placé émerger de l'obscurité, il n'en laisse rien paraître.

« Nous savons que tu es un docteur venu de Dieu, poursuit Nicodème, s'exprimant pour les autres pharisiens.

– En vérité, je te le dis, si un homme ne naît de nouveau, il ne peut voir le royaume de Dieu », répond Jésus, révélant la théologie prédominante de ses enseignements.

Il n'a cessé de répéter à ses auditeurs qu'une personne doit renaître spirituellement si elle veut être jugée par Dieu avec clémence.

C'est un concept nouveau pour les pharisiens.

« Comment est-ce possible ? demande Nicodème, étonné. Comment un homme peut-il naître quand il est vieux ? Il ne peut quand même pas entrer une seconde fois dans le ventre de sa mère ?

– Ce qui est né de la chair est chair, répond Jésus, et ce qui est né de l'Esprit est esprit. Ne t'étonne pas que j'aie dit : il faut que vous naissiez de nouveau. »

Nicodème est profondément troublé.

« Comment est-ce possible ? demande-t-il à nouveau.

– Tu es le docteur d'Israël et tu ne sais pas ces choses ? » répond Jésus, usant de la même rhétorique de débat que lorsqu'il parle avec les autres maîtres du Temple.

Le fait de réprimander ainsi l'un des chefs religieux les plus puissants de Jérusalem le met peut-être mal à l'aise, mais il n'en montre rien. « Car Dieu a tant aimé le monde qu'il a donné son Fils unique, afin que quiconque croit en lui ne périsse point, mais qu'il ait la vie éternelle. Dieu, en effet, n'a pas envoyé son Fils dans le monde pour qu'il juge le monde, mais pour que le monde soit sauvé par lui. »

Nicodème est intrigué, mais il ressent également une certaine frustration. C'est un homme qui se consacre à une loi religieuse immuable. Et voilà que Jésus lui dit que Dieu est amour, et non pas une série de règles. Et que le Fils de Dieu est venu sauver le monde, insinuant même qu'il serait, lui, le Fils de Dieu. Et puis le Nazaréen en rajoute en parlant de renaissance, comme si une telle chose était humainement possible. Jésus, plutôt que de répondre aux questions de Nicodème, préfère en soulever de nouvelles.

« Celui qui agit selon la vérité vient à la lumière, afin que ses œuvres soient manifestées, parce qu'elles sont faites en Dieu. »

Nicodème, qui a entendu l'enseignement de Jésus dans les cours du Temple, sait que le Nazaréen aime recourir aux allusions et aux paraboles. La référence à la lumière a-t-elle quelque chose à voir avec sa propre apparition près du feu ce soir ? La déclaration n'est pas limpide mais comme les autres, elle lui donne matière à réfléchir.

En remontant la colline pour rejoindre Jérusalem, Nicodème se découvre fasciné par Jésus et ses enseignements – il est même tellement impressionné qu'il se souviendra de lui jusqu'à la fin de ses jours[1].

*

1. De Nicodème, on sait seulement qu'il était un pharisien très riche, membre du Sanhédrin. L'historien Flavius Josèphe mentionne un Nicodème ben Gorion, qui se serait opposé à la rébellion des Juifs contre Rome au Ier siècle apr. J.-C. Il est fort

Les hommes de Nazareth récitent d'une même voix la prière du Shéma : « Écoute Israël, l'Éternel, notre Dieu, l'Éternel est Un ; tu aimeras l'Éternel, ton Dieu, de tout ton cœur, de toute ton âme et de toute ta force. »

C'est le jour du shabbat, dont le Shéma marque le début. Jésus est rentré de Jérusalem et il est maintenant assis, la tête découverte, dans la synagogue de Nazareth qu'il fréquente depuis toujours. La pièce est petite et carrée, des bancs en bois sont alignés contre ses murs. Le Temple de Jérusalem, avec ses prêtres, ses trésors et ses sacrifices d'animaux, représente le centre de la vie juive. La synagogue locale, en revanche, est l'élément vital de la foi, un lieu intime où les fidèles viennent prier et enseigner, lisant à tour de rôle les rouleaux de parchemin sur lesquels sont inscrites les Écritures. La synagogue revêt une telle importance dans la foi juive qu'on en trouve plus de 400 rien qu'à Jérusalem. Elles permettent aux fidèles de se réunir dans un décor moins formel que le Temple lui-même. Dans les synagogues, il n'y a ni grands prêtres ni clergé, pas de liturgie classique, et chacun a le droit de jouer le rôle du rabbin, ou du « maître ». Enfin, il n'y a pas d'argent sur les tables.

Jésus se joint aux hommes de Nazareth, dont les voix chantantes s'élèvent, récitant les mots des Psaumes. Il connaît tous ces hommes depuis qu'il est enfant, tout comme ils le connaissent, lui et sa famille.

---

probable qu'il s'agisse du même homme, car Nicodème était un nom relativement rare. Le Talmud mentionne un homme nommé Nakdimon ben Gurion, qui serait le même homme (« Nicodemus » étant la version grecque de ce nom). Nakdimon était originaire de Galilée, ce qui expliquerait son affinité avec Jésus. Il aurait perdu sa fortune à la fin de sa vie avant de mourir en martyr.

Mais Jésus a changé. Être un simple charpentier ne peut plus lui suffire. Ainsi, il a passé les mois qui se sont écoulés depuis son retour de Jérusalem à voyager à travers la Galilée pour enseigner dans les synagogues. Il est désormais populaire, et où qu'il aille, on loue la profondeur et la justesse de ses enseignements. Des rumeurs prétendent qu'il aurait commis le « péché » de parler aux Samaritains. Plus déroutant, personne ne peut expliquer comment cet homme, dépourvu de tout bagage médical, est parvenu à guérir un enfant à l'agonie dans le village de pêcheurs de Capharnaüm. Le spectacle de Jésus, aujourd'hui assis parmi l'assemblée de Nazaréens, constitue donc un événement, et tous attendent impatiemment le moment où il se lèvera pour lire les parchemins.

Un participant tend à Jésus les mots du prophète Isaïe. « L'Esprit du Seigneur est sur moi, lit le Nazaréen en hébreu, parce qu'il m'a oint pour annoncer une bonne nouvelle aux pauvres ; il m'a envoyé pour proclamer aux captifs la délivrance, et aux aveugles le recouvrement de la vue, pour renvoyer libres les opprimés, pour publier une année de grâce du Seigneur. »

Jésus reste debout et traduit les mots qu'il vient de lire en araméen pour ceux qui ne parlent pas couramment hébreu. La coutume veut que l'on se tienne debout pour lire et que l'on s'asseye pour enseigner. Alors il se rassied, s'adosse contre le mur, conscient de tous les regards posés sur lui. « Aujourd'hui cette parole de l'Écriture, que vous venez d'entendre, est accomplie », déclare calmement Jésus.

La foule reste sans voix. Cette lecture est un moment essentiel. Le passage lu par Jésus fait référence à un sauveur consacré, un homme à la fois prophétique et messianique. Il les libérera. Et ce que Jésus est en train de dire, c'est que ce passage fait référence à sa propre personne.

« N'est-ce pas le fils de Joseph ? » demandent-ils. C'est une question rhétorique. Ils connaissent la réponse, mais ces mots cherchent à rappeler à Jésus d'où il vient : sa famille n'est pas la plus riche de la ville ; et il n'est pas non plus le plus intelligent de l'assemblée. Il est le fils de Joseph, rien de plus. À leurs yeux, le fait que Jésus prétende être cet homme envoyé par Dieu pour prêcher la bonne nouvelle est une offense. Même les membres de la famille de Jésus ne croient pas qu'il soit cet homme[1].

Mais Jésus n'abandonne pas. Il attendait cette réponse. « Je vous le dis en vérité, aucun prophète n'est bien reçu dans sa patrie. » Il prononce ensuite un long discours dans lequel transparaît sa conviction que les mots qu'il vient de lire font précisément référence à lui. Jésus glisse ensuite deux références très légères à Élie et Élisée, deux prophètes rejetés par la nation d'Israël[2]. Le public connaît cette histoire et comprend immédiatement le message. En substance, Jésus est en train de dire à ces hommes qu'il sait depuis longtemps qu'il est le Fils de Dieu, mais aussi que le fait qu'ils rejettent cette affirmation leur vaudra d'être abandonnés par Dieu. La façon dont Jésus utilise des mots tels que « famine », « veuves » et « lèpre » met en rage la synagogue entière.

Négligeant le fait qu'ils se trouvent dans un lieu de culte, plusieurs hommes bondissent sur leurs pieds, prêts

1. Jean, VII, 5 : « Car ses frères non plus ne croyaient pas en lui. »
2. Pour Élie, voir Livre des Rois, I, 17-18, pour Élisée, voir Livre des Rois, II, 5.

à frapper Jésus. Celui-ci se lève prestement et franchit la porte. Les hommes qui, quelques minutes plus tôt, étaient en train de prier, unissent leurs efforts pour le prendre en chasse. Ils poursuivent Jésus jusqu'aux limites de la ville, où une très haute falaise offre une vue imprenable sur la Galilée.

Ces hommes ont l'intention de tuer Jésus en le poussant du haut de la falaise. Et tout laisse à penser que ce scénario va bientôt se produire, car Jésus semble impuissant. Mais au dernier moment, il se retourne pour faire face à ses détracteurs. Il se dresse sur toute sa hauteur et bombe le torse, les deux pieds bien ancrés dans le sol. Ce n'est pas quelqu'un de menaçant, mais sa présence est autoritaire et il semble dénué de toute peur. Les mots qu'il prononce ensuite ne seront jamais mis par écrit, et les insultes que ces hommes continuent de proférer contre lui ne seront jamais rapportées. Finalement, la foule se disperse, et Jésus repart en marchant, indemne.

Et il continue à marcher[1].

*

Jésus a fait trois déclarations au sujet de son identité : une au public de Jérusalem, une autre à Nicodème le pharisien et une troisième dans l'intimité de la synagogue de sa propre ville, aux gens qu'il connaît le mieux. Par trois fois, il a déclaré être le Fils de Dieu, un blasphème qui pourrait lui coûter la vie. C'est une affirmation sur laquelle il ne peut plus revenir, tout comme il ne peut plus retourner à la vie humble et tranquille

1. La confrontation de Nazareth est relatée dans Luc, IV, 30.

qu'il menait jusqu'alors. Impossible de faire machine arrière. Nazareth n'est plus sa ville, et lui n'est plus un simple charpentier.

Jésus n'écrira jamais de livre, ne composera jamais de chanson et ne mettra jamais de peinture sur une toile. Mais deux mille ans plus tard, lorsque son message aura été entendu par des milliards de personnes, plus de livres auront été écrits au sujet de sa vie, plus de chansons auront été composées en son honneur, et il sera représenté dans plus d'œuvres d'art que n'importe quel homme de l'histoire du monde.

Mais pour l'heure, le Nazaréen est complètement seul, coupé de la vie qu'il a toujours connue, destiné à errer à travers la Galilée pour prêcher son message d'espoir et d'amour.

Ce message finira par rallier des milliards d'êtres humains à sa cause spirituelle. Mais il ne convertira pas les hommes de pouvoir qui tiennent, en ce moment, la vie de Jésus entre leurs mains.

Pour eux, le Nazaréen est un homme à abattre.

CHAPITRE NEUF

CAPHARNAÜM, GALILÉE
ÉTÉ, 27 APR. J.-C.
APRÈS-MIDI

La flotte de pêche locale vient de rentrer après une journée et une nuit passées sur l'eau, et la foule se presse dans les marchés sur les quais de Capharnaüm. Pavée de basalte volcanique noir, comme la digue de 2 mètres sur laquelle elle repose, la jetée est le cœur de l'activité du village : des pêcheurs trient les poissons purs et les poissons impurs avant de transmettre les chiffres officiels au percepteur[1] ; de grands viviers d'eau douce grouillent de poissons vivants ; Matthieu, le percepteur local, évalue la prise de la journée à la station de péage maritime ; et partout, des clients cherchent le poisson le plus frais pour leur repas du soir. Les invendus du jour seront expédiés à Magdala pour être séchés et salés, puis on les empaquettera dans des paniers pour les exporter dans tout l'Empire romain.

1. D'après la loi juive, telle qu'elle est exposée dans Lévitique, XI, 9-12, les poissons à écailles et nageoires sont considérés comme purs et peuvent être mangés. Les anguilles et les poissons-chats, en revanche, sont considérés comme impurs.

Depuis plus de deux siècles, le commerce de la pêche a forgé l'identité de la ville animée de Capharnaüm, bâtie sur les rives de la mer de Galilée. Les 30 mètres d'eau séparant la jetée de la digue sont constamment occupés par des bateaux et des filets. On y trouve des navettes, un mode de transport facile et rapide pour les passagers qui souhaitent se rendre à Magdala ou Gergesa, à 13 kilomètres de là. Mais la plupart sont des bateaux de pêche. Sur les principaux villages de pêcheurs – plus d'une douzaine – installés sur les rives du lac de Génésareth, comme on appelle également cette mer d'eau douce, aucun n'est aussi vivant que Capharnaüm – pas même la dernière création d'Antipas, Tibériade. Les autorités y ont même posté un détachement de 100 soldats romains afin qu'ils s'assurent que tous les impôts sont perçus comme l'exige la loi.

Il semble donc que Jésus soit arrivé au bon endroit s'il cherche un public – ce qui est effectivement le cas. Le problème, c'est que Capharnaüm lui paraît même un peu trop animé. Entre le tintement des plombs de pêche sur la pierre et les marchandages entre les vendeurs et leurs clients, personne n'entendra ses paroles. Les pêcheurs eux-mêmes sont épuisés par les heures passées à jeter leurs filets en lin et à les tirer à la main jusqu'à leurs bateaux. Ils ne semblent pas vraiment disposés à écouter un sermon religieux.

Mais Jésus ne se décourage pas. Il s'arrête un instant pour observer la longue rangée de jetées en forme de doigts, étudiant avec soin les différents bateaux de pêche. Il est à la recherche d'un bateau et d'un homme en particulier.

Chaque bateau dispose d'un mât pour naviguer à la voile et de rames pour les moments où le vent est calme. Les bateaux sont faits de bois et leur charpente est renforcée par un assemblage à tenons et mortaises[1] plutôt que par des clous, et d'épais couples réalisés à la main longeant l'intérieur du bateau, juste sous le pont. Un bateau mesure en moyenne 9 mètres de long, 2 mètres de large et 1 mètre de haut. La proue forme une pointe tandis que la poupe est arrondie. Les constructeurs locaux utilisent du cèdre pour la coque, du chêne pour la charpente, et du pin d'Alep, de l'aubépine, du saule et du cercis pour le reste. Ce sont des bateaux solides, destinés à résister aux caprices des vents locaux. En effet, en l'espace de quelques secondes, la mer de Galilée est susceptible de passer du calme plat à la tempête.

Les pêcheurs eux-mêmes sont des hommes robustes, aux bras épais et aux mains rendues calleuses par une vie passée à manipuler des filets. Leurs visages sont tannés par le soleil. Et ils ont le corps entier bronzé, car ceux qui pêchent avec des filets dormants (par opposition au chalut, ou au trémail, composé de plusieurs nappes), doivent souvent plonger dans l'eau pour récupérer leur prise ; ils préfèrent donc travailler nus.

Jésus concentre ses recherches sur deux bateaux vides. Il connaît déjà les propriétaires, qui sont en train de nettoyer et d'étendre leurs filets dormants larges de 6 mètres en prévision de la prochaine traversée. Les deux hommes prennent soin de démêler tous les

1. Cette méthode consistant à faire coïncider des fentes et des rainures pour assembler deux morceaux de bois était également souvent utilisée pour assembler les deux parties du crucifix.

nœuds et enchevêtrements, et de remplacer les plombs manquants. Bien qu'il ne sache pratiquement rien de la pêche, Jésus marche sur la jetée d'un pas assuré et grimpe sur un des bateaux vides. Personne ne l'en empêche.

En regardant vers le littoral, Jésus aperçoit le toit de la synagogue locale, à un pâté de maisons de la rive. Sa hauteur, bien plus élevée que celle des maisons et des bureaux administratifs du front de mer, lui rappelle que les citoyens de Capharnaüm vénèrent Dieu et qu'ils révèrent les maîtres comme lui.

Un pêcheur d'une vingtaine d'années approche du bateau. Simon, puisque c'est son nom, est un homme simple, sans instruction, impulsif. Il connaît Jésus pour l'avoir déjà rencontré pendant l'été, alors que lui et quelques autres pêchaient le tilapia tropical dans les sources d'eau chaude sur la côte, près de Tabgha. À l'époque, Jésus avait demandé à Simon et son frère André de se joindre à lui pendant qu'il prêchait son message en Galilée et de sauver des âmes en devenant des « pêcheurs d'hommes ». Simon avait d'abord accepté cet appel à l'évangélisme, mais il avait une femme et une belle-mère dont il devait s'occuper. Il est difficile d'être le disciple de Jésus et de faire circuler son message lorsqu'on a besoin de gagner sa vie. Aussi son engagement envers Jésus s'était-il essoufflé.

Mais Jésus est de retour. Et il se tient devant lui, sur son bateau.

Simon ne lui dit pas de partir. Il demande simplement à Jésus ce qu'il veut. Jésus dit à Simon de pousser le bateau pour l'éloigner du quai et de jeter l'ancre un peu plus loin. La voix porte loin à la surface du lac, et Jésus sait que tout le monde l'entendra s'il prêche depuis la mer.

Simon est épuisé et abattu. Il est debout depuis vingt-quatre heures, à manœuvrer son petit bateau sur le lac pour jeter ses filets, encore et encore. Il a mal au dos à force de se pencher sur la coque pour tirer les filets. Il a pris la mer un nombre incalculable de fois, sans succès. Il a besoin de boire un peu d'eau et d'avaler un bon repas. Il a besoin d'un lit douillet. Mais surtout, il a besoin de payer ses impôts, et la nuit dernière ne l'y a pas aidé, puisqu'il n'a pas attrapé un seul poisson.

Peut-être Simon n'a-t-il rien de mieux à faire à cet instant, ou peut-être ne supporte-t-il pas l'idée de rentrer à la maison les mains vides, alors que sa femme et sa belle-mère l'y attendent. Peut-être espère-t-il que le maître prononcera quelques mots qui allégeront son fardeau. Ou peut-être se sent-il simplement coupable d'avoir manqué à son engagement initial. Quelle que soit la raison, Simon défait le nœud retenant le bateau à son point d'ancrage, tire la corde vers lui et le pousse loin de la jetée.

Tout ce temps, Jésus est resté debout. Mais lorsque le bateau de Simon est assez loin de la rive pour que Jésus soit entendu de tous, il s'assied, adoptant la posture traditionnelle pour enseigner.

Grâce à Simon et son bateau, tout le front de mer profite maintenant des paroles pénétrantes de Jésus. Comme toujours, les spectateurs sont subjugués par son charisme. Un à un, ils interrompent leurs activités pour l'écouter.

« Avance en eau profonde, dit Jésus au pêcheur épuisé lorsqu'il a fini de parler, et jette tes filets pour pêcher.

– Maître, répond Simon, nous avons travaillé toute la nuit sans rien prendre. »

Naviguer en eau profonde est la dernière chose dont Simon a envie, mais il se sent pourtant incapable de refuser.

Alors, tandis que Jésus reste tranquillement assis au milieu de l'embarcation, Simon hisse la petite voile et dirige son bateau vers les eaux les plus profondes de la mer de Galilée.

*

Quelques minutes plus tard, Jésus et Simon attrapent tant de poissons que les filets commencent à se déchirer. Le volume de carpes, sardines et tilapias est tel qu'il menace de faire chavirer la petite embarcation de Simon. Celui-ci est obligé de demander à Jacques et Jean, ses associés, de venir l'aider.

Au lieu de se réjouir, Simon est terrifié. Dès l'instant où Jésus a posé le pied sur son bateau, quelque chose de profondément spirituel dans sa présence a mis Simon mal à l'aise. Il se sent impie en présence de Jésus, en particulier après avoir entendu ses enseignements au sujet de la repentance et du besoin d'être purifié de ses péchés. Simon veut que cet homme sorte de sa vie immédiatement. Il se jette à genoux sur une pile de poissons frétillants et le supplie de le laisser seul.

« Seigneur, éloigne-toi de moi, car je suis un homme pécheur.

– N'aie crainte, dit Jésus à Simon, désormais tu seras pêcheur d'hommes. »

*

C'est ainsi que Simon – que Jésus renomme Pierre, le Rocher – devient le premier disciple de Jésus. Pierre ne s'explique pas pourquoi c'est lui que Jésus a choisi pour cet honneur, lui plutôt que le rabbin local, les maîtres pieux de Capharnaüm, ou même certains pêcheurs beaucoup plus dévots. D'autres disciples se joignent bientôt à lui, dont Matthieu, le percepteur local de Capharnaüm, l'homme que tout le monde méprise parce qu'il supervise les collectes d'impôts pour Hérode Antipas.

Au début de l'an 28, Jésus a sélectionné 12 hommes. Ils vont le suivre et apprendre ses enseignements en tant que disciples, afin de pouvoir un jour voyager seuls et prêcher son message.

Quatre des apôtres – Pierre, André, Jacques et Jean – sont des pêcheurs. Jésus a choisi spécifiquement des hommes issus de cette profession car, pour les besoins de leur métier, ils connaissent l'araméen, l'hébreu, le grec et un peu de latin, ce qui leur permettra de s'adresser à un plus grand nombre d'adeptes potentiels.

Tous sont originaires de Galilée. Tous, sauf un. Il vient de la ville de Qeriyyot – ou « Iscariote », dans le grec des Évangiles. Son nom est Judas. Il parle avec l'accent raffiné du sud de la Judée et il possède un tel don pour les affaires d'argent que Jésus le nomme trésorier du groupe à la place de Matthieu. Jésus fait de Judas l'un de ses 12 disciples[1] et le considère ouvertement comme un ami. Un jour, cela changera.

1. Les mots « apôtres » et « disciples » sont tous les deux utilisés pour décrire les membres du cercle rapproché de Jésus. Un disciple suit un enseignement, tandis qu'un apôtre (du grec *apostolos*, « envoyé »), met sa foi en action en parcourant le monde pour partager ces enseignements. Comme cela a souvent été dit, tous les apôtres sont des disciples, mais tous les disciples ne sont pas des apôtres.

La Galilée est une petite région, d'environ 50 kilomètres sur 65. Ses villes sont reliées entre elles par de grandes routes anciennes et des voies romaines[1] empruntées quotidiennement par des commerçants, des pèlerins et des voyageurs. Capharnaüm, en tant que base des opérations, est un choix judicieux. En effet, la communauté de pêcheurs envoie régulièrement ses produits vers des marchés lointains, et ceux qui entendent Jésus enseigner dans la région parlent de son ministère lorsqu'ils voyagent dans des villes comme Tyr ou même Jérusalem pour y vendre leurs paniers remplis de poisson salé. Des foules viennent maintenant voir Jésus lorsqu'il s'aventure hors de Capharnaüm pour prêcher. Il n'est pas toujours en déplacement, car ses disciples ont encore un travail et une famille dont ils doivent s'occuper. Mais au fil des mois, sa popularité va croissant, et lorsque Jésus part prêcher, la foule qui se rassemble autour de lui pour l'écouter est de plus en plus nombreuse. Le Nazaréen enseigne dans des synagogues et dans des champs, dans des maisons privées et sur les rives du lac. Des hommes et des femmes laissent leur

---

Les 12 disciples de Jésus commenceront à parcourir le monde chacun de leur côtéà l'hiver de l'an 28, près d'un an après que Jésus les a choisis comme disciples. Cette transformation de disciple en apôtre paraîtra plus évidente après la mort du Nazaréen, lorsqu'ils voyageront bien au-delà des frontières de la Judée pour diffuser son message.

1. Il faut distinguer les voies romaines des chemins de terre que l'on trouve ailleurs en Judée. Les voies romaines étaient pavées de pierres et bombées en leur milieu de façon à faciliter l'écoulement des eaux. Les Romains commençaient par creuser une tranchée de 1 mètre de profondeur et jusqu'à 6 mètres de large. Sur un lit de grosses pierres bien serrées, ils versaient une couche de gravier et de béton. Ils disposaient ensuite du gravier par-dessus, qu'ils nivelaient avant de poser les pavés qui formeraient la surface de la route. Les voies romaines possédaient des caniveaux et des trottoirs, et des bornes étaient placées tous les milles pour indiquer la distance jusqu'à Rome.

travail en plan pour l'entendre parler et un impressionnant auditoire se rassemble autour de lui pour écouter son message simple d'espoir et d'amour de Dieu.

Jésus est cependant loin de faire l'unanimité. Un homme solitaire prêchant un message si pacifiste ne devrait pourtant pas inquiéter Rome, ni son homme de main Antipas. Mais le gouverneur romain, Ponce Pilate, possède un palais à Césarée, à seulement une centaine de kilomètres de Capharnaüm. Grâce à des espions romains, Pilate a entendu parler d'un potentiel rebelle juif. Les espions d'Hérode Antipas surveillent eux aussi Jésus de près. Ils le soupçonnent d'être un associé de Jean le Baptiste et son successeur. Les autorités religieuses juives de Jérusalem et Galilée, en particulier les pharisiens rigoristes, restent à l'affût de la moindre violation de la loi religieuse et espèrent discréditer ses enseignements. Ils se moquent de lui parce qu'il a bu du vin avec des pécheurs et qu'il a choisi Matthieu pour disciple, un publicain très mal vu. Et lorsque des rumeurs de guérisons miraculeuses opérées par Jésus commencent à circuler en Galilée, l'inquiétude des autorités religieuses grandit encore.

Mais Jésus ne recule pas.

Il s'affirme même. Le sermon qu'il délivrera bientôt sur le flanc d'une montagne près de Capharnaüm posera des mots sur la lutte des pauvres et des opprimés de Galilée et ces mots resteront à jamais gravés dans l'histoire.

*

« Heureux les pauvres en esprit, car le royaume des cieux est à eux, commence Jésus. Heureux les affligés, car ils seront consolés.

» Heureux les débonnaires, car ils hériteront la terre.

» Heureux ceux qui ont faim et soif de la justice, car ils seront rassasiés.

» Heureux les miséricordieux, car ils obtiendront miséricorde.

» Heureux ceux qui ont le cœur pur, car ils verront Dieu.

» Heureux ceux qui procurent la paix, car ils seront appelés Fils de Dieu.

» Heureux ceux qui sont persécutés pour la justice, car le royaume des cieux est à eux. »

Jésus est assis. Il laisse le courant de sa voix puissante porter ses mots jusqu'aux fidèles venus en masse. On voit des pharisiens parmi eux, et de toute évidence, ils sont abasourdis d'entendre Jésus exposer sa propre interprétation de la loi religieuse. Ce qui avait commencé comme un message destiné à rappeler aux hommes et femmes de Galilée que leur situation actuelle ne durerait pas éternellement se transforme rapidement en une longue dissertation poétique sur l'adultère, le meurtre, les faux serments, l'aumône aux pauvres, l'importance d'aimer ses ennemis, et, plus choquant encore, la nécessité de défier les pouvoirs en place.

Jésus demande à la foule de se soumettre à Dieu en toute chose. Et les mots qu'il prononce soufflent un vent de renaissance spirituelle dans le cœur de ces Galiléens opprimés et désespérés.

« Voici donc comment vous devez prier », leur dit Jésus. Personne ne parle. La foule se penche en avant et tend l'oreille pour l'écouter.

« Notre père qui es aux cieux, que ton nom soit sanctifié ; que ton règne vienne ; que ta volonté soit faite sur la terre comme au ciel. Donne-nous aujourd'hui notre pain de ce jour, remets-nous nos dettes comme nous les remettons à nos débiteurs ; ne nous soumets pas à la tentation, mais délivre-nous du malin. »

Tout est là. Tout ce qui parle à un paysan de Galilée vivant sous l'autorité romaine : le besoin de se fier à Dieu, la crainte quotidienne de ne pas avoir de quoi se nourrir, la lutte constante pour ne pas s'endetter, et, enfin, un rappel que dans cette vie cruelle, succomber à la tentation pour mentir, tricher, voler ou coucher avec la femme d'un autre homme est une trahison qui ne fera qu'éloigner encore un peu plus l'homme de Dieu.

Lorsque Jésus se tait, la foule est sidérée. Le discours compte moins de 2 000 mots, mais cette concision dégage une immense puissance. « Le Sermon sur la montagne », comme on l'appellera plus tard, est peut-être le discours le plus important de l'histoire.

Ce jour-là, la foule suit Jésus en bas de la montagne. Elle le suit à travers les hautes herbes printanières et les petits rochers de calcaire, à travers les champs récemment semés, jusqu'à Capharnaüm.

Là, peu après leur entrée dans la ville, un événement surprenant se produit : l'officier militaire romain en charge de Capharnaüm déclare être un disciple de Jésus.

Ce dernier est stupéfait. Cet aveu pourrait mettre un terme à la carrière de cet homme, ou même le faire tuer. Mais Jésus se tourne vers le centurion.

« Je vous le dis en vérité, dit-il avec émotion, même en Israël je n'ai pas trouvé une aussi grande foi. »

*

Trois mois après le Sermon sur la montagne, Jésus se trouve dans la maison d'un pharisien local qui l'a invité à dîner pour discuter de ses enseignements. Le pharisien, Simon, n'aime pas Jésus. Et même s'il l'a invité à dîner, il affiche clairement son mépris en manquant à ses devoirs d'hôte. Bien que Jésus ait parcouru les 6 kilomètres de route poussiéreuse séparant Capharnaüm de Magdala en sandales pour se rendre chez Simon, celui-ci ne lui a pas donné d'eau pour se laver les pieds, comme le veut la coutume. Simon ne l'a pas non plus respectueusement embrassé sur la joue pour le saluer et ne l'a pas oint d'huile d'olive à son arrivée.

La Judée compte environ 6 000 pharisiens. Leur nom signifie « séparés », en référence à la manière dont ils se tiennent à l'écart des autres Juifs. Il n'y a pas de classe moyenne qui se situerait entre la royauté de l'État et les enseignants religieux. Les fermiers, les artisans et les marchands sont tous considérés comme des membres de la classe inférieure. Les pharisiens, qui se sont autoproclamés gardiens de la loi religieuse juive, pensent que leur interprétation des Écritures fait autorité. Dans la moindre synagogue où ils se rendent pour enseigner, on tient leur parole pour vérité. Or, Jésus a choisi d'interpréter lui-même les Écritures. Et cela constitue une menace à l'ordre social, car le peuple de Galilée écoute Jésus avec beaucoup d'intérêt. Si Simon le pharisien a invité le Nazaréen à une soirée entre amis, c'est pour le piéger : il espère l'entendre blasphémer.

Une jeune femme entre dans la pièce sans faire de bruit. C'est une prostituée qui a entendu Jésus parler. Invitée par Simon, elle fait partie du plan qu'il a élaboré pour tester le Nazaréen. Son arrivée paraît hautement suspecte car il est rare qu'une femme de mauvaise réputation entre dans la maison d'un pieu pharisien. Malgré tout, Marie de Magdala[1] – ou Marie Madeleine, le nom sous lequel elle entrera dans l'histoire – est maintenant debout derrière Jésus. Dans sa main, elle tient une coûteuse jarre de parfum en albâtre. L'histoire ne dit pas où elle a trouvé l'argent pour l'acheter.

Tout le monde sait comment Marie gagne sa vie, car rien ne reste longtemps secret dans les petits villages et villes de Galilée. Mais Marie croit maintenant en l'amour et l'acceptation de l'autre prêchés par Jésus. Submergée par l'émotion, elle se penche pour verser le parfum sur ses pieds. Elle se met à sangloter avant même d'avoir ouvert le flacon. Les larmes de Marie coulent librement et sans honte, tandis que son visage est pressé contre les pieds du Nazaréen, toujours couverts de la poussière de la route qui l'a mené jusqu'ici.

Les larmes de Marie continuent de couler et se mélangent au parfum qu'elle verse sur Jésus. Elle sèche ensuite ses pieds avec ses longs cheveux, tout en les embrassant en signe d'amour et de respect.

Jésus ne fait rien pour l'en empêcher.

Si cet homme était un prophète, pense Simon le pharisien, *il saurait qui est la femme qui le touche et ce qu'elle est : une pécheresse.*

« Simon, j'ai quelque chose à te dire », dit Jésus tandis que Marie ouvre le vase d'albâtre pour verser à nouveau du parfum sur ses pieds.

---

1. Bien que le nom Marie Madeleine ne soit pas mentionné dans ce récit (Luc, VII, 36-50), la tradition chrétienne considère depuis longtemps que c'est d'elle qu'il s'agit. Luc a probablement caché sa véritable identité car elle était toujours vivante à l'époque de la rédaction de son Évangile. Il a fait de même pour Matthieu, le percepteur et évangéliste qu'il appelle Levi (Luc, V, 27).

L'odeur puissante et envoûtante emplit la pièce de sa douceur fleurie.

« Maître, parle, répond Simon d'un ton doucereux.

– Vois-tu cette femme ? Je suis entré dans ta maison, et tu ne m'as pas donné d'eau pour laver mes pieds, mais elle, elle les a mouillés de ses larmes et les a essuyés avec ses cheveux. Tu ne m'as pas donné de baiser, mais elle, depuis que je suis entré, elle n'a cessé de me baiser les pieds, dit Jésus au pharisien. Tu n'as pas versé d'huile sur ma tête, mais elle, elle a versé du parfum sur mes pieds. C'est pourquoi, je te le dis, ses nombreux péchés ont été pardonnés ; car elle a beaucoup aimé. Mais celui à qui on pardonne peu aime peu. »

Jésus regarde Marie. Elle lève les yeux pour voir son visage. « Tes péchés sont pardonnés », lui dit Jésus.

Si Simon attendait de pouvoir prendre Jésus dans un piège théologique, c'est le moment. Les péchés ne peuvent être pardonnés que par une offrande sacrificielle. Aux yeux des pharisiens, même les baptêmes célébrés dans le Jourdain ne lavent pas officiellement des péchés. Et voilà que Jésus prétend qu'il a, lui, l'autorité pour effacer les péchés.

Les autres amis de Simon venus dîner ce soir sont abasourdis par les mots de Jésus. Des mots d'autant plus choquants qu'ils sont prononcés en présence d'un pharisien de premier ordre.

« Qui est celui-ci, qui pardonne même les péchés ? » se demandent-ils entre eux.

« Ta foi t'a sauvée, dit Jésus à Marie de Magdala. Va en paix. »

Elle s'en va, mais ils se retrouveront bientôt. Marie n'a pas été choisie par Jésus pour être l'un de ses 12 disciples,

Marie Madeleine.

mais elle les suivra dans leurs voyages et ne retournera jamais à son ancienne vie. Pour finir, Marie sera un témoin important des derniers jours de Jésus de Nazareth[1].

*

1. Les femmes jouaient souvent un rôle essentiel dans la société juive, il n'y avait donc rien d'étonnant à ce qu'elle suive Jésus et les disciples. Les pages de l'histoire juive sont remplies de matriarches héroïques comme Rachel, Sarah, Léa et Rebecca. Myriam aida ses frères Moïse et Aaron à organiser l'exode hors d'Égypte.

Les derniers jours de Jean le Baptiste approchent. Cela fait deux longues années qu'il se trouve dans les donjons de Machéronte. Les cellules froides et humides ont été creusées dans la roche du flanc de la colline, et certaines ne sont d'ailleurs que de simples caves. Le sol, le plafond et les murs sont une roche infranchissable. Sa cellule n'a pas de fenêtres ; les seuls rais de lumière proviennent de petites fentes dans l'épaisse porte en bois. Le montant de porte rectangulaire est encadré de pierres burinées à la hâte, empilées les unes sur les autres et scellées avec du mortier. C'est un lieu froid et humide où règnent la solitude et le silence, et où il est difficile de garder espoir lorsque l'on dort à même le sol depuis plusieurs mois. Privée de soleil, la peau du Baptiste est devenue blafarde. De temps en temps, le parfum des buissons aromatiques qu'Antipas a fait planter entre le château et la ville basse lui parvient, mais l'odeur est rapidement balayée par le vent du désert, qui emporte avec lui cette infime sensation de beauté. L'enfer de la prison a rongé l'esprit de Jean. Il commence à douter de ses convictions, il n'est plus sûr que Jésus soit le Messie. Il a désespérément besoin de parler à Jésus pour être rassuré.

Et il y a bien sûr Rahab, la prostituée qui participa à la prise de Jéricho par les Israélites. À l'époque de Jésus, les femmes étaient considérées comme les égales des hommes, bien qu'ils n'aient pas les mêmes responsabilités terrestres. Elles avaient le droit de choisir leur futur époux, de passer des contrats, d'acheter et de vendre des biens, et de s'exprimer lors des mariages. Les hommes n'avaient pas le droit de battre ou de maltraiter les femmes, et en cas de viol, on partait du principe que l'acte avait été commis contre la volonté de la femme ; l'homme était présumé coupable. En réalité, les femmes étaient mieux traitées à l'époque de Jésus qu'elles ne le sont aujourd'hui dans beaucoup de pays.

Jean le Baptiste, depuis sa prison, envoie ses disciples trouver Jésus.

Jean le Baptiste a lui-même attiré de nombreux disciples, bien qu'il ait exhorté ces hommes à retourner s'occuper de leurs champs et de leurs fermes plutôt que de le suivre dans le désert. Mais au moins deux d'entre eux sont venus le voir, et ils écoutent à présent Jean leur décrire la mission qu'il leur confie. « Demandez-lui, dit le Baptiste en parlant de Jésus : "Es-tu celui qui doit venir, ou devons-nous en attendre un autre ?" »

Ces mois d'isolement ont donné le temps à Jean de réfléchir à son ministère. Il n'a pas encore 40 ans, il est encore jeune. Mais plus il passe de temps en prison, plus il est convaincu qu'il finira par être exécuté. Il a consacré sa vie à annoncer au peuple l'arrivée d'un messie et il se demande à présent si c'était vain. Peut-être que Jésus est simplement un autre grand maître, ou un autre homme qui, comme lui, est résolu à prêcher l'arrivée de Dieu. Les disciples de Jean ont apporté des nouvelles de Jésus, de ses grands discours et de la foule qui le suit, quels que soient le lieu et l'heure de ses prêches. Ils ont dit à Jean que Jésus n'a pas peur de boire et manger avec les percepteurs et les prostituées et que certains de ces pécheurs changent leurs habitudes après avoir écouté ses paroles rédemptrices. Ses disciples ont également dit à Jean que Jésus avait guéri des malades et permis à des hommes qui avaient été sourds toute leur vie d'entendre.

Pourtant, Jean doute. Il a vu de ses propres yeux ce qui arrive aux gens du peuple qui sont séduits par des hommes spirituels charismatiques. Ils se comportent avec passion et excès. Ils attribuent toutes sortes de miracles à la présence du chef et détournent leur attention de Dieu pour se focaliser sur l'homme lui-même. Que ces phénomènes aient lieu ou non, Jean s'en moque. Ce qui lui importe le plus, c'est le royaume des cieux et l'arrivée du Messie sur Terre.

Alors Jean envoie ses messagers. Il est difficile d'imaginer un lieu plus reculé ou désolé que le palais de Machéronte, construit en haut d'une montagne au milieu du désert. L'isolement est brutal.

Les semaines passent. Il ne faut que quatre jours pour rejoindre la Galilée depuis Machéronte. Jean prie en attendant patiemment des nouvelles de Jésus.

Finalement, il entend le claquement des sandales derrière la porte du donjon. Ses disciples sont revenus et ils apportent des mots très précis de la part de Jésus. « Allez rapporter à Jean ce que vous entendez et ce que vous voyez : les aveugles voient, les boiteux marchent, les lépreux sont purifiés, les sourds entendent, les morts ressuscitent, et la bonne nouvelle est annoncée aux pauvres. Heureux celui pour qui je ne serai pas une occasion de chute[1]. »

Jean est soulagé. C'est la confirmation qu'il espérait entendre. Il peut désormais trouver un semblant de paix dans cette prison où il dépérit. Jésus affirme à nouveau être celui que Jean a publiquement proclamé qu'il était : le Messie.

Mais ce n'est pas tout. Les disciples enthousiastes disent à Jean que Jésus a non seulement fait allusion à sa propre Immaculée Conception, telle qu'elle est prédite par les Écritures, mais qu'il a également adressé à Jean un éloge chaleureux pour lui rappeler d'être fort. Jésus prêchait alors devant une foule, à portée de voix des disciples de Jean. Ils étaient sur le point de partir lorsque Jésus prononça ces mots, en s'assurant qu'ils les entendent : « Qu'êtes-vous allés voir au désert ? demande-t-il à la foule en référence à Jean. Un roseau agité par le vent[2] ? Un homme vêtu d'habits précieux ? Voici, ceux qui portent des habits précieux sont dans les maisons des rois. Qu'êtes-vous donc allés voir ? Un prophète ? Oui, vous dis-je, et plus qu'un prophète. Car c'est celui dont il est écrit : "J'envoie devant toi mon messager, pour préparer ton chemin devant toi." Je vous le dis en vérité, parmi ceux qui sont nés de femmes, il n'y en a pas de plus grand que Jean. »

*

1. Matthieu, XI, 6.
2. Le roseau était l'emblème personnel du règne d'Hérode Antipas.

Une autre année passe. Une nuit, malgré les épais murs de pierre de sa cellule, Jean entend de la musique et des gens qui dansent. Antipas a invité les hommes les plus puissants de Galilée – des hauts officiers, des commandants militaires et de riches amis – à un banquet festif organisé pour son anniversaire. À l'intérieur du palais, hommes et femmes mangent séparément, comme le veut la coutume. Dans la pièce où il dîne avec les hommes, Antipas réclame du divertissement puis regarde, captivé, sa belle-fille Salomé entrer dans le grand hall pour exécuter, en solo, une danse exotique. La belle adolescente aux cheveux noir corbeau se déplace avec légèreté dans la pièce, roulant des hanches d'un air aguicheur au rythme des tambourins et des cymbales. Les hommes s'extasient, incapables de la quitter des yeux. Ils grognent de plaisir à la fin de la chanson. Antipas est particulièrement charmé.

« Demande-moi ce que tu voudras, et je te le donnerai », dit-il à Salomé.

La proposition n'en reste d'ailleurs pas là. Conscient que ses invités ont été subjugués par la belle Salomé, Antipas veut faire un geste qui les impressionnera. « J'en fais le serment, ce que tu me demanderas, je te le donnerai, fût-ce la moitié de mon royaume. »

Salomé est jeune, mais elle n'en est pas moins intelligente. Elle se précipite hors de la pièce pour prendre conseil auprès de sa mère. « Que demanderai-je ? » s'enquiert Salomé.

C'est le moment qu'Hérodiade attendait pour assouvir sa vengeance. Elle dit à sa fille : « La tête de Jean le Baptiste. »

Sans perdre une seconde, Salomé retourne dans la salle du banquet. Elle plante son regard dans les yeux de son beau-père et lui annonce d'une voix puissante : « Je veux que tu me donnes à l'instant, sur un plat, la tête de Jean le Baptiste[1]. »

Antipas est choqué. L'homme connaît bien les intrigues politiques, car il a joué ce jeu toute sa vie. Il a grandi dans une maison où un père pouvait tuer ses fils au moindre signe de déloyauté. C'est parce qu'il connaissait bien ce jeu qu'il n'a pas fini exécuté. Mais aujourd'hui, quelqu'un s'est montré plus malin que lui, et contre toute attente, il s'agit de sa propre femme.

Tuer un homme du peuple pourrait avoir de sérieuses conséquences. Malgré son penchant pour la perversion, le vice et pour d'autres plaisirs personnels, Antipas reste un Juif. Sa foi, certes marginale, est malgré tout assez vivace pour qu'il s'interroge sur les éventuelles conséquences divines qu'une action aussi grave pourrait engendrer. De fait, dix ans après l'exécution du Baptiste, l'historien juif Flavius Josèphe affirmera que la perte du royaume d'Antipas résultait directement de la punition que Dieu lui infligeait pour le meurtre de Jean le Baptiste.

Mais il a fait un serment. Se rétracter devant ces hommes mettrait sa parole en doute. Lorsque le moment viendra de faire une promesse à un de ses invités en une autre occasion, ils ne le croiront plus jamais.

C'est ainsi que Jean le Baptiste entend soudain grincer la porte de sa cellule. Un bourreau armé d'une large épée affûtée entre, seul. À la lueur de la lune, il force Jean à se mettre à genoux. Le Baptiste accepte son sort. L'homme lève son arme au-dessus de sa tête et l'abat brutalement.

1. Dans certaines versions, il est écrit « sur un plateau d'argent », expression aujourd'hui passée dans le langage courant.

Jean ne sent pas le poids de la lourde lame d'acier qui sépare sa tête de son corps.

La voix de celui qui crie dans le désert s'est éteinte.

Le bourreau empoigne la tête de Jean par les cheveux et la pose sur un plateau, qu'il apporte à Salomé et sa mère.

*

Hérodiade a eu sa revanche sur le Baptiste. Mais si elle (ou Antipas) pense que tuer Jean mettra fin à la ferveur religieuse qui s'est emparée de la Galilée, elle se trompe lourdement. Jean a peut-être éveillé de fortes émotions en purifiant les fidèles de leurs péchés, mais une autre présence remet en cause l'autorité comme personne ne l'avait fait jusqu'alors.

Jésus de Nazareth a encore un an à vivre.

CHAPITRE DIX

GALILÉE
AVRIL, 29 APR. J.-C.
JOURNÉE

Jésus est victime de son succès. Chaque jour qui passe voit sa vie un peu plus menacée. De nombreux Galiléens sont convaincus que Jésus est le Christ – ce roi terrestre qui a reçu l'onction, qui renversera les Romains et dirigera son peuple en tant que roi des Juifs, comme David le fit mille ans auparavant. Pour cette raison, les autorités romaines resserrent leur surveillance autour de Jésus. Car, sous la loi romaine, un homme qui prétend être roi se rend coupable de rébellion contre l'empereur, un crime passible de la crucifixion. Jésus le sait, aussi prend-il grand soin de ne plus affirmer être le Christ en public.

Le principal administrateur galiléen des Juifs, Hérode Antipas, ne pense pas que le Nazaréen soit le Christ, mais il voit en lui la réincarnation de Jean le Baptiste. Antipas est hanté par le prophète exécuté, comme si c'était sa punition pour avoir ordonné sa mort. Il ne cache pas son inquiétude au sujet de Jésus et des troubles qu'il pourrait causer. Et, à nouveau, le tétrarque est prêt à recourir à des mesures extrêmes pour éradiquer le problème.

Toutefois, Ponce Pilate et Antipas n'agissent pas tout de suite. Pour le moment, le comportement de Jésus n'a rien de violent. En dehors de l'incident isolé avec les changeurs de monnaie du Temple, rien, dans les actions menées par Jésus, ne les menace eux, ou leur mode de vie. Il n'a jamais laissé entendre que le peuple de Galilée devrait se soulever contre Rome. Il n'a jamais raconté à son vaste public qu'il était le roi des Juifs. Le gouverneur romain de Judée et l'administrateur juif de la Galilée se contentent donc d'observer Jésus de loin.

Les autorités religieuses, elles, ne l'entendent pas de cette oreille. Influencés par le grand prêtre Caïphe, les enseignants de la loi juive voient Jésus comme un danger bien réel. Caïphe a amassé fortune et pouvoir grâce aux impôts du Temple, aux profits des changeurs de monnaie, et à la concession des agneaux sacrificiels du Temple. Sa famille possède également des fermes en métayage à l'extérieur de Jérusalem. Ce qui est en jeu dépasse donc largement les enseignements religieux.

Au même titre qu'un révolutionnaire armé représente une menace pour Rome, le message de Jésus est une menace pour l'autorité spirituelle des sadducéens, des pharisiens, maîtres du Temple et des scribes. Ces hommes de Dieu autoproclamés ont donc imaginé un plan précis pour régler le problème du Nazaréen : une arrestation discrète suivie d'une exécution rapide.

Mais en assassinant le Nazaréen de sang-froid, les chefs religieux se rendraient impurs. Ils ne peuvent pas payer quelqu'un qui lui enfoncerait une épée dans le corps ou refermerait ses mains autour de sa gorge pour l'étrangler dans son sommeil. Non, les pharisiens doivent se plier aux règles traditionnelles, et cela signifie faire exécuter Jésus pour une violation publique de la loi religieuse.

Parti en quête d'une telle offense, un groupe de pharisiens et de scribes quitte aujourd'hui Jérusalem pour la Galilée afin d'étudier Jésus en chair et en os. Ce sont des hommes qui connaissent parfaitement les Écritures. Si quelqu'un peut déceler une faute chez le Nazaréen, c'est eux.

En tout cas, c'est ce que croient les autorités religieuses.

*

Dès le début, les choses vont de travers. Les pharisiens et les sadducéens font rapidement l'expérience de la frustration, car Jésus est un rival spirituel et intellectuel comme ils n'en ont jamais affronté. Malgré tous leurs efforts pour affaiblir son mouvement en l'interrogeant assidûment en public, le Nazaréen se montre toujours plus malin qu'eux, et sa popularité continue de monter en flèche. Le peuple de Galilée suit maintenant de si près les voyages de Jésus qu'ils anticipent ses destinations et partent en avance pour l'attendre sur place. La région est totalement électrisée par des histoires qui racontent que Jésus change de l'eau en vin, fait marcher des boiteux et rend la vue à des aveugles. Désormais, il est fréquent que les malades partent directement à sa rencontre, même si cela signifie être transporté sur plusieurs kilomètres pour attendre son arrivée. Les pharisiens eux-mêmes assistent à un curieux événement : un jour de shabbat[1],

1. Le shabbat était une période de repos complet. Il commençait le vendredi au coucher du soleil et se poursuivait jusqu'à ce que trois étoiles soient visibles dans

Jésus guérit la main gravement atrophiée d'un homme. Les pharisiens s'empressent de condamner l'acte publiquement, au motif de la violation de la loi religieuse.

Mais Jésus est un adversaire intellectuel habile, qui utilise la logique et les mots de l'Écriture sainte pour contrer leurs arguments. « Il n'y a rien d'illégal à faire le bien », rappelle-t-il aux hommes du Temple. Ce qui rend la mission des saints hommes encore plus difficile, c'est que Jésus impressionne fortement les paysans en accomplissant des actes qui paraissent surnaturels. Les pharisiens apprennent qu'au début du printemps, dans les montagnes près de Bethsaïde, il a transformé 2 poissons et 5 miches de pain en un festin qui a nourri 5 000 personnes. Plus incroyable encore, Jésus aurait ressuscité une jeune fille de Capharnaüm. Enfin, et c'est certainement le prodige le plus stupéfiant de tous : les disciples de Jésus prétendent l'avoir vu marcher sur la mer de Galilée pendant une violente tempête.

Les pharisiens refusent d'en croire un seul mot, même s'ils ont eux-mêmes assisté à l'une de ces guérisons inexplicables. Pourtant, un nombre impressionnant de témoins atteste de chacun de ces *pela'oth*, *othoth* et *mophetim*. Ces mots hébreux seront traduits dans le grec des Évangiles par *dunaemeis*, *semeia* et *terata* – pouvoir (ou force), signes et prodiges. Les gens simples de Galilée, dont la langue est l'araméen, préfèrent n'utiliser qu'un seul mot pour désigner les actions de Jésus : *nes*[1].

---

le ciel le dimanche soir. Toute tâche fatigante était interdite, de même que beaucoup d'autres activités, de manière à suivre l'exemple de Dieu qui s'accorda une journée de repos après avoir créé l'univers.

1. Quelque part au cours du XIIe siècle, ces événements surnaturels prendront le nom de miracles.

Les pharisiens croient aux miracles, mais pas en Jésus. Dans l'histoire orale juive – de Moïse à Job puis Esther –, il existe déjà de nombreux récits sur la révélation de Dieu à travers de tels actes. Lorsque les pharisiens, deux siècles plus tard, consigneront finalement par écrit la tradition orale du peuple juif, le Talmud regorgera de ces miracles accomplis par Dieu.

Les pharisiens sont sûrs d'une chose : Jésus n'est pas Dieu. C'est un agitateur, un faux professeur, un dangereux charlatan. Jésus s'installe d'ailleurs dans la vulgaire maison terrestre de son disciple Pierre plutôt que dans un palais digne de sa prétendue divinité. Il est absolument impossible qu'il soit la divinité suprême dans la contemplation de laquelle les pharisiens ont engagé leur vie.

Tout cela tracasse beaucoup les pharisiens. Jésus sape leur autorité. Si on le laisse prospérer, son mouvement détruira leur façon de vivre, on les dépouillera de leur fortune et de leurs privilèges. Ils ne peuvent pas le laisser faire. Car les pharisiens ont beau clamer leur amour de Dieu, ce sont des hommes arrogants et moralisateurs qui tiennent bien plus à leur statut privilégié qu'à n'importe quelles convictions religieuses.

Les prêtres du Temple bénéficient de ce statut depuis près de six siècles. À l'époque de la captivité babylonienne, le dernier vrai roi juif fut chassé du trône, laissant un vide politique chez le peuple juif[1]. Des hommes

1. Sédécias fut le dernier roi d'Israël. Les dates restent incertaines, mais son règne dura probablement de 597 à 586 av. J.-C. Sédécias avait été nommé roi à l'âge de 21 ans par Nabuchodonosor, roi de Babylone. Lorsque Sédécias cessa de lui verser son tribut quelques années plus tard, Nabuchodonosor conduisit son armée à Jérusalem et assiégea la ville. Elle finit par tomber, et ses habitants furent déportés à Babylone et réduits en esclavage. Le Temple fut détruit. Il ne serait reconstruit que lorsque Cyrus donnerait l'autorisation au peuple juif de rentrer

saints comme les pharisiens vinrent combler ce vide par leur stricte interprétation des lois de Moïse. Ils gagnèrent le respect du peuple juif en ajoutant des centaines de nouveaux commandements et d'interdictions à la liste des dix commandements initiaux de Moïse. Transmises oralement, ces nouvelles lois sont connues sous le nom de Tradition des Anciens.

Rares sont ceux qui remettent ces lois en question, et en tout cas, ce ne sont pas les paysans illettrés de Galilée. Mais aujourd'hui, Jésus démontre à travers ses actions et ses enseignements que beaucoup de ces mandats sont absurdes, presque aussi absurdes que le comportement des pharisiens et des sadducéens.

Le temps est venu d'attaquer le Nazaréen.

*

Un jour de printemps, un pharisien raille Jésus : « Pourquoi tes disciples transgressent-ils la Tradition des Anciens ? Car ils ne se lavent pas les mains quand ils prennent leurs repas. »

Jésus reste calme. Il commence par répondre à cette question par une autre question, une de ses techniques habituelles. « Et vous, pourquoi transgressez-vous le commandement de Dieu au profit de votre tradition ? »

---

chez lui et de reconstruire le Temple. Les travaux commencèrent vers 536 av. J.-C. et s'achevèrent en 516 av. J.-C. Ce Second Temple fut entièrement rénové sous Hérode le Grand. Sédécias avait ignoré les paroles du prophète Jérémie qui lui conseillait de vénérer Dieu avec plus de diligence. Il fut capturé alors qu'il tentait de fuir la capitale déchue. Sur les ordres de Nabuchodonosor, les jeunes enfants du roi furent tués sous ses yeux. Ce serait la dernière chose que verrait Sédécias, car on le rendit immédiatement aveugle (la technique la plus répandue à l'époque consistait à enfoncer les pouces dans les orbites de la victime), on l'enchaîna et on le conduisit à Babylone pour être esclave.

C'est le mois d'avril en Galilée. À cette période du calendrier julien de l'Empire romain, les bergers et leurs troupeaux sont dispersés sur les flancs de colline et les fermiers terminent la moisson de l'orge avant de s'atteler aux grands champs de blé. Jésus et ses disciples viennent d'acheter un repas sur la place du marché et se sont mis à l'écart pour en profiter. Rapidement, un groupe de pharisiens forme un cercle autour d'eux et leur reproche de ne pas avoir respecté la cérémonie du lavage des mains. Pendant ce rituel d'avant repas, on nettoie également les tasses, les assiettes et les couverts ; un rituel bien plus adapté aux cours du Temple qu'aux villages de pêcheurs de Galilée. Les disciples affamés n'ont aucune envie de se livrer à un processus aussi fastidieux.

Au début, Jésus ne répond pas grand-chose. Ragaillardis par son absence de réaction, les pharisiens s'approchent plus près. Une foule de curieux se rassemble derrière eux. Les deux groupes forment un cercle serré autour de Jésus et ses disciples. Dans cette espèce de collet, le Nazaréen semble piégé. Il ne peut pas s'échapper – exactement comme les pharisiens l'avaient prévu.

Le guet-apens est prêt. Les pharisiens espèrent maintenant entendre Jésus prononcer des paroles blasphématoires et hérétiques. Dans ce cas, il pourra être condamné. Ce que les pharisiens veulent par-dessus tout entendre, c'est une affirmation de divinité. Ils espèrent que Jésus déclarera publiquement être le Fils de Dieu – pas un roi terrestre, mais un roi élevé au-dessus des anges et assis sur le trône avec Dieu.

Cela suffirait à le faire lapider.

Les chefs religieux sont vêtus de coûteuses tuniques ornées de longues franges bleues. Sur leur front, un bandeau fixe une petite boîte en bois, appelée phylactère. Chaque boîte contient un petit parchemin sur lequel est inscrit un passage des saintes Écritures au sujet de l'exode hors d'Égypte. La frange et le phylactère servent à attirer l'attention sur la sainteté des pharisiens et à rappeler à chacun leur autorité religieuse.

Mais Jésus ne reconnaît pas cette autorité.

Il se lève pour s'adresser aux pharisiens. Le peuple de Galilée se rapproche pour entendre ce que le Nazaréen s'apprête à dire. Ces simples artisans et pêcheurs paraissent bien pauvres et déguenillés à côté des pharisiens. Jésus, leur compatriote galiléen, est habillé comme eux : une simple robe par-dessus une tunique, avec de petites franges et pas de phylactère.

Les spectateurs savent que ce n'est pas la première fois que les pharisiens essaient de provoquer un incident public avec le Nazaréen et que Jésus répond toujours aux provocations avec une vive intelligence et un certain sens de la mise en scène. « Hypocrites, Isaïe a bien prophétisé sur vous », dit Jésus en s'adressant directement aux pharisiens et sadducéens. Le Nazaréen cite ensuite les Écritures : « Ce peuple m'honore des lèvres, mais son cœur est éloigné de moi. C'est en vain qu'ils m'honorent, en enseignant des préceptes qui sont des commandements d'hommes. »

La prestance de Jésus ne trahit aucune peur. La force de ses mots porte jusqu'à la foule. Toute l'ironie de ce sermon, c'est que les pharisiens sont venus ici pour juger Jésus, alors que le ton de sa voix ne laisse aucun doute : c'est lui qui est en train de les juger. « Vous abandonnez le commandement de Dieu et vous observez la tradition des hommes », dit-il à ses accusateurs sur un ton de reproche.

Avant qu'ils n'aient le temps de répondre, Jésus se tourne vers la foule et dit : « Écoutez-moi tous et comprenez. Il n'est hors de l'homme rien qui, entrant en lui, puisse le souiller ; mais ce qui sort de l'homme, c'est ce qui le souille. »

*

Les pharisiens s'éloignent pour que Jésus ne discrédite pas davantage leur autorité. Cependant, la foule demeure et empêche les disciples de manger en paix. Jésus les conduit alors dans une maison proche afin qu'ils puissent dîner sans être dérangés.

Mais les disciples sont perturbés. Au cours de cette année passée ensemble, ils ont entendu et absorbé les paroles de Jésus, et ils ont été témoins de nombreux événements étranges et puissants qu'ils ne comprennent pas. Ce sont des hommes simples et ils ne saisissent pas pourquoi Jésus tient tant à humilier les tout-puissants pharisiens. D'autant plus que l'escalade de cette bataille religieuse ne pourra que mal tourner pour Jésus.

« Sais-tu que les pharisiens ont été scandalisés des paroles qu'ils ont entendues ? demande l'un d'eux à Jésus, enfonçant une porte ouverte.

– Explique-nous cette parabole », demande Pierre, qui sait que Jésus ne prononce jamais rien en public sans avoir une bonne raison de le faire.

Parfois, les paroles du Nazaréen sont purement spirituelles ; parfois elles contiennent un message politique subtil ; et parfois, elles visent à stimuler les foules. Au cours des derniers mois, Jésus a débattu avec les pharisiens de toutes sortes de choses, par exemple du fait de manger de l'orge pendant le shabbat, ou de se laver les mains, comme aujourd'hui. Pierre ne comprend pas l'intérêt de ce débat. Peut-être d'importants sujets sous-jacents des enseignements de Jésus ont-ils échappé aux disciples ?

« Êtes-vous donc sans intelligence, vous aussi ? » demande Jésus, exaspéré.

Il poursuit : « Ne comprenez-vous pas que tout ce qui entre dans la bouche va dans le ventre, avant d'être évacué ? Mais ce qui sort de la bouche vient du cœur, et c'est ce qui souille l'homme. Car c'est du dedans, du cœur des hommes, que sortent les mauvaises pensées, l'inconduite sexuelle, le vol, le meurtre, l'adultère, la cupidité, la méchanceté, la ruse, la débauche, l'envie, la calomnie, l'arrogance et la folie. Toutes ces choses mauvaises sortent du dedans et souillent l'être humain. »

Judas Iscariote fait partie de l'assistance qui écoute les paroles de Jésus. Il est le seul disciple à ne pas avoir grandi en Galilée, et il est évident que cela l'isole du groupe. Pourtant, comme les autres disciples, il porte une robe et des sandales, couvre son crâne pour se protéger du soleil et marche avec une canne pour repousser les chiens sauvages de Galilée. Mais il a un accent du Sud, pas du Nord. Chaque fois qu'il ouvre la bouche pour s'exprimer, Judas rappelle aux autres disciples qu'il est différent.

Or, les paroles que Jésus vient de prononcer l'isolent encore un peu plus du groupe. Car Judas est aussi un voleur. Tirant profit de son rôle de trésorier, il se sert régulièrement dans les maigres finances des disciples[1].

1. La source d'une partie des revenus de Jésus apparaît dans Luc, VIII, 2-3, où il est spécifié que de nombreuses personnes donnaient leur propre argent pour soutenir financièrement Jésus et son ministère.

Plutôt que de laisser les admirateurs de Jésus l'oindre de parfums précieux, Judas a insisté pour que ces fioles de parfum soient vendues et que les bénéfices soient versés dans la bourse commune du groupe – uniquement dans le but de dérober cet argent pour son usage personnel. Les vols de Judas sont restés secrets, et, comme tous les voleurs, il porte en privé le fardeau de son péché[1].

Jésus accentue la honte de Judas en lui rappelant qu'il n'est pas seulement un pécheur, mais qu'il est également souillé. En Galilée, être un homme moralement impur ne signifie pas uniquement qu'on porte un poids spirituel, cela implique également qu'on fait partie d'une classe sociale à part. Un homme moralement impur devient un paria, auquel on réserve les tâches les plus éreintantes, comme le tannage et l'exploitation minière, et il se retrouve condamné à ne jamais posséder de terres et à vivre toute sa vie dans la pauvreté.

Judas a vu ce genre d'hommes. Ils sont nombreux dans la foule qui suit Jésus, simplement parce qu'ils n'ont rien de mieux à faire de leur temps, et que les paroles de Jésus leur offrent un mince espoir en leur faisant miroiter que leurs vies finiront par s'améliorer. Ils n'ont pas de famille, pas de ferme, pas de toit au-dessus de leur tête. D'autres choisissent de vivre dans le crime et deviennent brigands ou bandits de grand chemin, formant des clans qui vivent dans des caves. Leurs vies sont difficiles et souvent bien courtes.

Ce n'est pas la vie que Judas Iscariote imaginait mener. Si Jésus est le Christ, comme Judas le croit, alors il est destiné à renverser les Romains et à gouverner la Judée.

1. Jean, XII, 6.

Le moment venu, le statut de disciple de Judas lui assurera une place de choix dans le nouveau gouvernement.

Judas semble croire aux enseignements de Jésus et, dans tous les cas, il tire profit de sa célébrité. Mais son désir de richesse matérielle surpasse son désir de richesse spirituelle. Judas fait passer ses propres besoins avant ceux de Jésus et des autres disciples.

Pour peu qu'on y mette le prix, Judas Iscariote est prêt à tout.

*

Les pharisiens et les sadducéens sont frustrés car ils n'ont pas été capables de piéger Jésus. Ils sont néanmoins convaincus qu'ils ont réuni assez de preuves pour le faire arrêter. Aussi rentrent-ils à Jérusalem pour faire leur rapport. Et même si Jésus ne semble pas s'inquiéter de l'attention qu'ils lui portent, une énorme pression pèse en réalité sur lui. Avant même leur visite, Jésus comptait se retirer dans un lieu reculé pendant quelque temps, pour réfléchir et prier. Il quitte aujourd'hui la Galilée, accompagné de ses disciples. Ils marchent vers le nord, pénètrent dans le royaume gouverné par Philippe, le frère d'Antipas, et rejoignent la ville de Césarée de Philippe. Les habitants sont des païens qui vénèrent le dieu Pan, cette divinité représentée avec l'arrière-train et les cornes d'un bouc, et le torse et le visage d'un homme. Ici, cela ne gênera personne que Jésus affirme être le Christ, et les autorités ne le questionneront pas au sujet des saintes Écritures. Bien que Césarée de Philippe ne soit qu'à 54 kilomètres au nord de Capharnaüm, Jésus pourrait tout aussi bien se trouver à Rome.

L'été approche. Le trajet dure deux jours et emprunte une voie romaine très fréquentée à l'est de la vallée de la Houla. Jésus et ses disciples guettent les ours et les bandits, mais en dehors de ces dangers potentiels, le voyage est paisible. Cette excursion prend même des airs de vacances pour Jésus et les disciples, et après avoir parcouru quelques kilomètres seulement, Jésus se sent assez revigoré pour faire une pause et se reposer au soleil.

« Qui dit-on que je suis ? » demande Jésus aux disciples, peut-être inspiré par le grand temple d'Omrit, dédié à César Auguste, un homme qui prétendait être Dieu mais qui était, finalement, aussi mortel que n'importe quel homme.

« Pour certains, Jean le Baptiste, pour d'autres, Élie ; pour d'autres encore, Jérémie ou l'un des prophètes », répondent-ils.

Les choses se passent souvent ainsi lorsque Jésus voyage : il continue d'enseigner ou lance des débats intellectuels en posant une question quelconque. Il se confie rarement à eux.

« Et vous, qui dites-vous que je suis ? demande Jésus.

– Tu es le Christ, le Fils du Dieu vivant », répond Pierre.

Jésus approuve. « Heureux es-tu, Simon, fils de Jonas, car ce ne sont pas la chair et le sang qui t'ont révélé cela, mais c'est mon Père qui est dans les cieux », dit-il, louant le pêcheur impulsif en l'appelant par son ancien nom. « Ne dites rien à personne », ajoute-t-il pour leur rappeler qu'une révélation publique conduirait à son arrestation par les Romains. Ils laissent peut-être derrière eux le pouvoir des autorités juives, mais Césarée de Philippe est tout aussi romaine que Rome elle-même.

Les disciples pensent peut-être que Jésus a partagé son plus grand secret, mais ils ont tort. « Il faut que le Fils de l'homme souffre beaucoup et soit rejeté par les anciens, les grands prêtres et les scribes », poursuit Jésus.

Pour les disciples, cela n'a aucun sens. Si Jésus est le Christ, alors il régnera un jour. Et comment pourrait-il le faire sans le soutien des autorités religieuses ?

Comme si tout cela n'était pas assez déroutant, Jésus poursuit, prononçant une phrase appelée à devenir une source de débats à travers les âges.

« Il doit être mis à mort, annonce Jésus aux disciples, parlant de lui-même comme du Fils de Dieu, et le troisième jour, il ressuscitera. »

Les disciples n'ont aucune idée de ce que cela signifie.

Ils ne savent pas non plus qu'il reste à Jésus de Nazareth moins d'un an à vivre.

CHAPITRE ONZE

JÉRUSALEM
OCTOBRE, 29 APR. J.-C.
JOURNÉE

Ponce Pilate, fièrement dressé sur sa monture, chevauche vers Jérusalem. Sa femme, Claudia, voyage dans une voiture proche tandis que Pilate et son escorte guident la caravane à travers un terrain hostile. Pilate a 3 000 hommes à sa disposition. Ce ne sont pas de vrais soldats romains, mais le même mélange de troupes arabes, samaritaines et syriennes qui défendirent autrefois Hérode le Grand.

Le gouverneur romain et sa caravane militaire ont quitté leur forteresse de Césarée maritime pour rejoindre Jérusalem, comme ils le font trois fois par an pour les fêtes juives[1]. Leur itinéraire de 100 kilomètres les conduit

1. Les trois principales fêtes de pèlerinage juives sont la Pâque, la Pentecôte et les Tabernacles – en hébreu, Pessah, Soukkot et Shavouot. Les Juifs devaient participer aux trois, mais beaucoup préféraient ne participer qu'à celle de la Pâque, qui avait parfois lieu en même temps que la fête des Pains sans levain. Depuis la destruction du Temple en l'an 70 apr. J.-C., les Juifs ne sont plus obligés d'effectuer le pèlerinage jusqu'à Jérusalem. À la place, ils assistent aux festivités qui ont lieu dans leurs synagogues locales. La fête la plus sainte du calendrier juif est Yom Kippour, le jour du Grand Pardon.

au sud le long de la Méditerranée, sur une voie romaine pavée. Après s'être arrêtés pour la nuit, ils poursuivent leur chemin à l'intérieur des terres, traversent la plaine de Sharon et gravissent les montagnes jusqu'à Jérusalem.

En se rendant à Jérusalem, Pilate espère affirmer la domination romaine lors de la fête des Tabernacles[1], une des trois grandes célébrations du calendrier religieux juif. Comme pour la Pâque, les pèlerins affluent à Jérusalem par milliers pour l'occasion. Les Juifs commémorent quarante années d'errance dans le désert et un grand repas célèbre la dernière récolte de l'année. Les coutumes juives n'amusent guère Pilate, qui considère que les Juifs manquent de loyauté envers Rome. Le gouverneur sera sur la corde raide pendant la durée de ces festivités : si les Juifs se révoltent – ce qu'ils ont l'habitude de faire lorsqu'ils sont en si grand nombre –, c'est lui qui en sera tenu pour responsable, mais s'il sévit trop, il pourrait être rappelé à Rome pour avoir désobéi à l'ordre de Tibère qui tient à ce que ces gens soient traités comme un « don sacré ».

Pilate doit donc supporter ces semaines de festivités. Claudia et lui vivent dans l'opulence du palais d'Hérode le Grand et ne s'aventurent à l'extérieur qu'en cas d'extrême nécessité.

Ponce Pilate est préfet de Judée depuis trois ans. Son rôle devrait simplement consister à arbitrer les conflits locaux et maintenir la paix, mais la mission de l'occupant est en réalité extrêmement délicate. Le philosophe juif Philon écrirait un jour que Pilate était « un homme

1. Soukkot, en hébreu, commémore les années d'errance nomade lorsque Moïse cherchait la Terre promise.

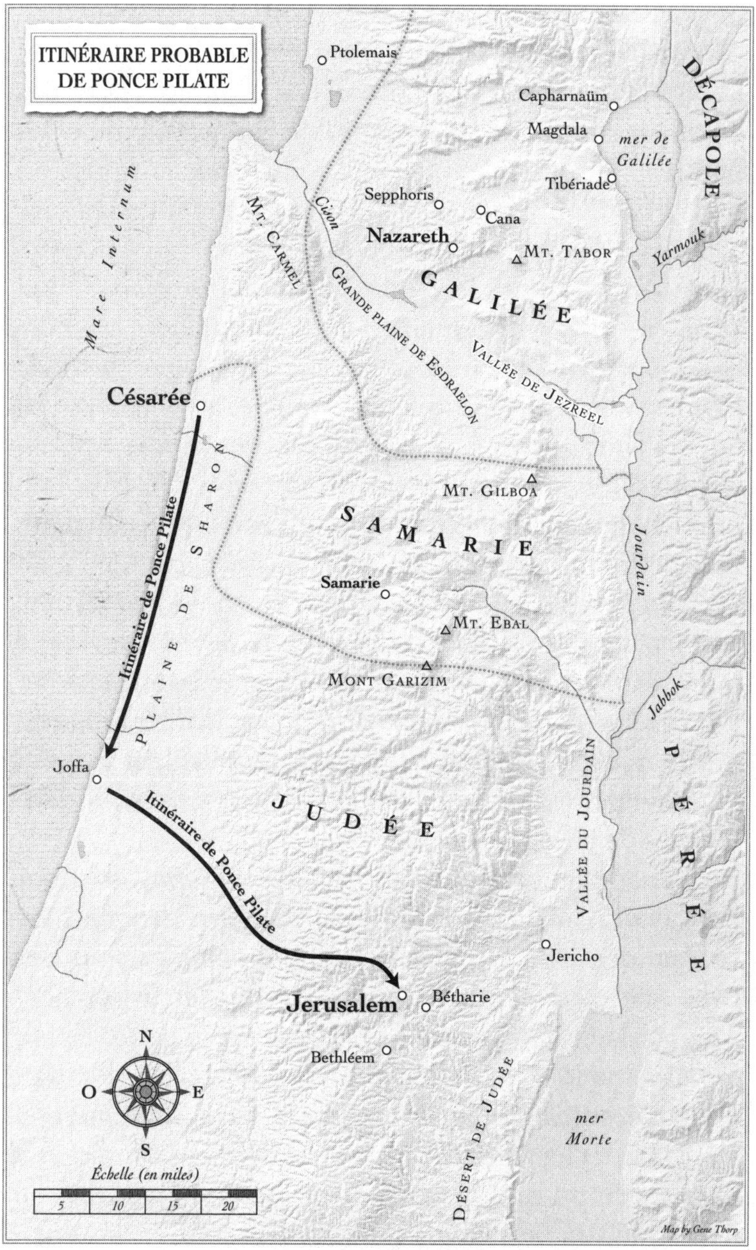
ITINÉRAIRE PROBABLE
DE PONCE PILATE
Ptolemais
DÉCAPOLE
Capharnaüm
Magdala
mer de Galilée
Tibériade
Mare Internum
Mt. Carmel
Cison
Sepphoris
Cana
Nazareth
Mt. Tabor
Yarmouk
GALILÉE
Grande plaine de Esdraelon
Vallée de Jezreel
Césarée
Mt. Gilboa
SAMARIE
Jourdain
Itinéraire de Ponce Pilate
Plaine de Sharon
Samarie
Mt. Ebal
Mont Garizim
Jabbok
Joffa
Itinéraire de Ponce Pilate
JUDÉE
Vallée du Jourdain
PÉRÉE
Jericho
Jerusalem
Bétharie
Bethléem
N
O
E
S
Désert de Judée
mer Morte
Échelle (en miles)
5
10
15
20
Map by Gene Thorp

au caractère inflexible, borné et cruel», mais les Juifs sont déjà parvenus à se montrer plus malins que lui et à nuire à sa carrière. Lorsque Pilate avait fait hisser des étendards romains sur le Temple, non seulement les habitants de Jérusalem avaient réussi à les faire retirer, mais ils avaient également écrit une lettre à l'empereur Tibère en dénonçant l'intrusion de Pilate.

Tibère avait été furieux. Comme l'historien Philon l'écrirait: «Immédiatement, sans même attendre le lendemain, il écrivit à Pilate pour lui faire mille reproches et le blâmer pour son audace.» Cette année, les tensions sont encore plus grandes, et Pilate en porte seul la responsabilité. Il a eu l'idée ingénieuse de faire construire un nouvel aqueduc pour apporter de l'eau à Jérusalem, un acte de bonne volonté toutefois terni par le fait qu'il ait forcé le Temple à payer pour ces travaux. Le peuple juif, outré par cette utilisation des «fonds sacrés», leva une petite armée au cours d'une fête récente pour réclamer à Pilate l'arrêt de la construction de l'aqueduc. Enhardis par la masse de la foule qui, pensaient-ils, leur assurait l'anonymat, ils insultèrent Pilate lorsqu'il apparut dans les rues de Jérusalem.

Cependant, Pilate avait anticipé ces protestations et il avait placé dans cette foule plusieurs centaines de soldats déguisés en pèlerins juifs, dissimulés sous des robes de paysans, dans les plis desquelles ils tenaient poignards et matraques. Lorsque la foule prit d'assaut le palais pour violemment conspuer Pilate, ces hommes encerclèrent la foule et commencèrent à frapper et à poignarder les pèlerins désarmés. «Ils furent nombreux à mourir, écrira plus tard l'historien Flavius Josèphe, ou à fuir, blessés. La sédition fut ainsi réprimée.»

Pour les Juifs, Pilate est un ennemi. Ils le voient comme un homme « dur et colérique », caractérisé par sa « vénalité, sa violence, ses vols, ses agressions, son comportement abusif, ses fréquentes exécutions de prisonniers n'ayant jamais été jugés, et sa férocité sans fin[1] ».

Pourtant, l'un des leurs est tout aussi coupable.

*

Ponce Pilate ne peut pas régner sur le peuple juif sans l'aide de Joseph Caïphe, le grand prêtre et chef de la cour judiciaire juive, le Sanhédrin.

Caïphe est un fin politique et il connaît l'opinion de l'empereur Tibère : il est important de protéger la tradition juive mais également de surveiller de près le colérique Pilate. Ce dernier est peut-être en charge de la Judée, mais c'est Caïphe qui s'occupe de la gestion quotidienne de Jérusalem, masquant sa propre cruauté sous la religiosité et la piété. Peu d'habitants de Jérusalem réalisent que l'homme qui procède au rite d'expiation des péchés et qui apparaît dans les cours du Temple vêtu de majestueuses robes de cérémonie[2], pendant la Pâque et Yom Kippour, est un grand ami de Rome et de l'empereur décadent Tibère.

Le prestige de son poste est particulièrement spectaculaire pendant la cérémonie d'expiation annuelle

1. Description de Pilate par Philon, un philosophe juif vivant en Égypte.

2. Le mot est faible pour décrire les robes du Temple. Celle de Caïphe était une longue tunique bleue ornée de clochettes et de glands maintenue à la taille par une ceinture. Il portait par-dessus un gilet aux couleurs vives brodé d'or, avec la liste des 12 tribus d'Israël inscrite sur ses épaules et un pectoral orné de pierres précieuses reflétant le soleil. Sa tête était couverte d'un turban sur lequel était posée une tiare en or faite de 3 couronnes portant le nom de Dieu.

de Yom Kippour, lorsque Caïphe pénètre seul dans le Saint des Saints, un sanctuaire du Temple où l'on pense que Dieu réside. Pour les croyants juifs, ce privilège le place plus près de Dieu que n'importe quel mortel. Il sort ensuite du sanctuaire et fait face aux fidèles venus en masse dans les cours du Temple. On dispose alors une chèvre de chaque côté de Caïphe. Le rituel d'expiation veut que le grand prêtre décide quelle chèvre sera libérée et quelle chèvre sera sacrifiée pour les péchés du peuple juif.

L'homme qui se tient en présence de Dieu et qui s'assure que les péchés soient pardonnés est également le grand prêtre qui laisse Pilate piller les fonds du Temple. Caïphe ne s'insurge pas lorsque des Juifs sont massacrés dans les rues de la Ville sainte. Il ne se plaint pas lorsque Pilate l'oblige à rendre ces robes de cérémonie incrustées de joyaux à la fin de chaque fête. Pour affirmer leur pouvoir, les Romains préfèrent en effet conserver eux-mêmes les vêtements coûteux ; ils les rendent sept jours avant chaque fête afin qu'ils puissent être purifiés.

Avant Caïphe, les grands prêtres étaient les marionnettes de Rome, on les accusait d'insubordination pour les remplacer facilement. Mais Caïphe, membre de la secte sadducéenne, a imaginé une posture à la fois simple et brillante de manière à rester au pouvoir : ne pas se mêler des affaires de Rome.

Rome, de son côté, ne se mêle pas de celles du Temple.

Grâce à cette technique, Pilate conserve son poste, et Caïphe gagne en pouvoir.

Les deux hommes en sont conscients et ils se satisfont de cet arrangement. Tandis que les quatre prédécesseurs de Caïphe n'ont servi qu'une année en tant que grands prêtres avant d'être destitués, cela fait maintenant plus de dix ans que Caïphe est en poste – et il n'a vraisemblablement pas l'intention de partir. Depuis son accession au pouvoir, les liens entre Rome et le Temple se renforcent d'année en année, en même temps que le gouffre se creuse entre le grand prêtre et les Juifs de la classe populaire.

Cette entente est bien entendu facilitée par le fait que Pilate et Caïphe se ressemblent sensiblement. Pilate est né dans une riche famille romaine membre de l'ordre équestre[1], et Caïphe est issu d'une riche lignée de prêtres du Temple, vieille de plusieurs siècles. Ce sont tous les deux des hommes mariés d'âge mûr. Ils apprécient tous les deux, à la fin de la journée, un bon verre de vin importé. Lorsque Pilate est à Jérusalem, les deux hommes vivent dans un quartier huppé de la ville, à quelques centaines de mètres l'un de l'autre, dans des palais où des esclaves, hommes et femmes, travaillent en permanence. Et ils se considèrent tous les deux comme des hommes pieux, bien qu'ils vénèrent des divinités différentes.

La dernière chose dont Pilate et Caïphe ont besoin, c'est d'une figure messianique qui viendrait chambouler l'équilibre fragile des pouvoirs – et c'est précisément la raison pour laquelle Caïphe et les autorités religieuses

1. Dans la culture romaine, l'ordre équestre était inférieur à la classe sénatoriale aristocratique. Pour monter dans la hiérarchie sociale, un homme devait à la fois se montrer brillant en politique et sur le champ de bataille. Il devait également accumuler de grandes richesses. Devenir préfet constituait le moyen idéal de s'enrichir, principalement en prenant une commission sur les licences minières, taxes et monopoles. Pilate semble n'avoir eu aucune expérience diplomatique avant sa nomination en Judée, il a donc vraisemblablement reçu l'aide d'un ami haut placé pour obtenir ce poste. Certains pensent qu'il était proche de Séjan, l'administrateur au destin tragique qui fut en charge d'une grande partie de l'Empire romain lorsque Tibère s'exila à Capri.

ont prévu d'arrêter Jésus à la minute même où il posera le pied dans la Ville sainte.

Les pharisiens ont diligemment rempli leur mission en rapportant toute une litanie de transgressions de la loi religieuse commises par le Nazaréen. La conspiration pour tuer Jésus est en marche.

*

Mais Jésus a d'autres projets.

Après son court séjour à Césarée de Philippe, il est rentré à Galilée. Ses disciples, eux, s'apprêtent à voyager jusqu'à Jérusalem pour les fêtes. Ils souhaitent tellement que Jésus les accompagne et annonce publiquement qu'il est le Christ qu'ils tentent même de lui glisser un conseil, ce qu'ils n'ont encore jamais fait.

« Va en Judée, le supplient-ils avant de se mettre en route. Personne n'agit en secret lorsqu'il désire paraître ; si tu fais ces choses, montre-toi toi-même au monde[1].

– Mon temps n'est pas encore venu, répond Jésus. Mais votre temps est toujours prêt. Le monde ne peut vous haïr ; moi, il me hait, parce que je rends de lui le témoignage que ses œuvres sont mauvaises. Montez, vous, à cette fête ; moi, je n'y monte pas, parce que mon temps n'est pas encore accompli. »

Les chefs religieux de Jérusalem se souviennent des visages des disciples, qu'ils ont découverts lors de leur mission en Galilée au printemps. Ils sont extrêmement contrariés lorsqu'ils les voient entrer dans la ville sans Jésus. Une fois encore, le Nazaréen semble avoir le dessus.

1. Jean, VII, 4.

« Où est-il ? se demandent entre eux les pharisiens, scrutant les visages de la foule réunie dans les cours du Temple. Où est-il ? »

De nombreuses rumeurs circulent au sujet de Jésus. Pour certains des habitants des villages et des villes autour de Jérusalem, ces rumeurs sont tout ce qu'ils savent de lui. Beaucoup d'entre eux imaginent que ce sont les autorités religieuses qui ont fait courir ces bruits afin de faire passer Jésus pour un démon et un charlatan. Les pèlerins de Galilée, en revanche, s'extasient sur la bonté de Jésus. D'autres affirment que Jésus est un homme traqué.

Pendant plusieurs jours, les spéculations vont bon train dans la ville. Personne ne sait où se trouve Jésus, pas même ses propres disciples.

La fête des Tabernacles dure huit jours, et, au bout du quatrième, Jésus s'introduit discrètement dans le Temple. Il a voyagé incognito jusqu'à Jérusalem. Courageusement, Jésus commence à enseigner. Depuis ces derniers mois, il dégage une sorte d'aura de tristesse et éprouve le besoin grandissant de se retrouver seul. Il s'exprime de plus en plus souvent en paraboles lorsqu'il prêche, conscient que ces histoires frappent les esprits et qu'elles sont bien plus parlantes que de simples citations de l'Écriture sainte. Surtout, il semble composer avec la mort imminente qu'il a annoncée à ses disciples.

Mais ce moment n'est pas encore venu. Pour l'heure, à portée de voix du sanctuaire, au vu et au su de n'importe quel pharisien ou sadducéen, Jésus prêche effrontément la vérité et la justice. En quelques minutes, un cercle de pèlerins se rassemble autour de lui et l'écoute avec stupéfaction partager ses considérations sur Dieu.

« N'est-ce pas là celui qu'ils cherchent à faire mourir ? demande quelqu'un dans la foule.

– Est-ce que vraiment les chefs auraient reconnu qu'il est le Christ ? » demande quelqu'un d'autre.

Cette idée est accueillie avec scepticisme. Car il est difficile de croire que le Christ pourrait venir d'une province aussi reculée que la Galilée. Il viendrait plutôt de Bethléem, la ville de David, comme l'ont prédit les prophètes.

« Celui-ci, nous savons d'où il est.

– Vous me connaissez, répond Jésus en entendant leurs paroles, et vous savez d'où je suis. Je ne suis pas venu de moi-même, mais Celui qui m'a envoyé est vrai, et vous ne Le connaissez pas. Moi, je Le connais, car je viens de Lui, et c'est Lui qui m'a envoyé. »

Jésus est sur le point d'admettre qu'il est le Christ. Les pharisiens et les grands prêtres envoient les gardiens du Temple l'arrêter pour blasphème. Mais les gardiens reviennent les mains vides et se révèlent incapables, devant Caïphe et les pharisiens, d'expliquer pourquoi ils ont échoué. Parmi ces grands prêtres se trouve Nicodème, le pharisien de Galilée qui a interrogé Jésus au sujet de la renaissance.

« Pourquoi ne l'avez-vous pas amené ? demandent les grands prêtres.

– Jamais homme n'a parlé comme cet homme, explique un des gardes.

– Est-ce que vous aussi, vous avez été séduits ? » demandent les pharisiens.

Leur rage est si grande qu'ils oublient où ils sont : seuls les grands prêtres ont le droit de poser des questions à l'intérieur du Temple.

Nicodème s'avance.

« Notre loi condamne-t-elle un homme avant qu'on l'entende et qu'on sache ce qu'il a fait ? »

Bien qu'il soit l'un des leurs, les autres chefs religieux se tournent immédiatement vers Nicodème pour s'en prendre à lui.

« Es-tu aussi galiléen ? demandent-ils avec mépris. De la Galilée il ne sort aucun prophète. »

*

Jésus continue à enseigner dans les cours du Temple jusqu'à la fin de la fête.

« Je suis la lumière du monde, dit-il à la foule, celui qui me suit ne marchera pas dans les ténèbres, mais il aura la lumière de la vie. »

Il ajoute : « Je m'en vais. Vous ne pouvez venir où je vais. » Et sur ces mots, il disparaît. Pendant le trajet qui les ramène chez eux – que ce soit en Égypte, en Syrie, en Galilée, en Grèce, en Gaule ou à Rome – les pèlerins parlent de Jésus. Désormais, beaucoup sont convaincus qu'il est le Christ. D'autres n'en sont pas certains, mais après l'avoir entendu affirmer qu'il était envoyé par Dieu, ils souhaitent désespérément mettre leur foi en lui.

Qu'ils croient ou non que Jésus soit le Christ, les Juifs n'attendent qu'une chose, la venue d'un messie. Lorsque ce moment viendra, Rome sera vaincue et les impôts et les privations disparaîtront de leur vie. Les soldats fidèles à Rome n'auront plus le droit de traiter les Juifs comme du bétail, de les encercler pour les battre et les poignarder jusqu'à ce que les égouts de la Ville sainte soient gorgés de sang juif, comme le leur réclame l'infâme Pilate. Pour ces gens, cet espoir est vital, il leur donne le courage d'affronter la cruauté sans bornes de Rome.

Seul le Christ peut les guider. Les prophètes ont promis qu'un tel homme viendrait. Et il est vrai que Jésus a plusieurs fois laissé entendre qu'il était le Messie juif. Il parle de son père et du fait qu'il vient d'en haut. Mais il n'a jamais prononcé en public les mots : « Je suis le Christ. »

Jésus est apparu à de nombreuses reprises dans les cours du Temple, provoquant les prêtres et les pharisiens dès que l'occasion se présentait. Il est puissant et sûr de lui, comme un chef devrait l'être. Si Jésus est bien le Messie qui viendra sauver le peuple juif, il est temps qu'il le fasse savoir. Certains commencent à s'impatienter.

Les pèlerins les moins cultivés attendent une déclaration verbale de Jésus. Ceux qui sont plus éclairés n'ont pas besoin d'entendre les mots ; ils attendent simplement le moment où Jésus entrera à Jérusalem à dos d'âne. C'est à cet instant-là seulement qu'ils seront sûrs que Jésus est bien le seul vrai Christ.

« Voici, ton roi vient à toi : il est juste et victorieux, prédit le prophète Zacharie il y a cinq cents ans, il est humble et monté sur un âne. »

*

Tous les membres du Sanhédrin connaissent les mots de Zacharie. Plusieurs mois ont passé depuis la fin de la fête des Tabernacles et les 71 chefs religieux sont maintenant réunis dans une pièce particulière, la chambre de la Pierre de taille. Majestueux et cossu, le lieu du jugement légal est situé près du mur du nord du mont du Temple.

La moitié se trouve à l'intérieur du sanctuaire, l'autre moitié à l'extérieur. Depuis ces deux directions, des portes ouvrent sur la pièce. Comme son nom le suggère, sa construction a nécessité l'usage d'outils en fer qui ont rendu la salle inadaptée aux cultes rituels[1].

Le Sanhédrin est le tribunal religieux juif suprême, une assemblée d'hommes plus puissante encore que le tétrarque Antipas. Et au sein de cette assemblée, Caïphe détient l'autorité suprême.

Ponce Pilate est revenu sans encombre dans son palais de Césarée maritime[2] et ne doit pas retourner à Jérusalem avant avril, pour la fête de la Pâque. Quant à Jésus, on raconte qu'il a quitté la Galilée pour une destination inconnue. Des témoins disent qu'il accomplit de nouveaux miracles. Un récit étonnant relate que près de la ville de Béthanie, un homme nommé Lazare serait revenu à la vie. Et Lazare ne venait pas de décéder. Il était mort depuis quatre jours et déjà enterré au moment où Jésus l'aurait ressuscité devant une foule nombreuse.

Le corps de Lazare souffrait déjà des effets de la décomposition lorsque Jésus donna l'ordre de pousser la pierre protégeant l'entrée de la tombe. Il ne s'agissait plus seulement d'un acte de guérison, mais d'une démonstration de pouvoirs autrement plus impressionnants que ceux d'un être humain normal.

---

1. Dieu demanda à Moïse de construire un autel de pierre non taillée, ce qui le rendrait sacré. « Si tu m'élèves un autel de pierre, tu ne le bâtiras point en pierres taillées ; car en passant ton ciseau sur la pierre, tu la profanerais » (Exode, XX, 25). Une pièce entière construite de cette manière aurait été un lieu des plus sacrés.

2. À ne pas confondre avec Césarée de Philippe, qui se trouve à l'intérieur des terres.

« Cet homme accomplit beaucoup de miracles, dit un pharisien. Si nous le laissons faire, tous croiront en lui, et les Romains viendront détruire et notre ville et notre nation. »

Caïphe est du même avis. « Vous ne vous rendez pas compte qu'il est dans votre intérêt qu'un seul homme meure pour le peuple et que la nation entière ne périsse pas. »

Tout est dit.

*

Jésus en était-il conscient ? Le fait est que la vie qu'il a menée représente l'accomplissement continu de la prophétie juive. Il est né juif. C'est un descendant de David. Une grande étoile est apparue dans le ciel le matin de sa naissance à Bethléem. On pourra soutenir qu'en grandissant, à la lecture des saintes Écritures, il a intentionnellement commencé à façonner son destin pour que ses actions corroborent les prédictions des prophètes. Alors il est temps de donner le symbole final : si Jésus choisit d'entrer à Jérusalem pour la Pâque à dos d'âne, il enverra un message puissant. Comme l'écrivit le prophète Zacharie : « Sois transportée d'allégresse, fille de Sion ! Pousse des cris de joie, fille de Jérusalem ! Voici, ton roi vient à toi : il est juste et victorieux, il est humble et monté sur un âne, sur un ânon, le petit d'une ânesse. Il annoncera la paix aux nations et il dominera d'une mer à l'autre, depuis le fleuve jusqu'aux extrémités de la Terre. »

Il serait facile d'accomplir la prédiction de Zacharie. On trouve des ânes partout en Judée. Jésus n'aurait qu'à demander à un disciple de lui en apporter un.

À 36 ans, Jésus est assez intelligent pour mettre en scène n'importe quelle prophétie. Sa compréhension de la foi est profonde et sa connaissance de l'Écriture sainte, encyclopédique.

Mais il faudrait être stupide pour entrer dans Jérusalem à dos d'âne. Cela équivaudrait à une condamnation à mort. Car si les prophètes ont prédit avec précision la manière dont le roi des Juifs naîtrait et comment il vivrait sa vie, ils ont été tout aussi précis sur la manière dont il mourrait.

On l'accusera à tort de crimes qu'il n'a pas commis.

On le battra.

On lui crachera dessus.

On le déshabillera, et des soldats lanceront des dés pour gagner ses vêtements.

On le crucifiera, et des clous seront plantés dans ses mains et ses pieds – pourtant, pas un seul de ses os ne sera cassé.

Et ceux qui l'aiment assisteront à la scène, éplorés et impuissants face à son agonie[1].

*

Dimanche 2 avril de l'an 30 apr. J.-C. Ponce Pilate vient d'arriver à Jérusalem et s'est installé dans le palais d'Hérode le Grand. Hérode Antipas, le tétrarque, parvient à son tour dans la ville et loge à quelques rues de là, dans le palais hasmonéen. Au même moment,

1. Dans l'ordre, les prophéties sont : Psaumes, XXVII, 12 et XXXV, 11, Michée, V, 1, Isaïe, L, 6, Psaumes, XXII, 18, Psaumes, XXII, 16, Zacharie, XII, 10, et Deutéronome, XII, 23, Nombres, IX, 12, Psaumes, XXXIV, 20 et Exode, XII, 46, Zacharie, XII, 10.

Caïphe se prépare pour la plus grande fête de la ville dans son palais de la ville haute.

La semaine de la Pâque est sur le point de commencer.

Les disciples se mettent en quête d'un âne.

Jésus de Nazareth n'a plus que six jours à vivre.

Livre III

SI TU ES LE FILS DE DIEU, DESCENDS DE LA CROIX

CHAPITRE DOUZE

EXTÉRIEUR DE JÉRUSALEM
DIMANCHE 2 AVRIL, 30 APR. J.-C.
APRÈS-MIDI

Une fois de plus, le chemin de terre poussiéreux emprunté par les pèlerins de Galilée qui se rendent à Jérusalem est bondé. Les voyageurs sont impatients de franchir les murs de la ville et d'oublier leur long trajet. C'est une journée ensoleillée, comme souvent à cette période de l'année. Les voyageurs se pressent devant les plantations de dattiers et les anciens palais d'hiver d'Hérode le Grand sur l'oasis luxuriante de Jéricho. Ils passent ensuite devant des petits villages agricoles où des vergers, des vignes, et des oliviers longent les champs de légumes irrigués. De nombreux pèlerins s'arrêtent ici pour le rituel du *mikveh*, qui les purifie pour les 5 derniers kilomètres de leur voyage.

Le processus de purification est indispensable pour fêter la Pâque comme il se doit. Il prépare physiquement et spirituellement les fidèles à embrasser la sainteté de Dieu – d'où la nécessité d'arriver à Jérusalem près d'une semaine avant le jour saint. Après s'être immergés dans le *mikveh*, les hommes n'auront plus de relations sexuelles avec leurs femmes jusqu'à la fin de la Pâque, car l'éjaculation rendrait le corps impur. Pour la même raison, les femmes qui ont leurs règles ne pourront pas s'immerger dans le *mikveh* et n'auront pas le droit d'entrer dans le Temple. Le corps est également souillé par le contact avec un reptile[1], et si l'on touche un cadavre – même si on ne le touche qu'avec son ombre. Dans ce cas, la personne est immédiatement déclarée impure et ne peut pas fêter la Pâque. Cela s'applique évidemment aussi à celui qui commet un meurtre.

Avant même d'apercevoir Jérusalem, les pèlerins sont donc mentalement préparés pour la semaine à venir. Ils n'oublient pas l'impérieuse nécessité du *mikveh* et s'abstiennent de tout contact intime qui pourrait susciter un désir physique. En songeant à l'odeur d'agneau rôti qui flottera sur Jérusalem lorsque les repas de fête cuiront dans les fours, les pèlerins se mettent à compter leur argent, inquiets de savoir comment ils vont parvenir à payer ce repas et les inévitables impôts dans la ville. Leurs pieds et leurs jambes sont meurtris d'avoir marché des kilomètres et des kilomètres dans le désert, mais les voyageurs sont happés par le magnétisme de Jérusalem. Ils oublient les fermes laissées derrière eux et les champs d'orge qu'il faudra moissonner dès leur retour, et se concentrent uniquement sur la sainteté et la pureté.

Bientôt, ils gravironts la colline que l'on appelle le mont des Oliviers. Là-haut, enfin, ils verront en contrebas la grande Jérusalem dans toute sa splendeur. Ils regarderont scintiller l'or et la blancheur du Temple.

1. Lévitique, XXII, 4-7.

Les imposants murs du mont du Temple les subjugueront, comme toujours. La magnificence même du Temple leur rappellera qu'ils sont enfin arrivés au centre de la vie juive.

Cela fait presque cinquante ans que le Temple a été rénové et agrandi, cinquante ans que la première Pâque moderne y a été célébrée. Cependant, même pour ceux qui sont assez vieux pour avoir assisté à l'événement, la Pâque de cette année promet d'être la plus mémorable de toutes. Et l'arrivée à Jérusalem ne ressemblera à aucune autre, passée ou à venir.

*

« Nous montons à Jérusalem, dit Jésus à ses disciples tandis qu'ils se préparent à partir fêter la Pâque. Le Fils de l'homme sera livré aux grands prêtres et aux scribes. Ils le condamneront à mort et ils le livreront aux païens pour qu'ils se moquent de lui, le battent de verges et le crucifient ; et le troisième jour, il ressuscitera. »

Si ces mots inquiètent les disciples, ils n'en montrent rien. Car leur voyage, à la différence de la plupart des pèlerins, n'a pas duré plusieurs jours, mais plusieurs mois. Après la fête des Tabernacles il y a six mois, Jésus et les disciples ne sont pas rentrés en Galilée. Ils ont effectué un grand détour. Ils se sont d'abord arrêtés dans le village d'Éphraïm, à 25 kilomètres au nord de Jérusalem. Ils ont ensuite pris la direction du nord, jusqu'à la frontière entre la Samarie et la Galilée. Puis, à l'approche de la Pâque, ils ont fait demi-tour et longé le Jourdain vers le sud, rejoignant les longues caravanes de pèlerins en route vers la Ville sainte.

Sur la route de Jérusalem, les disciples se disputent maintenant la meilleure place aux côtés de Jésus. Jacques et Jean demandent au Nazaréen s'ils pourront être ses principaux assistants dans le nouveau régime, demandant à être « assis l'un à ta droite et l'autre à ta gauche quand tu seras dans ta gloire ». En entendant ces paroles, les 10 autres disciples se mettent en colère. Cela fait plus de deux ans maintenant qu'ils suivent Jésus en formant un groupe soudé, qu'ils ont abandonné leurs métiers, leurs femmes, et le semblant de vie normale qu'ils possédaient autrefois. Tous les disciples espèrent tirer profit de la situation lorsque le nouveau Messie renversera les Romains. Pierre est tellement convaincu que Jésus va recourir à la force militaire qu'il a prévu de s'acheter une épée.

Mais Jésus ne compte pas déclarer de guerre, ni former de nouveau gouvernement. Plutôt que de réprimander Jacques et Jean, il détourne calmement leurs demandes. Il rassemble ensuite ses disciples et les implore de se concentrer sur l'aide qu'ils peuvent apporter aux autres au lieu de se disputer la meilleure place à ses côtés. « Car le Fils de l'homme est venu, non pour être servi, mais pour servir et donner sa vie comme la rançon de plusieurs », leur dit-il.

Une fois de plus, Jésus anticipe sa propre mort. Pourtant, les disciples sont tellement obsédés par le moment glorieux où Jésus révélera qu'il est le Christ qu'ils passent complètement à côté du fait qu'il leur annonce sa mort imminente. Il n'y aura ni renversement des Romains, ni nouveau gouvernement.

L'ignorance délibérée des disciples est compréhensible. Jésus s'exprime souvent par paraboles, et la passion dont le Nazaréen est l'objet est devenue phénoménale. L'adoration qui entoure Jésus rend toute référence à la mort complètement opaque, muette. La foule de pèlerins traite Jésus comme un roi, buvant ses paroles, l'accueillant avec respect et admiration. Dans le village de Jéricho, deux aveugles interpellent Jésus, l'appelant « Seigneur, Fils de David », nom qui ne peut être donné qu'au Christ. Les disciples sont rassurés de constater que Jésus ne fait aucun reproche aux deux aveugles.

Jérusalem n'est qu'à quarante minutes de marche du village de Bethléem, où ils s'arrêtent pour la nuit. Ils s'installent chez Lazare et ses sœurs Marie et Marthe[1] pour éviter de voyager après le coucher du soleil et le début du shabbat. Cet endroit restera leur base pendant toute la semaine de la Pâque, et Jésus et les disciples prévoient d'y revenir presque tous les soirs pour profiter d'un repas chaud et d'un peu de repos.

Le shabbat est le jour le plus saint de la semaine. Les Juifs l'appellent shabbat, mais les Romains le nomment d'après la planète Saturne[2]. C'est un jour de repos obligatoire dans la religion juive, qui commémore le repos de Dieu après la création de l'univers. Jésus et les apôtres passent cette journée tranquillement, à se préparer pour la semaine à venir.

Le lendemain matin, Jésus choisit deux disciples et leur confie une mission très spéciale. « Allez au village qui est devant vous, leur ordonne-t-il, vous trouverez aussitôt

1. À ne pas confondre avec la mère de Jésus ou avec Marie Madeleine. Marie et Marthe étaient deux prénoms très courants à l'époque – tout comme Jésus.

2. Les noms des jours de la semaine romaine viennent de leur obsession pour les cieux. Dans l'ordre, ces noms font référence au Soleil, à la Lune, à Mars, Mercure, Jupiter, Vénus et Saturne.

une ânesse attachée et un ânon avec elle ; détachez-les et amenez-les-moi. Si quelqu'un vous dit quelque chose, vous répondrez : "Le Seigneur en a besoin", et à l'instant il les laissera aller. »

Puis Jésus et les 10 autres disciples quittent la maison de Lazare. Comme ils y reviendront le soir, ils voyagent léger, sans la sacoche de provisions et la canne que la plupart des pèlerins emportent avec eux.

Une foule de pèlerins se presse autour de Jésus lorsqu'il marche. Leurs voix traînantes et familières trahissent la région d'où ils viennent. Les pèlerins sont impatients que le voyage se termine et beaucoup sont ravis d'être en compagnie du célèbre Jésus de Nazareth.

Pendant ce temps, de l'autre côté de Bethphagé, les deux disciples les attendent. L'un des deux tient la bride d'un âne qui n'a jamais été monté. L'animal n'a pas de selle. Un des disciples enlève sa cape et la pose sur le dos de l'animal pour improviser une selle. Les autres disciples ôtent à leur tour leurs manteaux et les posent à terre en signe de soumission, formant un tapis sur lequel l'âne peut marcher. Suivant leur exemple, de nombreux pèlerins retirent leurs propres manteaux et les disposent sur le sol. D'autres rassemblent des feuilles de palmier ou coupent des branches d'olivier et de cyprès qu'ils agitent gaiement.

C'est le signe que tout le monde attendait, la réalisation de la prophétie de Zacharie.

« Béni soit le roi ! » crie un disciple.

Les pèlerins se joignent à lui. Louant Jésus, ils crient : « Hosanna ! Hosanna dans les lieux très hauts ! »

Jésus, monté sur l'âne, se met en route, tandis que les pèlerins s'inclinent. « Ô Éternel, accorde le salut !

implorent-ils, reconnaissants envers le Christ d'être finalement venu les sauver. Ô Éternel, donne la prospérité. Béni soit celui qui vient au nom de l'Éternel. » Ces paroles d'action de grâces sont tirées du Psaume 118, chanté pendant la Pâque. Le moment que ces simples paysans attendaient depuis si longtemps est enfin arrivé. Sur les milliers de pèlerins venus de Galilée, ils sont les quelques chanceux qui pourront dire à leurs enfants et aux enfants de leurs enfants qu'ils ont été témoins du moment historique où Jésus le Christ est entré triomphalement dans Jérusalem.

Mais tout le monde ne s'incline pas. Un groupe de pharisiens qui attendait Jésus observe la scène avec dégoût. Ils l'interpellent et donnent au Nazaréen une dernière chance d'éviter d'être accusé de blasphème. « Maître, crient-ils, fais taire tes disciples ! »

Mais Jésus refuse. « Je vous le dis, s'ils se taisent, ce sont les pierres qui crieront ! » lance-t-il aux pharisiens.

D'autres fidèles, à la nouvelle que Jésus était proche, sont sortis de Jérusalem en courant pour venir déployer des feuilles de palmier sur son passage, un signe traditionnel de triomphe et de gloire.

L'âne s'arrête au sommet du mont des Oliviers. Jésus prend un moment pour observer le paysage. Les flancs de colline sont recouverts de tentes, car c'est là que les Galiléens pauvres campent pendant les fêtes. Jérusalem appelle Jésus de l'autre côté de la petite vallée du Cédron, et le Temple scintille sous le soleil de midi. Une foule de pèlerins s'agglutine sur le chemin serpentant jusqu'à la vallée. Le sentier de boue et de calcaire est escarpé, et Jésus devra être très prudent s'il veut guider l'âne jusqu'en bas de la colline sans être mis à terre.

Le jour est venu. Toute la vie de Jésus a pointé vers ce moment, celui où il entrerait dans la ville pour revendiquer son titre de «roi des Juifs».

Soudain, Jésus se met à pleurer. Peut-être est-ce à la pensée de cette dernière semaine à passer avec ses bons amis Lazare, Marie et Marthe. Peut-être entrevoit-il la destruction prochaine de cette grande ville. Ou peut-être regarde-t-il Jérusalem en sachant que son propre triomphe sera de courte durée. Car le Nazaréen compte de puissants ennemis entre les murs de la ville.

Au cours des trois dernières années, Jésus a été adoré, mais il a également été la cible d'attaques et de soupçons. Ses disciples, malgré leur profonde foi en Jésus et ses enseignements, passent d'ailleurs parfois plus de temps à se disputer le pouvoir qu'à essayer de comprendre sa véritable nature et son message au monde.

Il a clairement expliqué à ses disciples qu'il était plus qu'un simple Christ terrestre.

Ils ne comprennent pas.

Il n'a cessé de leur répéter qu'il était un être divin, le Fils de Dieu.

Ils ne parviennent pas à saisir ce concept.

Il a clairement dit qu'il était le Christ mais que son royaume n'était pas de ce monde.

Ils ne comprennent pas de quoi il parle.

Par trois fois, Jésus a dit à ses disciples qu'il mourrait cette semaine.

Mais ses disciples refusent d'envisager une telle chose.

L'idée que ses disciples ne puissent pas comprendre son vrai message constitue l'une des plus grandes peurs de Jésus. Ces hommes le connaissent mieux que quiconque. Ils ont tous parcouru des centaines de kilomètres à ses côtés, écouté ses enseignements pendant des heures et se sont assis avec lui pour prier dans le calme et le respect. Pourtant, les disciples ne comprennent toujours pas qui il prétend être réellement.

*

En ce moment de triomphe, Jésus ressent une angoisse profonde. Cela fait longtemps qu'il réfléchit aux mots qu'il prononcera pendant la Pâque et de l'effet qu'ils auront sur ses disciples, sur les anciens comme sur les nouveaux. Il sait que le fait d'affirmer être un roi lui vaudra d'être crucifié. Il sera sacrifié, aussi sûrement que le seront tous ces agneaux de la Pâque. Reste à savoir quand.

Le Nazaréen observe le chemin qui serpente à travers les oliviers. Au loin, il voit le jardin de Gethsémani puis la dépression que forme l'étroite vallée du Cédron. Au-delà de la vallée, il voit ce même chemin très fréquenté grimpant jusqu'aux murs de Jérusalem. Il distingue clairement les portes de la ville, ainsi que les soldats romains qui gardent les entrées. Jésus voit les fidèles qui arrivent en courant pour le vénérer, arrachant avec empressement les feuilles des palmiers pour les agiter dans sa direction. Cette démonstration de respect impressionne Jésus, elle lui rappelle qu'ils sont nombreux à voir en lui celui qui a reçu l'onction – Moïse et David en chair et en os, venus les sauver et les délivrer de la servitude.

Jésus n'oublie cependant pas que le peuple se souvient de Moïse et David pour les grandes choses qu'ils ont accomplies, mais qu'ils étaient malgré tout exclus de la société. Jésus n'est ni un prince comme Moïse, ni un guerrier comme David. C'est un intellectuel. Son arme, c'est la logique. Le Deutéronome l'a prédit : « L'Éternel, ton Dieu, suscitera pour toi, du milieu de toi, d'entre tes frères, un prophète comme moi : vous l'écouterez. »

Mais cette prophétie est dangereuse. Lorsque Jésus affirmera être le Fils de Dieu, on le prendra soit pour un fou, soit pour un menteur, soit pour une divinité qui réalise les Écritures. Rares sont ceux qui pensent que Jésus est un fou ou un charlatan. Mais iront-ils jusqu'à accepter de croire que Jésus est l'incarnation de Dieu ?

*

Le moment est venu. Sous les hosannas qui l'inondent de toutes parts, et sous les yeux des pharisiens qui l'observent d'un lieu tout proche avec leur habituel air de mépris, Jésus guide l'âne jusqu'à la ville. Lentement, prudemment, il descend le mont des Oliviers, traverse la vallée du Cédron et pénètre dans le tunnel formé par les fidèles. Majestueusement, Jésus gravit la colline et franchit les portes de la grande ville dorée de Jérusalem.

CHAPITRE TREIZE

JÉRUSALEM
LUNDI 3 AVRIL, 30 APR. J.-C.
MATIN

À Béthanie, Jésus et les disciples se sont levés à l'aube et ils marchent à présent d'un bon pas vers Jérusalem. L'agitation créée par son entrée triomphale dans la ville hier résonne toujours dans les oreilles du Nazaréen. Lorsqu'il est descendu de son âne, à l'intérieur des portes de la ville, les pèlerins l'ont acclamé, vénérant celui qu'ils appellent « Jésus, le prophète de Nazareth en Galilée ». Ce fut une sorte de couronnement, de célébration. Mais pour les autorités, le spectacle fut surtout très préoccupant. Jérusalem n'a rien connu de tel depuis que les rebelles juifs essayèrent de prendre la ville en l'an 4 av. J.-C. et à nouveau en l'an 6 av. J.-C. Ces rebelles, bien entendu, payèrent cet affront de leur vie.

Jésus le sait, tout comme il sait que le gouverneur romain et le grand prêtre juif sont constamment à l'affût de rebelles et de révolutionnaires. Il sait que Pilate et Caïphe ont été informés de son entrée dans la ville sur un âne et de l'excitation de la foule de pèlerins.

Pendant l'événement, Jésus est resté calme ; il est descendu de l'animal puis a marché directement vers les grands escaliers qui mènent aux cours du Temple. Il n'y est pas allé pour enseigner, mais en tant que pèlerin, comme tous les autres Galiléens. Il a observé, s'est imprégné des odeurs, a écouté les sons particuliers qui résonnent dans le Temple pendant la semaine de la Pâque.

Des soldats romains étaient postés sur le parvis des Gentils, et les gardes du Temple ont forcément vu Jésus et la foule qui l'entourait. Mais aucun d'entre eux n'a tenté d'arrêter le Nazaréen. Appréhender un personnage public aussi populaire aurait sans doute déclenché des émeutes. Avec les Juifs arrivant à Jérusalem par milliers, la plus petite confrontation pourrait rapidement devenir incontrôlable. Les soldats et les gardes sont armés, mais leur nombre est ridicule comparé à celui des pèlerins. Le premier à tenter d'arrêter Jésus se retrouverait sûrement submergé par les hordes de paysans. La colère de voir un homme aussi pacifique que Jésus injustement arrêté se mêlerait à la rancœur grandissante que le peuple éprouve à cause des lourds impôts.

L'après-midi touchait à sa fin lorsque Jésus a quitté le Temple pour rentrer à Béthanie avant la tombée de la nuit. Avec ses disciples, il est sorti de Jérusalem pour effectuer le chemin en sens inverse, passant devant les campements sur le mont des Oliviers, où la route de terre était toujours jonchée de feuilles de palmier et de branches d'olivier piétinées. La foule n'a laissé planer aucun doute quant à son désir de le voir devenir roi, tous ont signifié lors de son arrivée qu'il s'agissait là d'un prélude à son couronnement. Mais Jésus n'a rien dit ou fait qui pourrait laisser penser à Caïphe ou Pilate qu'il prépare une rébellion.

En ce lundi, les choses seront bien différentes.

*

Jésus aperçoit un figuier. Lui et les 12 disciples viennent de quitter Béthanie et Jésus a très peu mangé ce matin. Il avance seul jusqu'à l'arbre, dans l'espoir d'y cueillir un fruit, même s'il sait que ce n'est pas la saison des figues. Jésus fouille dans les branches entremêlées mais n'y voit que des feuilles. Cet arbre l'agace. « Que jamais personne ne mange de ton fruit », lui dit-il.

Cet emportement ne lui ressemble pas, et les disciples s'en rendent compte.

Jésus ne fait pourtant que commencer. Le groupe reprend sa marche jusqu'à Jérusalem et se rend directement au Temple. Trois ans après avoir renversé les tables des changeurs de monnaie, Jésus prévoit de recommencer. Cette fois, il n'a pas de fouet et ce n'est plus un inconnu. Personne n'a vraiment oublié le premier incident, mais il était resté suffisamment anodin pour que Jésus puisse alors reprendre ses enseignements dans le Temple, presque immédiatement.

Aujourd'hui les choses sont différentes. Les enjeux ne sont pas les mêmes. Jésus de Nazareth est célèbre. Des adeptes le suivent partout où il va. Il est surveillé dans ses moindres mouvements par les pharisiens qui guettent le dérapage capable de retourner l'opinion publique contre lui. Dans l'intérêt de Jésus, le plus judicieux serait d'éviter toute controverse, de rester pacifique et de laisser le statu quo se prolonger aussi longtemps que possible, comme pendant chaque semaine de la Pâque. Un nouvel esclandre en public compromettrait cette relative tranquillité.

Jésus n'en a que faire. Il retourne une table, faisant voler les pièces. Puis une autre. Et une autre. Comme il n'y a pas de vendeurs de bétail aujourd'hui, Jésus exprime sa colère en libérant les colombes sacrificielles de leurs cages et en renversant les bancs des hommes qui les vendent. Puis il se met en face de la file de ceux qui attendent devant les tables et il éconduit toute personne qui tente d'acheter ou de vendre. Il est en colère, mais pas hors de contrôle. Ses actions sont méthodiques, et ses mouvements montrent qu'il ne craint ni les soldats ni les gardes.

Lorsque l'affrontement est terminé, Jésus se tient au milieu du carnage. Des pièces jonchent le sol. Des colombes affolées volent en cercle avant de se poser. « Hosanna », crie un spectateur.

« Il est écrit... » lance-t-il à la foule maintenant rassemblée autour de lui. Parmi les spectateurs se trouvent les changeurs de monnaie furieux et les vendeurs de colombes. Il y a aussi des parents venus avec leurs enfants, comme Marie et Joseph l'ont fait avec le jeune Jésus il y a tant d'années. Parmi la foule, beaucoup sont des disciples du Nazaréen.

« ... Ma maison sera appelée une maison de prière », dit Jésus, citant Isaïe, le prophète qui a prédit tant d'éléments de la vie du Nazaréen. « Mais vous, vous en faites une caverne de voleurs. »

La citation au sujet des bandits vient de Jérémie, le prophète qu'on menaça de mort parce qu'il avait prédit la chute du Temple.

Les gardiens du Temple sont tendus. Arrêter Jésus maintenant serait tout à fait légitime. Il a interféré avec le déroulement des affaires et a appelé le Temple sa maison – comme s'il était Dieu.

Mais en parcourant rapidement la foule du regard, ils comprennent que ce ne serait pas judicieux. Jésus n'effraie pas les gens ; il les rend plus forts. Ce qu'il vient de faire, ils ont rêvé de le faire à chaque fois qu'ils ont passé des heures à attendre pour changer leur monnaie et qu'ils ont vu ces hommes corrompus se mettre dans les poches une part importante de leur salaire.

Même les jeunes enfants acclament Jésus. « Hosanna au Fils de David ! » crie un petit garçon.

Puis, comme si c'était un jeu, un autre enfant crie la même chose. Bientôt, certains pèlerins demandent à être guéris, ici même, dans le Temple. Les pharisiens, comme toujours, observent la scène. « Entends-tu ce que disent ces enfants ? » demandent les grands prêtres et les scribes à Jésus sur un ton indigné. Les grands prêtres ont maintenant rejoint la foule et observent Jésus avec anxiété. Ils rendront compte de ses moindres faits et gestes à Caïphe et peut-être même à Hanne, l'ancien grand prêtre, un homme puissant qui est également le beau-père de Caïphe. Malgré son âge, Hanne est tout aussi rusé que Caïphe et il exerce toujours une influence importante.

D'autres hosannas retentissent dans le Temple, criés encore et encore par les enfants.

« Entends-tu ce que disent ces gens ? répètent les grands prêtres.

– De la bouche des tout-petits et des nourrissons tu as tiré des louanges », répond Jésus, citant David.

Les chefs religieux connaissent bien ce psaume. Il invite le Seigneur à accepter les louanges des enfants, puis à s'élever contre les forces des ténèbres qui se tiennent face à lui.

Si l'interprétation des pharisiens est correcte, Jésus est en train de les comparer aux forces du mal.

Pourtant, ils ne donnent pas l'ordre d'arrêter Jésus. Ils n'essaient pas non plus de l'interpeller lorsqu'il quitte le Temple, suivi de ses disciples.

Le soleil commence à baisser et les premiers feux de camp parsèment le mont des Oliviers. Jésus et les disciples empruntent une nouvelle fois le long chemin menant à Béthanie. Pour l'instant, le Nazaréen est un homme libre.

Pour l'instant.

*

Six cents ans plus tôt, lorsque Jérémie avait prédit la destruction du Temple, il avait été puni en étant jeté dans un puits vide. Il s'était enfoncé jusqu'à la taille dans la boue, où on l'avait laissé mourir.

Dans trente-deux ans, un paysan nommé Jésus ben Ananias prédirait lui aussi la destruction du Temple. Jugé fou, sa vie serait épargnée sur l'ordre du gouverneur romain – mais seulement après qu'il eut été fouetté jusqu'à l'os[1].

1. Jésus ben Ananias continua pendant sept ans à proclamer publiquement que le Temple serait détruit, jusqu'à ce qu'un soldat romain le réduise définitivement au silence en catapultant un rocher sur son crâne. Quatre mois plus tard, les Romains détruisirent le Temple pour punir les Juifs après une révolte.

Les choses sont différentes pour Jésus. Ce n'est pas un homme solitaire, mais un révolutionnaire suivi par des disciples et par une légion d'adeptes de plus en plus nombreux. Ses accès de colère dans le Temple sont des agressions contre les chefs religieux, il a dépassé le stade de la simple prédiction passive. Jésus s'oppose désormais ouvertement aux autorités du Temple.

Caïphe a déjà vu ce qui arrivait lorsqu'une révolte politique éclatait dans le Temple et il se souvient bien du jour où l'on incendia ses portiques, après la mort d'Hérode. Pour lui, Jésus est un faux prophète. Mais le spectacle d'aujourd'hui montre à quel point il est devenu dangereux.

La menace doit être étouffée. En tant que grand prêtre du Temple et autorité juive la plus puissante du monde, Caïphe a le devoir, en vertu de la loi religieuse, de prendre sur-le-champ des mesures extrêmes contre Jésus. « S'il s'élève en ton sein un prophète ou un faiseur de rêves qui t'annonce un signe ou un prodige, peut-on lire dans le Deutéronome, ce prophète ou ce faiseur de rêves sera mis à mort, car il a parlé de révolte contre l'Éternel, votre Dieu. »

Caïphe a compris que Jésus se servait astucieusement de la foule pour éviter d'être arrêté. Or, il a la ferme intention de se montrer plus rusé. Mais pour éviter de se rendre impur, il doit agir avant le coucher du soleil de vendredi et le début de la Pâque.

C'est la plus grosse semaine de l'année pour Caïphe. Il a énormément d'obligations et de tâches administratives à régler s'il veut que les festivités de la Pâque se déroulent dans le calme. Rome le surveille de près, à travers les yeux de Ponce Pilate, et le moindre échec de la part de Caïphe pendant cette fête cruciale pourrait conduire à sa destitution.

Cependant, rien n'est plus important que de réduire Jésus au silence.

Le temps presse. La Pâque commence dans quatre petits jours.

CHAPITRE QUATORZE

JÉRUSALEM
MARDI 4 AVRIL, 30 APR. J.-C.
MATIN

La sérénité de la maison de Lazare offre à Jésus et à ses disciples un soulagement immédiat. Après avoir passé la journée au Temple et marché 3 kilomètres pour rentrer à Béthanie, les hommes sont épuisés. L'hospitalité est un des aspects majeurs de la société juive : elle remonte à l'époque où le patriarche Abraham traitait tous ses invités comme s'ils étaient secrètement des anges, leur offrant de copieux repas composés de veau, de beurre, de pain et de lait. La spacieuse maison de Lazare, avec sa grande cour et sa lourde porte qui empêche les intrus d'entrer la nuit, n'est donc pas seulement un refuge pour Jésus et ses disciples, elle symbolise également le lien puissant qui les unit aux racines de leur foi juive.

Les sœurs de Lazare, Marthe et Marie, adorent Jésus, mais chacune d'une manière différente. Marthe, la plus âgée des deux, est extrêmement vigilante, et se fait constamment du souci pour le Nazaréen. Marie, de son côté, est ensorcelée par Jésus. Elle s'assied à ses pieds et lui témoigne parfois son respect en les oignant d'huile parfumée. Chacune à sa manière, les deux femmes lui apportent du réconfort. Elles veillent aussi à ce que Jésus et les disciples ôtent leurs sandales et nettoient leurs pieds en rentrant tous les soirs, pour purifier toute impureté ou infection. Au sous-sol de leur maison se trouve un bassin où Jésus se dévêt et prend un bain. Il donne sa robe et sa tunique à laver à Marthe et Marie[1]. Il revêt ensuite sa seconde tenue. Puis, évidemment, Jésus et les autres se lavent les mains avant de s'attabler autour du repas.

Cette semaine, Marthe et Marie leur servent deux repas par jour. Au dîner, du pain frais, de l'huile d'olive, de la soupe et parfois du bœuf ou du poisson salé accompagné de vin fait maison. Au petit-déjeuner, du pain et des fruits – secs plutôt que frais, car ce n'est pas la saison des melons et des grenades. Et comme Jésus a pu le constater sur la route hier matin, les fruits des figuiers de la région et les dattes des vergers ne seront pas mûrs avant plusieurs mois.

1. La tunique de Jésus est une tunique sans manches qui descend jusqu'aux genoux. Les deux femmes lavent la tunique avec beaucoup de soin, car c'est un vêtement unique et coûteux. Chaque homme, femme et enfant en porte une, qui est le vêtement le plus proche de leur peau. Les pharisiens et les hommes aisés portent des tuniques qui descendent jusqu'aux chevilles tandis que les pauvres ne peuvent s'offrir qu'une tunique arrivant aux genoux. Qu'elles soient en lin ou en laine, la plupart des tuniques sont fabriquées en cousant ensemble des rectangles de tissu, laissant en trois endroits différents des coutures qui irritent la peau. Mais la tunique de Jésus a été réalisée sur un métier à tisser, qui permet au tisserand de créer un cylindre de tissu. La tunique ne présente donc aucune couture. D'après une légende médiévale, il l'aurait reçue de sa mère, Marie. D'autres disent que c'était un cadeau d'un des nombreux bienfaiteurs qui soutenaient son ministère. Dans tous les cas, on ne trouve de telles tuniques qu'en Judée, il s'agit donc d'un bien très convoité, en particulier par les voleurs ou les bandits de grand chemin qui n'hésiteraient pas à attaquer Jésus et les disciples pour la leur voler.

Béthanie était le grenier de Jérusalem, et même si les écrits ne précisent pas comment il gagnait sa vie, Lazare était probablement un fermier possédant ses propres terres. Réputé pour être un homme charitable, il a les moyens d'offrir gracieusement l'hospitalité à ses invités. La coutume veut que l'on accueille les étrangers qui ont besoin d'un endroit où passer la nuit. Cela devient un problème pendant la Pâque, lorsque des familles entières cherchent un toit pour la semaine. Pendant cette période, il convient néanmoins de faire preuve de discernement si on ne veut pas inviter des voleurs ou des vauriens dans sa maison.

Lazare apprécie sincèrement la compagnie de Jésus, mais sa présence représente bien plus que cela. Lazare a confiance en cet homme, il le vénère et affirme même lui devoir la vie[1]. Et peu importe que Jésus voyage avec 12 personnes qui ont chacune un appétit d'homme et besoin d'un endroit où dormir : c'est bien le moindre prix à payer pour la compagnie du Nazaréen. En outre, Marthe est une femme énergique qui gère sans problème toute l'organisation pour ces hommes.

*

Le jour se lève. Le compte à rebours avant la Pâque s'égrène, tandis que les citoyens de Béthanie s'agitent. Certains se préparent pour une journée de travail dans les champs proches, d'autres prévoient de marcher

1. La légende selon laquelle Jésus aurait ramené Lazare à la vie a tellement circulé qu'elle est devenue un des principaux éléments du complot des prêtres du Temple contre Jésus.

jusqu'à Jérusalem. Comme partout, on commence la journée par les ablutions quotidiennes. Il n'y a pas de toilettes à l'intérieur des maisons ; les hommes comme les femmes doivent s'aventurer dehors, vers une parcelle de terrain privée et cachée. Ils y trouvent un trou dans le sol, dans lequel ils jetteront ensuite une pelletée de terre. Ils se lavent les dents en mâchant une brindille souple arrachée à un arbre. À l'intérieur de la maison de Lazare, Jésus et ses disciples se lavent les mains et mangent leur pain quotidien avant de se mettre en route pour une autre journée au Temple.

Le groupe se retrouve bientôt au milieu d'une file de voyageurs. Aujourd'hui, Jésus enseignera pour la dernière fois dans les cours du Temple et il a préparé plusieurs paraboles pour tenter d'expliquer des sujets théologiques complexes, de façon à ce que même les spectateurs les moins lettrés les comprennent.

« Rabbi, regarde ! » s'exclame un disciple lorsqu'il passe devant le figuier contre lequel Jésus s'est énervé hier. Ses racines sont flétries.

« Comment ce figuier a-t-il pu devenir sec si rapidement ? demande le disciple.

– Je vous le dis en vérité, si vous aviez de la foi et que vous ne doutiez pas, non seulement vous feriez ce qui a été fait à ce figuier, mais quand vous diriez à une montagne : Ôte-toi de là et jette-toi dans la mer, cela se ferait. Tout ce que vous demandez avec foi par la prière, vous le recevrez », répond Jésus.

Pendant plusieurs années, les disciples s'émerveilleront de la métamorphose de ce simple figuier. Même plusieurs dizaines années plus tard, ils écriront à ce sujet des mots pleins d'admiration et citeront les deux phrases de la réponse de Jésus. Jésus a réalisé différents miracles devant eux ; pourtant, celui-là semble les impressionner plus que n'importe quel autre.

Mais le figuier n'est que le début. Les disciples se souviendront des événements qui se dérouleront dans les heures qui suivent jusqu'au jour de leur mort. Ils citeront Jésus encore et encore – pas seulement des phrases, mais des paragraphes et des pages entières. Les douze prochaines heures seront si épuisantes que Jésus se reposera pendant toute la journée du lendemain. Ce moment apportera également plus de défis et de triomphes qu'ils n'en ont connu jusqu'à présent.

C'est une matinée magnifique. Le soleil brille. La froide atmosphère d'avril verdoie de l'odeur fraîche des plantes printanières qui poussent dans les champs et les vergers qui longent la route.

La nouvelle vie est partout, même si la mort approche.

*

Aux abords de Jérusalem, Jésus sait que quelque chose de grave va arriver. Il l'a pressenti hier, tandis que les chefs religieux rôdaient en marge de la foule et ne le lâchaient pas du regard pendant qu'il dialoguait avec ses disciples.

Cette semaine, les prêtres et les pharisiens portent des robes encore plus resplendissantes que d'ordinaire. Ils ont sorti leurs vêtements les plus chatoyants et les plus coûteux pour mieux se démarquer des pèlerins et de leurs accoutrements ternes. Avec leurs robes, les prêtres affichent leur statut de membres essentiels du Temple, et non pas de simples visiteurs.

Jésus, de son côté, s'habille toujours comme un Galiléen ordinaire. Il porte sa tunique sans couture sous une simple robe. Ses sandales protègent ses pieds des branches et des cailloux pointus, mais pas de la poussière. Aussi, après avoir marché de Béthanie à Jérusalem, il a souvent une allure négligée en comparaison de celle des pharisiens, dont beaucoup possèdent des baignoires ou des bassins rituels à l'intérieur de leurs maisons toutes proches. Et même si son accent peut paraître provincial entre les murs de la cosmopolite Jérusalem, Jésus ne fait rien pour dissimuler sa langue natale. Cela pourrait même jouer en sa faveur, car les chefs religieux le sous-estiment souvent à cause de cet accent : ils prennent le Nazaréen pour un simple pèlerin de Galilée.

*

Jésus et les disciples franchissent les portes de la ville. Les autorités religieuses suivent désormais leurs mouvements à la trace et notent donc immédiatement leur arrivée. Chaque jour, Jérusalem devient plus festif et plus bruyant car les pèlerins continuent d'affluer du monde entier. Les rues résonnent de voix qui parlent en grec, araméen, latin, égyptien et hébreu. Partout, on entend le bêlement incessant des milliers d'agneaux apportés dans la ville par les bergers et condamnés à avoir la gorge tranchée vendredi. Les grands prêtres se chargeront de cette tâche macabre. Ils resteront des heures sous le soleil brûlant, leurs robes cérémonielles trempées du sang des agneaux.

Jésus entre dans le Temple. Aujourd'hui, il ignore les changeurs de monnaie et les vendeurs de colombes.

Il choisit un endroit à l'ombre des auvents du portique de Salomon et commence à prêcher. Les autorités religieuses surgissent presque instantanément et l'interrompent.

« Par quelle autorité fais-tu ces choses ? » demande un prêtre, à propos des supposés actes de guérison que Jésus aurait accomplis la veille. Les interrogateurs qui se tiennent devant le Nazaréen ne sont pas de simples pharisiens ou scribes, ils constituent l'élite des chefs religieux. Ils se sont déplacés afin d'intimider les pèlerins et d'empêcher qu'ils soient complètement envoûtés par Jésus. Ils ont l'intention de ridiculiser le Nazaréen grâce à leurs prouesses intellectuelles.

« Et qui t'a donné l'autorité de les faire ? demande un autre prêtre.

– Je vous adresserai aussi une question ; répondez-moi, et je vous dirai par quelle autorité je fais ces choses. »

Il a longtemps réfléchi et a anticipé leurs questions.

Les chefs religieux ont discuté avec les pharisiens dépêchés en Galilée l'année dernière et sont au courant que Jésus est un homme intelligent. Mais ils pensent aussi qu'il n'a ni instruction ni éducation et ils espèrent l'attirer dans un piège théologique. Les prêtres attendent la question de Jésus.

« Le baptême de Jean, demande Jésus, venait-il du ciel ou des hommes ? »

Les chefs religieux ne répondent pas immédiatement. La foule observe la scène avec appréhension. D'un côté se tient Jésus, de l'autre les saints hommes autoproclamés. Finalement, les prêtres se concertent, débattent de la question de Jésus sous tous les angles. « Si nous répondons "Du ciel", il dira : "Pourquoi donc n'avez-vous pas cru en lui ?" »

Jésus reste silencieux. Les chefs religieux continuent leur conversation privée.

« Et si nous répondons “Des hommes”, nous pouvons craindre le peuple, car tous tiennent Jean pour un prophète. »

Jésus ne dit toujours rien. Les hommes ne lui ont toujours pas répondu, et la foule le sait. Il devient évident que les prêtres et les anciens ne sont pas différents des pharisiens qui ont tenté de piéger Jésus en Galilée sans y parvenir. Une fois encore, les chefs religieux sont sur la défensive. Leur tentative de piéger Jésus a échoué.

« Nous ne savons pas, dit finalement un prêtre.

– Je vous le dis en vérité, répond Jésus devant son public. Les publicains et les prostituées vous devanceront dans le royaume de Dieu. Car Jean est venu à vous dans la voie de la justice, et vous n'avez pas cru en lui. Mais les publicains et les prostituées ont cru en lui ; et vous, qui avez vu cela, vous ne vous êtes pas ensuite repentis pour croire en lui. »

La foule est muette d'admiration. Les grands prêtres, stupéfaits, restent cois.

*

Dans les cours du Temple, on se passe le mot à propos de la victoire intellectuelle de Jésus. Les pèlerins n'en aiment Jésus que davantage. Ils parlent de lui comme d'un vrai prophète et espèrent qu'il se montrera à la hauteur de la promesse que sous-entendait son entrée triomphale dans Jérusalem il y a deux jours.

Le soleil monte de plus en plus haut dans le ciel. Les affaires continuent dans les cours du Temple tandis que Jésus tient en haleine son nombreux auditoire. Les grands prêtres et les anciens, plutôt que de se retirer après la scène embarrassante qu'ils viennent de vivre, restent à l'observer.

Le Nazaréen déroule une parabole au sujet d'un riche propriétaire terrien et des problèmes que lui causent ses métayers. La conclusion de cette parabole laisse entendre que les chefs religieux perdront leur autorité et seront remplacés par d'autres dont la foi est plus sincère.

Puis Jésus énonce une deuxième parabole, au sujet du royaume des cieux, qu'il compare à un mariage. Dieu est le père du jeune marié et prépare un banquet luxueux pour les invités de son fils. Encore une fois, la conclusion brave les chefs religieux. Elle raconte comment un invité est expulsé de la cérémonie car il ne porte pas les vêtements adéquats. « Car il y a beaucoup d'appelés, dit Jésus au sujet des cieux, mais peu d'élus. »

Les prêtres sont piqués au vif. Ces chefs religieux légitiment leur autorité par le fait que ce sont eux, les élus. En affirmant publiquement le contraire, Jésus se rend coupable de diffamation. Ils finissent par quitter le Temple et décident de changer de tactique en envoyant leurs propres disciples mener la bataille théologique. Ces disciples sont des hommes intelligents. Ils essaient d'amadouer Jésus en le flattant, plutôt que de l'attaquer frontalement. « Maître, nous savons que tu es vrai et que tu enseignes la voie de Dieu selon la vérité, sans t'inquiéter de personne, car tu ne regardes pas à l'apparence des hommes. »

La flatterie s'en tient là. Conscients qu'il est peu probable que Jésus prononce une inexactitude théologique, les disciples des pharisiens essaient maintenant de le piéger sur le sujet de Rome.

« Dis-nous donc ce que tu en penses, demandent-ils. Est-il permis ou non de payer le tribut à César ?

– Pourquoi me tendez-vous un piège ? » rétorque Jésus d'un ton cinglant.

Il demande qu'on lui présente un denier. « De qui sont cette effigie et cette inscription ? interroge-t-il en montrant la pièce.

– De César, répondent-ils.

– Rendez donc à César ce qui est à César, dit Jésus, et à Dieu ce qui est à Dieu. »

Une nouvelle fois, la foule reste sans voix. César est un nom que tout le monde craint. Mais le Nazaréen est parvenu à marginaliser Rome sans l'offenser directement. La sagacité des mots prononcés par Jésus traversera les siècles.

*

Les disciples s'en vont, leur mission est un échec. Les sadducéens, une secte du Temple, prennent rapidement la relève. Ces hommes, qui comptent Caïphe parmi les leurs, sont riches et plus libéraux. Une fois encore, ils tentent de fissurer l'aura d'invulnérabilité de Jésus avec une énigme religieuse, et une fois encore, ils échouent.

Ce sont finalement les pharisiens qui s'approchent pour tenter leur chance. « Maître, demande leur chef, un homme réputé pour sa parfaite connaissance de la loi, quel est le plus grand commandement de la loi ? »

Selon les enseignements des pharisiens, il existe 613 préceptes religieux. Même si chacun porte une désignation indiquant son importance plus ou moins grande, le fait est qu'ils doivent tous être respectés. Demander à Jésus de n'en choisir qu'un constitue une tentative intelligente de le piéger, de le pousser à défendre son choix.

Cependant, Jésus n'en sélectionne aucune parmi les lois établies. À la place, il en énonce une nouvelle : « Tu aimeras le Seigneur, ton Dieu, de tout ton cœur, de toute ton âme et de toute ta pensée. C'est le premier et le plus grand commandement[1]. »

Les pharisiens restent muets. Que pourraient-ils trouver à redire à cela ? Mais voilà que Jésus ajoute une seconde loi : « Tu aimeras ton prochain comme toi-même. De ces deux commandements dépendent toute la Loi et les prophètes. »

Jésus a mis en déroute les esprits les plus vifs du Temple. Il ne se contente pas de cette victoire. Le Nazaréen se tourne ensuite vers les prêtres et les fustige sous les yeux des pèlerins. « Ils font toutes leurs actions pour être vus des hommes, dit-il à la foule. Ainsi, ils portent de larges phylactères et ils ont de longues franges à leurs vêtements ; ils aiment la première place dans les festins et les premiers sièges dans les synagogues ; ils aiment à être salués dans les places publiques et à être appelés par les hommes “Rabbi”. »

À six reprises, Jésus dénonce l'hypocrisie des pharisiens. Il les appelle la race des vipères[2]. Il leur dit qu'ils

---

1. Tiré de Deutéronome, VI, 5, qui suit immédiatement Deutéronome, VI, 4, le Shéma, la pierre angulaire du judaïsme.

2. On pensait à l'époque que les vipères naissaient à l'intérieur de leur mère et mangeaient sa peau pour sortir, ce qui la tuait. Traiter les pharisiens de « race de vipères » équivalait à les traiter de parricide, un crime honni dans toutes les cultures, et particulièrement dans une foi telle que le judaïsme, qui vénère la famille.

sont impurs. Il dénonce l'importance qu'ils accordent à des détails de la vie religieuse aussi triviaux que la dîme sur les herbes et les épices, tout en passant complètement à côté de la vraie nature de la loi divine.

Pire encore, Jésus prédit que ces saints hommes seront condamnés à l'enfer.

« Ô Jérusalem, Jérusalem », se lamente Jésus, conscient que le temps qui lui était imparti pour enseigner est désormais échu. Le Nazaréen quitte le Temple et ne sera plus vu en public jusqu'au moment de sa condamnation. Il scelle même sa condamnation à mort en prédisant la destruction du Temple. « Vois-tu ces grandes constructions ? demande-t-il. Il ne restera pas pierre sur pierre qui ne soit renversée. »

Jésus adresse ces mots à un de ses disciples, mais un pharisien l'entend. Cette déclaration deviendra un crime capital.

*

Un peu plus tard, Jésus est assis au sommet du mont des Oliviers. Il avait commencé la semaine à ce même endroit, sanglotant sur un âne, et le voici à présent d'humeur pensive. Les disciples assis à ses côtés, Jésus résume sa courte vie. Sous la nuit tombante, il les enjoint à vivre leur vie pleinement, s'exprimant en paraboles pour qu'ils comprennent l'ampleur de ses mots. Les disciples écoutent, captivés, mais l'inquiétude les gagne lorsque Jésus prédit qu'après sa mort ils seront à leur tour persécutés et tués. Peut-être pour atténuer ces paroles, Jésus partage ses pensées au sujet du ciel et il promet aux disciples que Dieu se révélera à eux et au monde.

« Comme vous le savez, conclut Jésus, la Pâque a lieu dans deux jours, et le Fils de l'homme sera livré pour être crucifié. »

*

À l'heure où Jésus parle, les grands prêtres et les anciens se réunissent dans le palais de Caïphe. Ils sont extrêmement agités. Tuer le Nazaréen est la seule solution, mais le temps presse. Avant toute chose, Jésus doit être arrêté. Après son arrestation, il devra être jugé. Or, selon la loi religieuse, aucun procès ne peut avoir lieu pendant la Pâque, ni pendant la nuit. Pour tuer Jésus, il faut l'arrêter demain ou jeudi au plus tard, et le juger avant le coucher du soleil. Les choses sont d'autant plus urgentes qu'une clause religieuse exige de laisser passer une nuit entière avant d'appliquer la peine, lorsqu'il s'agit d'une peine de mort.

Caïphe sait qu'on peut cependant s'arranger avec tous ces détails. Le plus important pour le moment est d'arrêter Jésus. Les autres problèmes pourront être réglés plus tard. Il ne faut surtout pas alerter les personnes qui ont écouté Jésus prêcher dans le Temple, sinon ce sera l'émeute. Et alors, Ponce Pilate se retrouvera obligatoirement impliqué, et Caïphe sera tenu responsable.

L'arrestation doit donc se dérouler dans la plus grande discrétion.

Pour cela, Caïphe va avoir besoin d'un peu d'aide. Ce qu'il ignore, c'est qu'un des propres disciples de Jésus prévoit justement de lui en fournir.

Tout ce qu'il demande en échange, c'est de l'argent.

CHAPITRE QUINZE

JÉRUSALEM
MERCREDI 5 AVRIL, 30 APR. J.-C.
NUIT

Judas Iscariote voyage seul. Jésus a décidé de passer la journée à se reposer et il est à la maison avec les autres disciples lorsque Judas part pour Jérusalem. Cinq jours se sont écoulés depuis que les disciples sont arrivés à Bethléem et trois jours depuis que Jésus est entré dans Jérusalem à dos d'âne. Jésus n'a pas encore annoncé publiquement qu'il était le Christ, ni fait quoi que ce soit qui puisse conduire à une révolte contre Rome. Il s'est malgré tout attiré les foudres des chefs religieux et est devenu, tout comme ses disciples, une cible. « Alors on vous persécutera et on vous mettra à mort. Et vous serez haïs de toutes les nations à cause de moi », a prédit Jésus hier, lorsqu'ils étaient tous assis sur le mont des Oliviers.

Judas n'a pas signé pour être haï ou exécuté. Jésus n'a qu'à admettre qu'il est le Christ pour triompher des Romains. Les autorités religieuses seront alors ravies de former une alliance avec Jésus. Cela mettrait fin à toutes ces histoires de mort et d'exécution.

Aussi Judas a-t-il décidé de forcer un peu la main à Jésus.

Il a pris sa décision quelques instants plus tôt, au cours du dîner, alors que Jésus et ses disciples mangeaient chez un homme nommé Simon le Lépreux. Les hommes étaient allongés sur des coussins autour de la table du banquet et se servaient dans les petits plats posés au centre, avec leur main droite. Comme cela s'était produit bien des fois auparavant, une femme s'était approchée de Jésus pour l'oindre de parfum. C'était Marie, la sœur de Lazare. Elle avait rompu le col fin du flacon et répandu du nard, un parfum exotique importé d'Inde, sur la tête de Jésus, en signe de dévotion.

Judas exprima son dégoût devant un tel gaspillage d'argent. Pendant la Pâque tout particulièrement, la coutume veut que l'on donne de l'argent aux pauvres. Cette fois-ci, il ne fut pas seul à être écœuré. Plusieurs autres disciples se joignirent à ses récriminations, jusqu'à ce que Jésus mette fin à la discussion.

« Laissez-la tranquille, ordonna Jésus aux disciples. Pourquoi faites-vous de la peine à cette femme ? Elle a fait une bonne action à mon égard ; car vous avez toujours des pauvres avec vous, mais vous ne m'avez pas toujours. En répandant ce parfum sur mon corps, elle l'a fait pour ma sépulture. »

Une fois encore, les paroles de Jésus déconcertèrent les disciples. Il se laissait oindre comme le Christ, tout en prédisant sa propre mort. Ce soir, Judas marche d'un pas décidé vers Jérusalem. L'air de la nuit est empli de l'odeur de la fumée de bois s'élevant des nombreux feux de camp. La Pâque commence le soir de la première pleine lune après l'équinoxe de printemps, c'est-à-dire vendredi soir.

Judas avance prudemment sur la route de terre cahoteuse. Son déplacement pourrait sembler totalement stupide – il le sait – puisqu'il a l'intention de se rendre directement au palais de Caïphe, l'homme le plus puissant du monde juif. Judas est pourtant convaincu que ce qu'il a à lui offrir aura une grande valeur aux yeux du président du Sanhédrin.

Mais Judas est connu pour être un disciple de Jésus, et son plan pourrait aussi bien le conduire en prison. Et même si rien de tel ne se produit, Judas n'est pas certain qu'un chef religieux aussi haut placé que Caïphe acceptera de rencontrer un vulgaire disciple de Jésus.

Après avoir traversé la vallée, Judas franchit les portes de Jérusalem et se fraie un chemin à travers les rues encombrées jusqu'aux quartiers huppés de la ville haute. Il trouve la maison de Caïphe et se présente aux gardes. À son grand soulagement, Judas n'est pas arrêté. Il est même chaleureusement accueilli dans le spacieux palais et conduit dans une immense pièce où le grand prêtre discute avec d'autres prêtres et avec les anciens.

La conversation en vient immédiatement à Jésus.

« Qu'êtes-vous prêts à me donner pour que je vous le livre ? » demande Judas.

Les grands prêtres sont sans doute surpris par le comportement de Judas mais ils s'efforcent de n'en rien laisser paraître. Ils ont mis de côté leur arrogance habituelle pour atteindre leur objectif : manipuler Judas afin qu'il fasse le nécessaire pour organiser l'arrestation de Jésus.

« 30 pièces d'argent », répondent-ils.

Cela équivaut à 120 deniers, soit quatre mois de salaire.

Cela fait maintenant deux longues années que Judas, comme les autres disciples de Jésus, vit au jour le jour, avec seulement quelques pièces en poche, très loin du moindre luxe. Aujourd'hui, le grand prêtre lui promet une récompense très alléchante en échange d'une date et d'un lieu, loin du Temple, pour arrêter Jésus.

Judas est un calculateur. Il s'est assuré que toutes les chances étaient de son côté. Il sait que s'il accepte l'argent, Jésus sera arrêté et déclarera être le Christ. Si le Nazaréen est vraiment le Messie, alors il n'aura aucun problème à échapper à Caïphe et aux grands prêtres.

En revanche, si Jésus n'est pas le Christ, il mourra.

Dans tous les cas, la vie de Judas sera épargnée.

Judas et Caïphe concluent le marché. Le perfide disciple promet de commencer à chercher sans attendre un lieu pour livrer Jésus. Tout ceci implique qu'il travaille en étroite collaboration avec les gardes du Temple pour organiser l'arrestation. Il devra quitter Jésus et les autres disciples discrètement pour tenir informés ses nouveaux alliés des allées et venues de Jésus. La mission s'annonce délicate.

30 pièces d'argent sont comptées sous les yeux de Judas. Elles s'entrechoquent en glissant dans sa bourse. Le traître est payé à l'avance.

Judas rentre seul à Béthanie. Sur la route, des voleurs pourraient être tapis dans l'obscurité. Judas se demande comment il expliquera son absence à Jésus et aux autres – et où il cachera une somme d'argent aussi importante et aussi bruyante.

Mais il est sûr que tout se déroulera comme prévu. Car Judas croit sincèrement être plus intelligent que ses compatriotes et mériter une récompense dans cette vie.

Si Jésus est Dieu, le monde le saura bientôt.

Les prochaines heures le diront.

CHAPITRE SEIZE

VILLE BASSE DE JÉRUSALEM
JEUDI 6 AVRIL, 30 APR. J.-C.
NUIT

Jésus a tant à faire et il lui reste si peu de temps. Il doit enfin préciser la nature de son existence aux disciples. Dans quelques heures, ce sera la Pâque. Jésus prévoit d'organiser un dernier repas avant de quitter ses compagnons, car ils ont été témoins de ce qu'il lègue et il compte sur eux pour le transmettre.

Ces choses sont extrêmement importantes, cependant quelque chose le retient : la perspective terrifiante de sa mort imminente.

Jésus a des difficultés à se concentrer sur son dernier message aux disciples. Comme tous les Juifs, le Nazaréen connaît l'horrible douleur et l'humiliation qui attendent les condamnés à la croix. Il reste fermement convaincu qu'il doit accomplir les prédictions des saintes Écritures, mais la panique le submerge.

Et le délire anxieux qui s'est emparé de la ville de Jérusalem à l'heure des préparatifs de dernière minute pour la Pâque ne l'aide pas. Tout doit être parfait pour le début des festivités. Un agneau doit être acheté pour le repas – et pas n'importe quel agneau, un mâle d'un an, sans la moindre tache. Chaque maison doit être débarrassée du pain au levain. Dans toute la ville, des femmes balaient frénétiquement le sol et essuient les comptoirs car une seule miette peut rendre le lieu impur. Chez Lazare, Marthe et Marie balaient et nettoient méticuleusement toutes les pièces. Après le coucher du soleil, Lazare traversera la maison avec une bougie, accomplissant le geste symbolique de chercher la moindre trace de levain. N'en trouvant aucune, ils l'espèrent, il déclarera le foyer prêt pour la Pâque.

Dans le palais de Caïphe, des esclaves et des serviteurs passent l'immense demeure au peigne fin, à la recherche de toute trace d'orge, blé, seigle, avoine ou épeautre. Ils récurent les éviers, les fours et les poêles, stérilisent les marmites et les casseroles en y faisant bouillir de l'eau avant d'y déposer une brique pour que l'eau bouillante en purifie également l'extérieur. L'argenterie est chauffée à blanc, puis plongée, un couvert après l'autre, dans l'eau bouillante. Nul besoin, en revanche, d'acheter un agneau sacrificiel, puisque la famille de Caïphe possède toute la concession d'agneaux du Temple.

Dans l'ancien palais d'Hérode le Grand, où Ponce Pilate et sa femme Claudia subissent une nouvelle fois la Pâque, on se passe de tels préparatifs. Le gouverneur romain commence la journée en se rasant, car il suit la mode impériale de l'époque : le visage doit être rasé de frais et les cheveux coupés court. Il ne se soucie guère de la tradition juive. Il se fiche de la croyance traditionnelle qui veut que Moïse et les Israélites aient été contraints de fuir l'Égypte avant que leur pain ait le temps de lever, raison pour laquelle les produits au levain sont interdits pendant la Pâque. Ce dont il ne se passe pas, c'est du *ientaculum*, du *prandium* et du *cena* (le petit-déjeuner, le déjeuner et le dîner), où il consomme beaucoup de pain, souvent levé avec du sel (plutôt que de la levure), selon la tradition romaine. Dans son palais de Césarée, Pilate pourrait savourer des huîtres et une tranche de rôti de porc pour son repas du soir, mais des mets si délicats n'existent pas (ou sont interdits) entre les murs de la pieuse Jérusalem – en particulier la veille de la Pâque. Caïphe et les grands prêtres éviteront d'entrer dans le palais d'Hérode à l'approche de la fête, de peur que la présence des Romains, avec leurs habitudes païennes, ne les rende impurs. C'est une véritable bénédiction pour Pilate, il va pouvoir profiter de quelques jours de vacances pendant lesquels il n'aura pas à s'occuper des Juifs et de leurs problèmes sans fin.

C'est en tout cas ce qu'il croit.

*

Judas Iscariote observe silencieusement Jésus ; il attend que le Nazaréen révèle ses projets pour la Pâque afin de s'éclipser pour en informer Caïphe. Il serait possible de demander au grand prêtre d'envoyer les gardiens du Temple chez Lazare, mais arrêter Jésus aussi loin de Jérusalem pourrait se révéler désastreux. Trop de pèlerins verraient les légionnaires escorter le Nazaréen enchaîné jusqu'à la ville. Ils risqueraient alors de déclencher les révoltes qui effraient tant les chefs religieux.

Judas est certain qu'aucun des disciples ne sait qu'il a trahi Jésus. Alors il se contente d'écouter, attendant le moment où Jésus convoquera ses disciples et leur dira qu'il est temps de se mettre en route pour Jérusalem. Il lui semble impossible que Jésus ne retourne pas au moins une fois dans la Ville sainte d'ici la fin de leur séjour. Peut-être attend-il le début de la Pâque pour révéler qu'il est le Christ. Si c'est le cas, alors les Écritures disent que cela se déroulera à Jérusalem. Tôt ou tard, le Nazaréen retournera dans la Ville sainte.

*

Près du Temple, dans la forteresse Antonia, l'immense citadelle des troupes romaines en garnison, des centaines de soldats font la queue devant le réfectoire pour leur repas du soir. La caserne est reliée au Temple par le coin nord-ouest, et la plupart des hommes ont été en faction aujourd'hui. Ils ont franchi le portique réservé aux militaires pour se poster sur la plate-forme large de 14 mètres, au-dessus des colonnades qui s'alignent le long des murs du Temple. De cet endroit, ils ont facilement pu observer les pèlerins juifs inquiets, qui vaquaient aux préparatifs de dernière minute de la Pâque. Les soldats ont passé une semaine chaotique et éprouvante, et ils sont restés debout pendant des heures sous le soleil brûlant. Mais la journée de demain sera la plus difficile de toutes. Il y aura des pèlerins et des agneaux partout, et ils seront assaillis par la puanteur du sang séché et des excréments d'animaux, venue des cours les plus reculées du Temple. L'abattage durera des heures, tout comme le spectacle des hommes qui se précipiteront hors du Temple avec une carcasse d'agneau sanglante dans les bras pour préparer le repas du Séder.

En temps normal, la garnison compte un peu plus de 500 soldats et le même nombre d'auxiliaires. Mais avec les troupes de Tibère venues de Césarée pour la Pâque, le nombre de légionnaires s'élève maintenant à plusieurs milliers – auxquels s'ajoutent du personnel et des serviteurs pour ferrer les chevaux, porter les bagages et transporter l'eau. Le réfectoire est donc bruyant et agité lorsque les hommes entament le premier plat, des légumes assaisonnés au *garum*, cette sauce fermentée à base de viscères de poisson qui est un des ingrédients de base de la cuisine romaine. Le deuxième plat est un bol de bouillie d'avoine, aromatisée aux épices et aux herbes. On leur sert parfois de la viande, mais elle se fait rare pendant la semaine pascale. Le pain est l'aliment de base du régime du soldat, ainsi que le vin aigre, un mélange de vinaigre, de sucre, de vin de table et de jus de raisin. Comme tout ce que l'on donne à manger à ces hommes affamés, ces produits sont consommés rapidement, et en très grande quantité.

Douze des soldats penchés sur leur repas savent qu'ils n'assisteront pas seulement au massacre d'agneaux demain. Car ces hommes font partie des escadrons en charge de la crucifixion. Ce sont des soldats d'une force impressionnante et d'une extrême brutalité, affectés à la tâche épuisante de pendre les hommes à la croix selon la tradition romaine.

Chaque escadron est composé de quatre hommes, les *quaternio*. Un cinquième homme, un centurion que l'on appelle *exactor mortis* supervise leurs actions. Pour demain, trois escadrons ont été réquisitionnés, car trois hommes ont été condamnés à mort. Les flagellations auront lieu dans l'enceinte de la ville, mais la tâche la plus difficile, qui consiste à hisser les hommes sur la croix, se déroulera à l'extérieur, sur une colline portant le nom de Calvaire ou Gulgalta en araméen – ou encore, Golgotha, comme l'histoire s'en souviendra. Tous ces mots signifient la même chose : « crâne », car c'est la forme du monticule qui fera office de lieu d'exécution. Au moment où les *quaternio* engloutissent leur dîner, les poteaux verticaux sur lesquels chaque homme sera cloué sont déjà plantés dans le sol. Ces *staticula* restent à leur place en permanence, attendant l'arrivée du *patibulum*, la barre transversale portée par le condamné.

En réalité, la mise en œuvre d'une crucifixion ne nécessite pas la présence de cinq hommes. Mais les Romains sont des perfectionnistes, et chaque bourreau doit, entre autres choses, veiller à ce que les autres membres du *quaternio* ne manifestent aucun signe de clémence envers le prisonnier. Un escadron moins important ne serait peut-être pas aussi performant. Ces soldats bien entraînés abordent donc les crucifixions à venir avec un dévouement total. Toute autre attitude pourrait, de toute façon, les conduire à être punis eux-mêmes.

L'un des hommes qu'ils vont crucifier est un assassin notoire nommé Barabbas. Les deux autres sont soupçonnés d'être ses complices. Demain matin, les escadrons entameront le rituel du processus de crucifixion. C'est un travail extrêmement physique. Et à la fin de la journée, leurs uniformes et leurs corps seront couverts de sang.

Les soldats de l'escadron s'en moquent. En fait, beaucoup d'entre eux apprécient ce travail. Ce sont des brutes, des hommes endurcis originaires de Samarie et de Césarée auxquels on a confié la mission d'envoyer ce message : Rome est toute-puissante. Violez sa loi et vous connaîtrez une mort horrible.

*

Le Temple et la forteresse Antonia vus de l'est.

Le soir tombe lorsque Jésus conduit les disciples à Jérusalem pour leur dernier repas ensemble. Un bienfaiteur a généreusement loué une pièce à Jésus dans la ville basse. Elle se trouve au deuxième étage d'un bâtiment situé près du bassin de Siloé. Au centre de cette pièce, une longue table rectangulaire haute de seulement 50 centimètres. Elle est entourée de coussins sur lesquels Jésus et ses disciples peuvent s'étendre pour manger, selon la coutume de l'époque. La pièce est suffisamment spacieuse pour qu'ils puissent tous s'allonger confortablement, mais suffisamment petite pour être rapidement remplie par le brouhaha festif de leurs conversations.

Jésus a demandé à Jean et à Pierre de devancer le groupe afin de trouver l'endroit et d'y préparer le repas[1].

On imagine un Judas Iscariote très tendu à ce moment-là : il a enfin la confirmation que Jésus prévoit de retourner à Jérusalem, mais il ne sait encore ni à quelle heure ni où exactement – et même lorsqu'il aura ces informations, il devra encore trouver le moyen de s'éclipser pour alerter Caïphe.

1. Selon les Évangiles de Matthieu, Marc et Luc, Jésus a organisé le repas de la Pâque un jour en avance. Cela a conduit certains à se demander si Jésus avait servi le traditionnel repas pascal, l'agneau rôti. Le pape Benoît XVI tenta d'expliquer ce problème vieux de 2000 ans en suggérant que Jésus avait célébré la Pâque plus tôt en utilisant la date du calendrier solaire que l'on trouve dans les manuscrits de la mer Morte plutôt que celle du calendrier lunaire, et qu'il n'avait donc pas mangé d'agneau. D'autres spécialistes résolvent le problème en affirmant que les Évangiles synoptiques basent les jours du calendrier sur la méthode galiléenne (utilisée par Jésus, ses disciples et les pharisiens), du lever du soleil au lever du soleil, tandis que Jean base son calendrier sur la méthode judéenne (utilisée par les sadducéens), du coucher du soleil au coucher du soleil. Cela expliquerait les divergences puisque les divers calendriers placent les repas de la Pâque à différents moments.

Le dernier repas dans la salle haute.

Une fois dans la pièce, Jésus commence la soirée en lavant humblement les pieds de chaque homme avec de l'eau. C'est une tâche normalement réservée aux esclaves et aux serviteurs, certainement pas à un maître vénéré de la foi. Les disciples sont touchés par cette démonstration de soumission, et par l'humilité qu'elle implique. Jésus connaît parfaitement ces hommes et la personnalité de chacun. Il les accepte sans les juger : Simon, le zélateur, avec sa passion pour la politique ; Pierre, l'impulsif ; Jacques et Jean, les turbulents « fils du tonnerre » comme les décrit Jésus[1] ; le passionné et souvent lugubre Thomas ; André, l'optimiste ; Philippe, l'opprimé ; et les autres. Les années qu'ils ont passées

1. Marc, III, 16-17.

ensemble ont changé leur vie à tous. Et lorsque Jésus débarrasse leurs pieds de la poussière avec une méticulosité pleine de tendresse, la profondeur de son affection ne fait aucun doute.

Pendant le dîner, les bons sentiments de Jésus se transforment en désespoir. «Je vous le dis en vérité, l'un de vous me trahira», dit-il.

Jusqu'alors, les disciples ne prêtaient que peu d'attention à leur maître. Le repas est servi, et ils sont étendus, bavardant entre eux tout en piochant dans les différents plats. Mais soudain, le choc de l'annonce et la tristesse qu'elle provoque envahissent la pièce. Chaque disciple se livre mentalement à un inventaire, chacun s'efforce de se souvenir si l'un d'entre eux a manifesté un signe de doute ou de faiblesse qui pourrait le conduire à livrer Jésus. «Pas moi, n'est-ce pas, Seigneur ?» disent-ils, chacun leur tour. La question fait le tour de la table.

«C'est l'un des douze, leur assure Jésus, qui met avec moi la main dans le plat. Le Fils de l'homme s'en va, selon ce qui est écrit de lui. Mais malheur à l'homme par qui le Fils de l'homme est livré ! Mieux vaudrait pour cet homme qu'il ne fût pas né.»

Tandis que la conversation s'anime et que chacun discute avec son voisin de l'identité du traître, Pierre semble particulièrement agité. Il fait un signe à Jean, étendu sur le coussin à côté de Jésus.

«Demande-lui qui est celui dont il parle, dit Pierre.

– Seigneur, qui est-ce ?» demande Jean en se penchant vers le Nazaréen.

Il est assis à la droite de Jésus, tandis que Judas est assis immédiatement à sa gauche.

«Est-ce moi, Rabbi ? laisse échapper Judas.

– Oui, c'est toi, répond Jésus calmement. Ce que tu fais, fais-le promptement. »

Les hommes sont en train de parler entre eux et le bruit qui règne dans la pièce empêche la plupart d'entendre ce dernier échange entre Judas et Jésus, car les deux hommes sont assis très près l'un de l'autre. Lorsque Judas se lève et quitte prestement la pièce, certains pensent qu'il est simplement parti chercher à manger ou à boire.

Le traître sort dans l'obscurité. Lui et le Nazaréen savent tous deux où il va. Jésus avait confiance en Judas. Il l'a nommé trésorier des disciples et l'appelait ouvertement son ami. Mais comme souvent lorsque l'argent s'en mêle, les années d'amitié peuvent rapidement partir en fumée.

Agrippé à sa bourse, Judas traverse les rues et les allées étroites de la ville basse jusqu'à la colline escarpée pour transmettre à Caïphe la bonne nouvelle.

*

Il est tard, et Jésus a repris la route. Lui et ses disciples traversent la vallée du Cédron jusqu'à un jardin au sud du mont des Oliviers. Même s'il sait qu'ils doivent être épuisés après avoir tant mangé et tant bu, il demande aux disciples de faire le guet pendant qu'il gravit la colline pour trouver un endroit tranquille où être seul.

« Asseyez-vous ici pendant que je prie, demande-t-il aux hommes avant de grimper le flanc escarpé. Je suis triste à mourir, ajoute-t-il. Restez ici et veillez avec moi. »

La lune est presque pleine, il y a beaucoup de lumière. Jésus trouve un endroit dans l'obscurité et prie.

« Mon Père, s'il est possible, que cette coupe s'éloigne de moi. Toutefois, non pas ce que je veux, mais ce que tu veux. »

C'est un moment d'angoisse et de désespoir. Jésus est persuadé qu'il va mourir. Il mourra d'une mort sanglante, sur une croix romaine, dans toute la douleur et l'humiliation publique que cela implique. Les fidèles qui ont entendu ses paroles merveilleuses dans le Temple assisteront à cette humiliation et ils ne comprendront pas comment un homme qui prétend être le Fils de Dieu peut se laisser crucifier.

Les choses seraient tellement plus simples si Jésus pouvait s'enfuir. Il lui suffirait de continuer à gravir la colline et de marcher directement jusqu'à Béthanie. Demain matin, il pourrait prendre la route jusque chez lui, en Galilée, pour y vieillir en paix et fonder une famille. Ses paroles ont retenti juste assez pour redonner de l'espoir au peuple, mais il n'a jamais prévu de le conduire à la rébellion. Jésus ne croit pas que ce soit son objectif terrestre. Aussi accepte-t-il son sort et renonce à s'enfuir.

Après une heure de prières, Jésus retourne au jardin de Gethsémani et trouve les disciples endormis. « Vous n'avez donc pu veiller une heure avec moi ! » s'exclame le Nazaréen.

Les disciples ne savent que répondre. Jésus leur demande à nouveau de rester éveillés pendant qu'il retourne prier.

Dans la solitude de la nuit, Jésus demande de l'aide à Dieu. C'est un homme dont la foi est sincère et naturelle, et formuler sa demande devrait lui être facile. Mais ce n'est pas le cas. Il prononce donc une prière différente

– dans laquelle il demande à Dieu la force de supporter ce qui va lui arriver. « Mon Père, s'il n'est pas possible que cette coupe s'éloigne sans que je la boive, que ta volonté soit faite[1] ! » implore Jésus.

Le Nazaréen redescend la colline pour voir ce que font les disciples. Il les trouve à nouveau endormis et aucun signe d'inquiétude ou d'angoisse ne vient troubler leur sommeil. Ils semblent avoir oublié tout ce que Jésus leur a dit au sujet de sa souffrance et de sa mort imminente. C'est comme s'ils désiraient croire à une partie de ses enseignements et s'émerveiller de ce qu'il a accompli, sans pouvoir accepter l'aspect plus sombre de son message.

Jésus gravit à nouveau la colline pour prier une dernière fois. Dans sa chronique des derniers jours du Nazaréen, le médecin Luc raconte que Jésus se mit littéralement à suer du sang. Ce phénomène est connu sous le nom d'hématidrose, un trouble causé par un stress intense. Bien qu'il soit très rare, on l'a relevé le plus souvent chez des condamnés en route vers le lieu de leur exécution.

Une fois ses prières terminées, Jésus rejoint ses disciples, épuisé. Il est minuit passé et l'air est de plus en plus froid. Jésus ne porte que sa cape et sa tunique, qui n'offrent que peu de protection à son corps maigre. La panique qu'il vient de ressentir n'a pas disparu – Jésus sait que la fin peut arriver n'importe quand – mais à cet instant, tandis qu'il entre à nouveau dans le jardin de Gethsémani, il sait qu'il est temps d'accepter son sort.

---

1. Bien qu'aucun des évangélistes n'ait été présent pendant la prière de Jésus, on pense qu'il aurait partagé ces paroles et ses émotions avec ceux présents dans le jardin cette nuit-là.

« Levez-vous », dit-il à ses disciples. Sa voix est posée, et il voit distinctement les torches et les colonnes d'hommes qui s'apprêtent à traverser la vallée du Cédron. Au lieu de fuir, Jésus de Nazareth attend.

*

Au même moment, Judas le traître conduit un groupe de gardiens du Temple jusqu'au jardin. Chaque homme est armé d'une matraque ou d'une épée, et certains portent également des torches et des lanternes qui transpercent l'obscurité. Mais les flammes ne suffisent pas pour que les gardiens puissent reconnaître Jésus au milieu du groupe d'hommes barbus. Judas s'y attendait, aussi se dirige-t-il innocemment vers le Nazaréen.

« Bonsoir, Rabbi », dit-il froidement, avant d'embrasser Jésus sur la joue. C'est le signe convenu avec les gardiens du Temple.

« Mon ami, répond Jésus, ce que tu es venu faire, fais-le. »

Puis il se tourne vers les gardes :

« Qui cherchez-vous ?

– Jésus de Nazareth.

– C'est moi », répond Jésus.

Les gardiens du Temple ne sont pas des soldats romains païens, mais des employés juifs du Temple. Ce sont néanmoins des hommes robustes, qui ont l'habitude d'utiliser la force pour arrêter un homme. Mais avant qu'ils aient le temps de lier les poings de Jésus, Pierre sort sa nouvelle épée et tranche l'oreille de Malchus, le serviteur de Caïphe[1].

1. Jean a été témoin de cette scène, dont il fait le point focal de son Évangile.

« Remets ton épée à sa place, ordonne Jésus à l'impulsif Pierre, car tous ceux qui prendront l'épée périront par l'épée. »

Puis Jésus laisse les gardes le ligoter et l'emmener. Pour Judas, tout s'est déroulé comme prévu. À cette heure tardive, peu de personnes ont été témoins de la scène.

C'est ainsi que Jésus, ses ravisseurs et Judas marchent jusqu'à la maison du grand prêtre la veille de la Pâque. Les disciples suivent de loin, inquiets pour leur vie. Puisque c'est le milieu de la nuit, impossible d'organiser un procès. Si ses accusateurs respectent la loi religieuse, Jésus devra attendre jusqu'au matin pour leur faire face. Et en vertu de ces mêmes lois, si on le condamne à mort demain matin, le sursis obligatoire d'une journée complète qui doit précéder chaque exécution signifie qu'il reste à Jésus au moins un, si ce n'est deux jours à vivre.

Jésus ne compte pas sur les disciples pour venir le secourir. Et même si c'était le cas, cet espoir serait en train d'être anéanti, car ces hommes terrifiés ont fait demi-tour et sont en train de s'enfuir.

L'air de la nuit est frais et piquant. La plupart des habitants de Jérusalem dorment lorsque le prisonnier est conduit dans la maison du grand prêtre. Sur le chemin, ils passent devant le bâtiment à l'intérieur duquel, quelques heures auparavant, Jésus et ses disciples célébraient leur dernier repas.

Le Nazaréen sait qu'il mourra seul. Bien qu'il soit entouré de nombreux hommes, Jésus n'a plus aucun allié. Ses disciples ont disparu dans la nuit. Et les hommes qui l'ont arrêté seraient heureux de le battre jusqu'à ce qu'il tombe inconscient s'il tentait de s'enfuir.

Pourtant, malgré sa situation désespérée, Jésus de Nazareth garde son sang-froid. Il sera longuement interrogé, et ce qu'il déclarera restera dans les annales. Les hommes qui le questionneront seront ceux qu'il a verbalement humiliés dans le Temple il y a deux jours. Il avait bien vu, alors, la haine dans leurs yeux.

Ils passent devant les maisons de la ville haute, qui sont plus grandes et majestueuses que toutes les autres demeures de Jérusalem, et parviennent bientôt au palais du grand prêtre. Cependant, ce n'est pas Joseph Caïphe qui l'accueille, mais le vrai pouvoir religieux de Jérusalem. Jésus se tient devant un chef vieillissant, à l'allure royale, l'héritier d'une dynastie de prêtres vieille de 20 000 ans. L'homme devant lequel on le présente possède une immense fortune et c'est un politicien tellement habile que ses fils et les maris de ses filles perpétuent la tradition familiale de la prêtrise et du pouvoir. Cet homme est Hanne, fils de Séthi – mais ce titan religieux est plus connu à Jérusalem sous le nom d'Anân.

La cour est calme. À l'intérieur, l'interrogatoire de Jésus commence. Quelques instants plus tard, sans s'y attendre, il reçoit un violent coup au visage.

La fin a commencé.

CHAPITRE DIX-SEPT

JÉRUSALEM
VENDREDI 7 AVRIL, 30 APR. J.-C.
FIN DE LA NUIT/DÉBUT DE LA MATINÉE

L'attaque arrive par surprise, un violent coup à la tête asséné par un gardien du Temple impulsif. « Est-ce ainsi que tu réponds au grand prêtre ? »

Jésus titube, incapable de répondre. La somptueuse chambre du palais tourne autour de lui. Ses mains sont liées, et il ne peut ni se protéger, ni rendre les coups. Mais une fois ses esprits recouvrés, il répond sans peur. « Si j'ai mal parlé, prouve-le, dit-il finalement au garde. Et si j'ai bien parlé, pourquoi me frappes-tu ? »

Hanne, avec son regard louche, se tient devant Jésus. Minuit est passé depuis longtemps et l'aube approche. Le grand prêtre, âgé d'une cinquantaine d'années, est un homme dont toute la vie a tourné autour de l'argent et du pouvoir. En temps normal, les hommes de l'espèce de Jésus s'inclinent devant lui et implorent sa pitié plutôt que d'essayer de l'embrouiller avec des questions de logique à une heure aussi tardive. «J'ai parlé ouvertement au monde, a dit Jésus quelques instants plus tôt. J'ai toujours enseigné dans la synagogue et dans le Temple, où tous les Juifs se rassemblent, et je n'ai rien dit en secret. Pourquoi m'interroges-tu ? Ce dont j'ai parlé, demande-le à ceux qui m'ont entendu ; ils savent bien, eux, ce que j'ai dit. »

Voici les paroles claires et courageuses qui ont convaincu le garde de frapper Jésus. Elles résonnent maintenant dans le crâne de Hanne tandis qu'il réfléchit à ce qu'il doit faire.

Le patriarche est un sadocite, le descendant d'une lignée sacerdotale née au temps du roi David. Comme ses fils et son beau-fils Caïphe, c'est également un sadducéen, un membre d'une riche secte juive qui ne croit qu'au Pentateuque, c'est-à-dire aux cinq livres de Moïse. Hanne a fait beaucoup de compromis avec Rome pour pouvoir accéder au pouvoir. Pendant des siècles, le métier de grand prêtre s'est transmis au sein de la lignée sadocite, mais il y a trois siècles, la conquête de la terre des Juifs par Alexandre le Grand a conduit à une tentative d'helléniser la région. C'est pour cette raison qu'Hanne parle couramment le grec en plus de l'hébreu : sa famille sait de longue date qu'il est important de plaire aux conquérants. En 142 av. J.-C., les Hasmonéens, une dynastie de Juifs, ont mis fin à cette hellénisation mais ont également privé les sadocites de la fonction de grand prêtre. Cette privation se révéla être une bénédiction huit ans plus tard, lorsque les Romains conquirent Jérusalem. Pompée et ses troupes pillèrent la ville après un siège de trois mois et massacrèrent les prêtres non sadocites. C'est Hérode le Grand qui rendit finalement la fonction de grand prêtre aux sadocites.

Mais cette restitution du pouvoir s'accompagna de compromis, car Hérode s'assura que ces nouveaux prêtres serviraient à son avantage – ils devaient se soumettre à Rome. Depuis, les grands prêtres ne sont plus autonomes. C'est une leçon qu'Hanne a apprise sous Valerius Gratus, le prédécesseur de Ponce Pilate. Hanne avait prononcé des condamnations à mort alors que le gouvernement impérial l'avait interdit : il fut démis de ses fonctions. Commettre deux fois la même erreur – ou laisser Caïphe faire cette faute – pourrait se révéler catastrophique. En tant que patriarche, Hanne comprend que la manière dont il va gérer le problème avec Jésus pourrait bien décider du futur de la dynastie.

Le titre de grand prêtre est un titre qu'on porte à vie. Rome préfère que ce soit ainsi : l'argent afflue ainsi dans les caisses sans interruption. Hanne, son fils Éléazar, son beau-fils Caïphe, et ses autres fils, Jonathan, Theophilus, Matthias et Anân, serviront chacun leur tour la fonction de grand prêtre. Ils contrôleront la vente d'agneaux au Temple et percevront une part de chaque transaction réalisée par les changeurs de monnaie. À l'extérieur de Jérusalem, les grands prêtres possèdent de vastes fermes et propriétés. Le profit qu'ils en tirent, ainsi que les taxes extorquées au peuple de Judée, sont partagés avec Pilate, ainsi qu'avec ce débauché d'empereur Tibère, qui reçoit une somme d'argent substantielle sous forme de tribut.

Les lignées de Jésus et de Hanne sont donc entremêlées depuis des siècles et le resteront encore pendant plusieurs décennies. Les ancêtres de Hanne étaient déjà grands prêtres à l'époque des ancêtres de Jésus, David et Salomon. Et de la même manière qu'Hanne est en train de juger Jésus, le jeune Anân condamnera à mort un autre homme pieux dans trois décennies.

Cet homme s'appelle Jacques. C'est un des frères de Jésus et il sera lapidé en public.

La loyauté d'Hanne et de sa famille envers Rome est en réalité si profonde que leur monopole de la fonction de grand prêtre s'éteindra dans trente ans ; au cours d'une révolte juive, le jeune Anân sera en effet tué pour avoir soutenu la domination romaine[1].

*

Tout est complètement illégal dans l'interrogatoire de Jésus : il a lieu en pleine nuit, on pousse Jésus à se compromettre sans qu'un avocat soit présent et Hanne n'a pas le droit de prononcer un jugement. Et il n'y a rien de normal à conduire un prisonnier à la résidence personnelle du grand prêtre plutôt que dans une cellule de la prison de la caserne romaine.

Mais Jésus a commis un crime extrêmement grave : il a interrompu le flux d'argent circulant du Temple jusqu'à Rome lorsqu'il a renversé les tables des changeurs de monnaie. Et Hanne est personnellement responsable de la bonne circulation de cet argent. Quiconque interfère avec les finances du Temple doit être puni. Dans la ligne de mire, Jésus et chacun de ses disciples. Hanne est déterminé à faire de leur cas un exemple édifiant : leur punition sera un avertissement retentissant pour quiconque souhaitant remettre en cause l'autorité du Temple.

1. Anân fut tué par des rebelles juifs engagés dans une guerre des classes contre les riches grands prêtres. L'historien Flavius Josèphe écrivit qu'Anân fut « massacré au cœur de Jérusalem ». Il explique ensuite que cela constitua l'un des événements majeurs qui conduisirent finalement les Romains à détruire le Temple.

Un homme comme Hanne a l'habitude de voir les gens faire des courbettes devant lui, mais il est clair que Jésus ne se prosternera devant aucun homme. Et malgré son état, il est toujours capable de prouesses intellectuelles.

Peut-être qu'un petit tête-à-tête avec les gardiens du Temple fera changer Jésus d'attitude.

Hanne est un ancien grand prêtre et n'a aucun pouvoir juridictionnel. Il ne peut pas prononcer de jugement, en particulier sur des questions de sédition ou d'insurrection : Rome détient seule ce pouvoir. Hanne demande donc discrètement à un groupe de gardiens du Temple d'escorter Jésus dans un endroit tranquille du palais et d'y passer un peu de temps avec lui[1].

Jésus, toujours ligoté, est emmené. Un appel urgent est lancé à travers Jérusalem. La haute assemblée religieuse du Sanhédrin doit se réunir immédiatement.

*

Jésus ne voit rien. La nuit est sombre et il a les yeux recouverts par un bandeau qui empêche toute lumière de filtrer.

Cependant, il entend parfaitement, et les mots qui lui sont adressés sont clairement destinés à le démoraliser.

---

1. Les gardes en service cette nuit-là étaient les Lévites, qui étaient en quelque sorte la police du Temple. En temps normal, ils étaient chargés de garder les entrées du Temple, de patrouiller dans ses cours nuit et jour, et de surveiller chacun des 21 postes du parvis des Gentils. Ils servaient aussi le Sanhédrin, procédant à des arrestations et infligeant des punitions, et jouaient également les hommes de main pour les grands prêtres. Ce genre d'actions était si courant que de nombreux Juifs se plaignaient des perpétuels abus de pouvoir des prêtres aristocratiques et des gardiens du Temple. Ces abus sont décrits dans les manuscrits de la mer Morte, chez Flavius Josèphe et plus tard dans des textes rabbiniques.

Ce dernier, assis jusqu'alors, se lève subitement et s'avance vers Jésus. Jésus ne conteste pas cette allégation, ce qui plonge Caïphe dans une colère terrible. Un simple regard au Nazaréen, couvert de sang séché et de crachats, le visage enflé, plein d'hématomes, suffit pour penser qu'il aurait dû sortir anéanti de son « entretien » avec les gardiens. Pourtant, Jésus est calme et plus provocant que jamais.

« N'as-tu rien à répondre ? demande Caïphe, indigné. Qu'est-ce que ces témoignages que ces gens portent contre toi ? »

Jésus reste silencieux. Il voit la question se former sur les lèvres de Caïphe. Toutes les personnes réunies dans la salle veulent obtenir la réponse à cette question. Et des milliers de personnes présentes aujourd'hui à Jérusalem attendent également cette réponse. Mais tout en anticipant la prochaine question de Caïphe, Jésus sait que la bonne réponse n'existe pas. Sa mort est imminente, quoi qu'il dise.

«Je t'adjure, par le Dieu vivant, fulmine Caïphe, de nous dire si tu es le Christ, le Fils de Dieu. »

Silence. Dehors, les premiers oiseaux du matin s'agitent. La rumeur de conversations parvient de derrière la cour. Mais dans cette pièce publique où Caïphe reçoit généralement ses visiteurs et où il conduit en privé les affaires officielles du Temple, personne ne prononce un seul mot. Tous attendent anxieusement la décision de Jésus : va-t-il enfin se décider à parler ?

Jésus répond :

« Si je vous le dis, vous ne le croirez pas. Et si je vous interroge, vous ne répondrez pas. Désormais, le Fils de l'homme sera assis à la droite de la puissance de Dieu.

– Tu es donc le Fils de Dieu ? demandent les prêtres.
– Vous le dites, je le suis », répond-il.

Puis Jésus regarde Caïphe dans les yeux : « Vous verrez le Fils de l'homme assis à la droite de la puissance de Dieu et venant sur les nuées des cieux[1]. »

Caïphe agrippe alors sa propre tunique et l'arrache violemment de sa poitrine, déchirant le coûteux tissu. En temps normal, il est interdit aux grands prêtres de montrer ainsi leur colère. Mais la situation n'a rien de normal, car ce que Jésus laisse entendre, c'est que Caïphe est un ennemi de Dieu.

« Il a blasphémé ! lance le grand prêtre au Sanhédrin. Qu'avons-nous encore besoin de témoins ? Vous venez d'entendre son blasphème. Qu'en pensez-vous ? »

La loi religieuse veut que chaque membre du Sanhédrin vote avant de prononcer un jugement. Mais aucun vote n'est nécessaire. Le verdict est unanime. Les seules voix dissidentes sont celles de Nicodème et d'un riche sadducéen, Joseph d'Arimathie.

Le soleil se lève. Jésus a été jugé coupable de blasphème et condamné à mort. La prochaine étape consiste simplement à convaincre Ponce Pilate de donner l'ordre à ses bourreaux de s'en charger. Mais la tâche va se révéler plus difficile que prévu.

*

De l'autre côté de Jérusalem, dans la forteresse Antonia, la douzaine d'hommes des escadrons de la crucifixion sont assis devant leur *ientaculum*, le repas

1. Combinaison de Daniel, VII, 13 et Psaumes, CX, 1.

jusqu'à l'entrée principale, où des soldats prennent leur tour de garde pour quatre heures.

Caïphe demande une audience immédiate avec Pilate. Il se tient devant les portes avec Jésus, les gardiens du Temple et le Sanhédrin au complet. Mais puisque les grands prêtres ne peuvent pas entrer dans la résidence d'un païen à l'approche de la Pâque, au risque de devenir impur et de ne pas pouvoir manger le repas sacré, il demande que Pilate descende jusqu'à eux. Certes, c'est une violation grave des protocoles de leur relation, mais il est certain que Pilate comprendra.

Le palais est immense : un carré fortifié long de 140 mètres du nord au sud. Il est composé de deux grandes ailes, le Caesareum et l'Agrippium, ainsi que d'un péristyle. Des tours s'élèvent à intervalles réguliers le long de ses murs. À l'extrémité sud, en dehors de l'enceinte du palais, se trouve une cour spéciale, le prétoire, où se tiennent les déclarations, procès et autres rassemblements publics. Il s'est donc déroulé un certain temps avant que Pilate ne reçoive la nouvelle, s'habille, et descende jusqu'à l'entrée. On imagine qu'il n'a pas été ravi de se retrouver face aux gardiens du Temple, aux prêtres avec leurs tenues extravagantes et à un prisonnier qui avait visiblement déjà subi de sévères atteintes physiques.

« Quelle accusation portez-vous contre cet homme ? » demande Pilate d'un ton brusque.

C'est le moment que redoutait Caïphe. Il veut que ce soit les Romains qui tuent Jésus, mais le blasphème est un crime juif. Rome ne s'en soucie guère et Pilate ne tient pas les Juifs en grande estime. Il n'est pas du genre à risquer sa carrière en laissant la loi juive lui dicter qui exécuter.

« Si cet homme n'était pas un criminel, est-ce que nous te l'aurions livré ? » répond Caïphe, contournant la question.

Pilate ne se laisse pas influencer aussi facilement.

« Prenez-le vous-même et jugez-le selon votre loi.

– Il ne nous est pas permis de tuer quelqu'un, répond Caïphe.

– Je ne trouve aucun motif de condamnation chez cet homme », répond Pilate.

Un autre prêtre prend la parole.

« Il soulève le peuple, en enseignant dans toute la Judée, depuis la Galilée où il a commencé, jusqu'ici.

– C'est un Galiléen ? » demande Pilate.

Dans cette simple question, il entrevoit le moyen de se tirer de cette pagaille. Le Sanhédrin est de toute évidence en train de l'attirer dans un piège politique. Mais si Jésus est un Galiléen, cette affaire revient à Hérode Antipas. La Galilée est sous la juridiction du tétrarque, et il se trouve qu'Antipas séjourne dans un palais à quelques rues de là.

Pilate refuse de s'occuper du cas de Jésus. Il congédie tout le monde et donne l'ordre de remettre Jésus à Antipas. Sous les premières lumières du jour, Jésus est une fois encore escorté dans les rues de la ville haute. On ne voit aucune trace des paysans galiléens venus en pèlerinage ni des autres Juifs des classes inférieures, qui n'ont aucune raison de se trouver dans les rues d'un quartier aussi huppé à cette heure-ci. On aperçoit des esclaves qui balaient le porche de la maison de leur maître tandis qu'à l'intérieur les riches prennent leur petit-déjeuner.

Mais si Pilate pense s'être débarrassé du piège de Caïphe, il a tort. Car bientôt le groupe du Temple au unique permet à Pilate de s'adresser à ses sujets d'un endroit surélevé ; il y a également une entrée privée qu'il peut utiliser pour entrer et sortir et par laquelle les prisonniers comme Jésus peuvent être emmenés et jugés avant d'être discrètement reconduits dans leur cellule.

Ce lieu situé hors des murs du palais présente également l'avantage de ne pas être dans la résidence, si bien que les Juifs peuvent y pénétrer à la veille de la Pâque. D'où la présence des prêtres du Temple et des disciples de Caïphe, qui surveillent attentivement le déroulement des opérations pour leur chef. Ils viennent s'assurer que le jugement rendu par Caïphe et les pharisiens sera bien mis à exécution.

« Est-ce de toi-même que tu dis cela, ou d'autres te l'ont-ils dit de moi ? demande Jésus en retour.

– Suis-je un Juif, moi ? Ta nation et tes grands prêtres t'ont livré à moi. Qu'as-tu fait ?

– Mon royaume n'est pas de ce monde. S'il l'était, mes serviteurs auraient combattu pour moi afin que je ne fusse pas livré aux Juifs. Mais mon royaume n'est pas d'ici.

– Tu es donc roi ! » dit Pilate, amusé.

C'est une bonne nouvelle pour le gouverneur, car en déclarant être roi, Jésus a enfin commis un crime contre Rome et l'empereur. Il constitue désormais une menace sérieuse à l'ordre public. Quoi qu'il arrive ensuite, cela pourra être justifié.

« Tu le dis, je suis roi. Je suis né et je suis venu dans ce monde pour rendre témoignage à la vérité. Quiconque est de la vérité écoute ma voix, répond Jésus.

– Qu'est-ce que la vérité ? » demande Pilate, de plus en plus fasciné par Jésus.

Si le Romain espérait une réponse à cette question, il est certainement déçu, car Jésus garde le silence.

Pilate sait que prêcher n'est pas un crime – à moins qu'on prêche la rébellion contre Rome. Mais toute dissension avec le puissant Sanhédrin ne servira pas la cause de Pilate auprès de Tibère. Aussi quitte-t-il Jésus des yeux pour se tourner vers les disciples du Temple juif qui remplissent la cour. De son perchoir, il peut observer le groupe, apprécier leur réaction.

Pendant la Pâque, il est d'usage que le préfet romain libère un prisonnier[1]. Pilate trouve donc une solution assez simple pour apaiser cette situation politiquement explosive. Il donnera le choix à la foule : libérer le pacifique Jésus ou l'horrible Barabbas, terroriste et meurtrier dont les crimes méritent réellement d'être punis.

« Voulez-vous que je relâche le roi des Juifs ? » demande Pilate à la foule.

La réponse le surprend. Car Pilate ne sait pas que la foule à qui il s'adresse a reçu l'ordre des grands prêtres et des anciens de s'assurer que Jésus soit exécuté. Ce ne sont pas les pèlerins juifs qui veulent la mort de Jésus, ni les habitants de Jérusalem. Mais simplement une poignée d'hommes qui s'enrichissent grâce au Temple. À leurs yeux, un homme qui dit la vérité est bien plus dangereux qu'un tueur de masse.

« Donne-nous Barabbas », crient-ils.

*

1. Matthieu, XXVII, 15, Marc, XV, 6, Luc, XXIII, 17, et Jean, XVIII, 39.

Au moment où l'on juge Jésus, la Pâque se prépare dans les cours du Temple. Malgré leur nuit blanche, Caïphe et les autres prêtres ne peuvent pas s'offrir le luxe d'un peu de repos. Ils traversent bientôt le pont reliant la ville haute au Temple et se préparent pour leurs tâches de la journée. De longues files de pèlerins se sont déjà formées, et le bêlement incessant des agneaux s'intensifie.

Les premiers sacrifices auront lieu à midi, comme le veut la loi. Des rangées de prêtres commencent à s'assembler, certains munis de coupes en argent, d'autres en or. Elles serviront à recueillir le sang des agneaux dont on viendra de trancher la gorge. Les coupes seront ensuite portées jusqu'à l'autel et le sang versé en sacrifice. Un chœur de Lévites se réunit, aux côtés de musiciens qui honoreront ce grand jour du son de leurs trompettes d'argent.

*

Ponce Pilate ne porte strictement aucun intérêt à ce qui se passe dans le Temple. Son attention est monopolisée par le problème qui se tient toujours devant lui. Le gouverneur romain ne pense pas qu'exécuter un homme aussi populaire que Jésus soit une sage décision. Une telle exécution risque de provoquer des émeutes, qui seront ensuite certainement rapportées à Tibère, et Pilate devra en assumer les conséquences.

Alors plutôt que de crucifier Jésus, Pilate condamne le Nazaréen à la *verberatio.* Peut-être que cela apaisera le Sanhédrin. Le gouverneur romain appelle les grands prêtres et les anciens auprès de lui afin de leur annoncer sa décision. « Vous m'avez amené cet homme parce qu'il entraînerait le peuple à la révolte. Et voici, je l'ai interrogé devant vous et je ne l'ai trouvé coupable d'aucune des choses dont vous l'accusez ; Hérode non plus, car il nous l'a renvoyé. Ainsi, cet homme n'a rien fait qui soit digne de mort. Je le relâcherai donc, après l'avoir fait châtier. »

Quelques instants plus tard, le Nazaréen est déshabillé et conduit dans la cour du prétoire.

La colonne de flagellation l'attend.

l'escadron de la crucifixion, si besoin. Enfin, quelqu'un surveille l'équipe, c'est l'*exactor mortis*, le superviseur.

La lanière s'abat sur Jésus. On ne lui laisse aucun répit entre les coups. Dès qu'un bourreau relève son fouet, un deuxième abat le sien sur le dos de Jésus. Même lorsque les lanières de cuir s'emmêlent, les soldats ne s'arrêtent pas. Selon la loi de Moïse, un homme peut recevoir au maximum « 40 moins 1 » coups de fouet, mais les Romains ne s'embarrassent pas de ce genre de détails. Pilate a demandé à ces hommes de fouetter Jésus, et ils s'acquitteront de cette tâche jusqu'à ce que le Nazaréen soit physiquement brisé, mais pas encore mort.

C'est l'ordre qu'ils ont reçu : fouettez le Nazaréen, mais en aucune circonstance il ne doit être tué.

Après la flagellation, on détache Jésus et on le redresse. Il a crié de douleur pendant le supplice, mais n'a pas vomi et ne s'est pas évanoui, contrairement à beaucoup d'autres. Néanmoins, son dos est sévèrement lacéré et il perd beaucoup de sang. Les marques de fouet descendent jusqu'à l'arrière de ses chevilles. Et en plus de la déshydratation qui l'a tourmenté toute la nuit, il commence à glisser dans un état de choc.

L'escadron de la crucifixion a rempli sa mission. Frappant le Nazaréen avec une précision chirurgicale, ils l'ont battu presque jusqu'à la mort. Pilate a clairement stipulé qu'ils s'en tiendraient là pour aujourd'hui. Mais ils restent à attendre, le fouet à la main, au cas où.

Les mains de Jésus sont toujours attachées devant lui. Il est péniblement reconduit à la prison, où les soldats romains s'amuseront à leur manière avec ce prisonnier unique. Jésus ne bouge pas lorsqu'ils enveloppent son corps nu d'une cape pourpre et sale, tout à fait conscients qu'elle collera bientôt à ses plaies. Les soldats fabriquent ensuite un faux sceptre avec des roseaux et le fourrent entre les mains de Jésus, pour se moquer de celui qui affirme être un roi. Plutôt que de prendre en pitié un homme qui vient d'être flagellé, les soldats romains lui crachent dessus.

Si les soldats s'étaient arrêtés là, la scène n'aurait pas dépassé le stade de cette farce sournoise, jouée par des hommes barbares. Mais les moqueries de ces brutes tournent bientôt au sadisme. Jusqu'à maintenant, on aurait pu, pour leur défense, rappeler que ce ne sont que de simples soldats, faisant ce qu'on leur a appris à faire. C'est la défense qu'utiliseront les escadrons de la mort nazis de la Seconde Guerre mondiale, dont nombre des comportements semblent calqués sur les actions froides et cruelles du *quaternio* romain. Les actions de Jules César et de tant d'autres guerriers romains démontrent sans ambiguïté qu'il était habituel de traiter les ennemis de Rome avec la plus grande cruauté. Les méthodes utilisées faisaient même parfois appel à une certaine créativité pathologique.

Mais aujourd'hui, les soldats en charge de Jésus se surpassent. Il ne s'agit pas d'un seul escadron mais de l'intégralité des légionnaires personnels de Pilate. Dans une mise en scène terrifiante, ils commencent par couper un grand arbuste blanc. Le *Rhamnus nabeca* a des feuilles elliptiques rigides et de petites fleurs vertes, mais sa principale caractéristique réside dans ses longues épines recourbées et entrelacées. Les soldats n'hésitent pas à s'y piquer les mains pour fabriquer une couronne à partir de plusieurs branches. Lorsqu'ils ont terminé, la couronne vient compléter le déguisement du manteau pourpre et du sceptre en roseau. Vive le roi !

Jésus est trop faible pour protester lorsqu'ils posent la couronne sur son crâne, enfonçant les épines dans sa peau. Elles atteignent de nombreux nerfs du crâne avant de s'enfoncer dans l'os. Le sang coule sur son visage. Jésus est debout dans la petite prison, humilié par les soldats qui dansent à présent autour de lui – certains le frappent, d'autres lui crachent dessus, d'autres encore se mettent à genoux pour louer leur « roi ». Et comme si cela ne suffisait pas, les soldats arrachent le roseau de la main de Jésus et s'en servent pour le frapper à la tête, enfonçant les épines encore plus profondément dans le réseau serré des nerfs. Aussitôt une sensation de brûlure ardente irradie tout son visage.

Les gardiens sont ravis de constater qu'ils viennent d'inventer une des plus horribles méthodes de torture imaginables.

Mais au moment où Jésus semble sur le point de flancher, les soldats apprennent que Pilate souhaite voir le prisonnier. Jésus est donc une nouvelle fois conduit dans la cour publique, où le Sanhédrin et ses fidèles disciples attendent toujours.

La vision de Jésus est trouble. Du liquide commence à s'accumuler autour de ses poumons. Il a du mal à respirer. Il avait prédit sa mort depuis bien longtemps, mais cette réalité est épouvantable.

Les grands prêtres et les chefs religieux regardent Jésus approcher, la couronne d'épines toujours sur son crâne. À sa vue, ils se rappellent l'homme qui les a publiquement humiliés dans le Temple quelques jours plus tôt. Ils perçoivent sa souffrance, mais n'éprouvent aucune pitié. Jésus doit mourir, et plus ce sera douloureux, mieux ce sera.

Il est 9 heures du matin lorsque Pilate s'assoit à nouveau sur le trône du jugement. Il essaie une dernière fois de faire libérer Jésus. « Voici votre roi », grogne-t-il d'une voix féroce à l'assemblée de chefs religieux et ses disciples. Ces hommes devraient déjà se trouver dans les cours du Temple, car le sacrifice des agneaux commencera bientôt.

« À mort, clament les chefs religieux. À mort ! Crucifie-le ! »

Pilate en a assez de parlementer. Le gouverneur romain n'a jamais été un exemple de compassion et il pense avoir fait tout ce qu'il pouvait. Le destin de Jésus ne vaut pas la peine qu'il fasse davantage d'efforts.

« Crucifierai-je votre roi ? demande-t-il, attendant une dernière confirmation.

– Nous n'avons de roi que César », répond un prêtre.

Pris au pied de la lettre, ces mots constituent un acte d'hérésie, car le prêtre est en train de signifier qu'il rejette son propre Dieu juif en faveur du dieu des païens romains. Mais les disciples du Sanhédrin ne voient pas l'ironie de la situation.

« Quel crime a-t-il commis ? lance Pilate.

– Qu'il soit crucifié ! » reçoit-il pour toute réponse.

Pilate demande qu'on apporte une coupelle d'eau à Jésus. Puis il plonge ses mains dans le calice et, théâtralement, se lave les mains. « Je suis innocent du sang de cet homme, dit-il aux chefs religieux. Cela vous regarde. »

Mais la responsabilité incombe bien à Pilate. Seul le gouverneur romain possède le *ius gladii* – le « droit du glaive », c'est-à-dire le droit de vie et de mort.

C'est ainsi que Pilate ordonne à ses bourreaux de s'emparer de Jésus. Tandis qu'ils emmènent le Nazaréen pour être crucifié, Ponce Pilate s'apprête à déjeuner de bonne heure.

*

On lui arrache le manteau pourpre, mais la couronne d'épines reste en place. L'escadron de la crucifixion place une planche de bois rugueuse sur les épaules de Jésus. Elle pèse entre 20 et 30 kilos, mesure un peu moins de 2 mètres de long, et ses échardes se plantent bientôt dans les plaies ouvertes du corps de Jésus. L'humiliation au palais de Pilate est maintenant achevée, la procession vers le lieu d'exécution peut commencer.

En tête de file se trouve l'officier connu sous le nom d'*exactor mortis*. Comme l'exige la tradition, ce centurion porte un panneau écrit en grec, araméen et latin. En temps normal, on liste les crimes du condamné sur ce panneau destiné à être ensuite cloué sur la croix au-dessus de lui. Ainsi, les passants savent pourquoi l'homme a été crucifié. Si Jésus a été jugé coupable de trahison, c'est ce qui devra être écrit sur le panneau.

Mais Ponce Pilate décide de changer la tradition. Dans un dernier élan pour triompher de Caïphe, le gouverneur écrit lui-même l'inscription, au charbon : JÉSUS LE NAZARÉEN : ROI DES JUIFS.

« Change ça, réclame Caïphe avant que la procession de la crucifixion ne se mette en route.

– Ce que j'ai écrit, je l'ai écrit », répond Pilate, d'un ton plein de condescendance.

Cette inscription ouvre donc la voie à Jésus et à ses quatre bourreaux pendant le lent et douloureux trajet jusqu'à Golgotha, la colline que les Romains utilisent pour les exécutions. Le parcours fait un peu moins de 2 kilomètres. Jésus passe par les rues pavées de la ville haute de Jérusalem. Il franchit ensuite la porte de Gennath jusqu'à une petite colline où un poteau, planté à la verticale, l'attend. Il est presque midi. Une foule considérable s'est rassemblée pour assister à la scène, malgré le soleil brûlant au-dessus de leurs têtes.

Le Nazaréen est un ancien constructeur et charpentier, il connaît donc la meilleure façon de porter une planche, mais il n'a plus la force de le faire. L'*exactor mortis* s'inquiète en voyant Jésus trébucher plusieurs fois. Si Jésus meurt avant d'atteindre le lieu de la crucifixion, ce sera de sa faute à lui, l'*exactor mortis.* Il réquisitionne donc un pèlerin parmi l'assistance, un Juif africain nommé Simon de Cyrène[1], pour porter la traverse de Jésus.

La procession continue. Malgré l'aide de Simon, le Nazaréen manque à chaque instant de s'évanouir. Chaque faux pas enfonce un peu plus profondément les épines dans son crâne. Jésus a tellement soif qu'il peut à peine parler.

Pendant ce temps, à quelques centaines de mètres de là, dans les cours du Temple, la fête de la Pâque a commencé, détournant l'attention de nombreux admirateurs de Jésus qui auraient pu provoquer une émeute en tentant de lui sauver la vie.

Le lieu de la crucifixion, Golgotha, n'est pas très vaste. C'est un petit mont, tout proche des murs de Jérusalem.

1. De Simon de Cyrène, on sait seulement qu'il venait de la ville de Cyrène, en Libye, et qu'il parcourut près de 1 500 kilomètres pour se rendre à Jérusalem pour la Pâque. Marc parle de lui comme du « père d'Alexandre et de Rufus », et dans Romains, XVI, 13, le célèbre missionnaire Paul salue un homme nommé Rufus, ce qui laisse penser que les fils de Simon étaient si célèbres dans la communauté chrétienne de l'époque que les lecteurs reconnaîtraient facilement leurs noms.

De fait, n'importe quelle personne juchée au sommet de ces murs pourra assister à la crucifixion de Jésus et sera suffisamment près pour entendre chacun de ses mots, s'il parle assez fort.

Mais Jésus n'a rien dit depuis plusieurs heures. Lorsque la procession parvient au sommet de Golgotha, les soldats renvoient Simon et jettent la traverse sur la roche calcaire dure et poussiéreuse – la « pierre de Jérusalem », comme on l'appelle parfois. L'escadron de la crucifixion prend le contrôle de la situation. Les légionnaires poussent Jésus à terre et positionnent son dos sur la traverse supérieure, la *patibulum.* On lui fait ouvrir les mains et deux soldats appuient de tout leur poids sur ses bras tendus tandis qu'un autre soldat s'approche avec un gros maillet et un clou en fer long de 15 centimètres dont la tige carrée se termine en pointe.

Le soldat enfonce la pointe acérée dans la chair de Jésus, à l'endroit précis où les os du radius et du cubitus rencontrent le canal carpien du poignet. Il enfonce d'abord le clou dans la peau pour le stabiliser avant l'impact.

Jésus hurle de douleur lorsque le métal transperce sa peau. Les Romains plantent le clou au niveau du poignet parce qu'à cet endroit il est facile d'éviter les os. En quelques coups de marteau rapides, le clou traverse le corps jusqu'au bois. Les os du poignet forment une barrière rigide autour des tissus mous. Ainsi, lorsque la traverse est hissée en haut et que le poids du corps de la victime est suspendu à ce clou, les os empêchent la fine couche de muscles de se déchirer et le corps de tomber.

Une fois le premier poignet cloué, le bourreau s'attaque au second. Une foule observe la scène du bas de la colline. Parmi celle-ci se trouvent l'amie dévouée du Nazaréen, Marie Madeleine, et la mère de Jésus, Marie. Elle est venue à Jérusalem pour la Pâque, sans se douter de ce qui arriverait à son fils. À présent, elle ne peut rien faire d'autre que le regarder avec effroi.

Une fois Jésus cloué à la traverse, les bourreaux le dressent sur ses pieds. S'ensuit un délicat numéro d'équilibriste, car Jésus porte maintenant le poids du bois sur son dos – et plus sur ses épaules. Il est tellement affaibli qu'il pourrait facilement tomber en arrière. Deux soldats maintiennent chacun une extrémité de la traverse et un troisième stabilise Jésus tandis qu'ils le font reculer vers la poutre verticale qui viendra compléter la croix.

Ce poteau planté dans le sol, le *staticulum*, mesure plus de 2 mètres. Lorsque les Romains veulent voir leur victime souffrir plusieurs jours avant de mourir, un petit siège est placé à la moitié de sa hauteur. Mais demain, ce sera le jour du shabbat et la loi juive exige qu'on descende le condamné de la croix avant le début de ce jour saint. Les Romains souhaitent que Jésus meure rapidement. Il n'y a donc pas de siège (*sedile*) sur la croix de Jésus.

Il n'y a pas non plus de repose-pieds. Au lieu de ça, lorsque viendra le moment de clouer ses pieds au bois, ils devront être fléchis à un angle extrêmement inconfortable.

Un soldat attrape Jésus par la taille et le soulève tandis que les deux autres hissent leurs extrémités de la traverse. Le quatrième bourreau se tient sur une échelle posée contre le *staticulum* et guide la traverse dans une petite encoche creusée au sommet de la colonne. Le poids du corps de Jésus maintient la poutre dans la rainure.

Jésus de Nazareth est désormais pendu à la croix. Il expérimente une nouvelle intense douleur lorsqu'on fléchit légèrement ses genoux et qu'on place ses pieds l'un sur l'autre avant de les clouer à la croix. La pointe traverse les fins os métatarsiens avant de s'enfoncer dans le bois mais, étonnamment, aucun os ne se brise, fait très rare lors d'une crucifixion.

Enfin, juste au-dessus de la tête de Jésus, on cloue l'inscription portée par l'*exactor mortis.* Une fois leur travail de forçat terminé, les hommes de l'escadron commencent à se moquer de Jésus, jetant les dés pour savoir qui héritera de ce qu'il reste de sa coûteuse tunique et l'interpellant : « Si tu es le roi des Juifs, sauve-toi toi-même ! »

Les bourreaux romains resteront à Golgotha jusqu'au dernier souffle de Jésus. Ils boiront leur vin aigre et en offriront même au condamné. Si nécessaire, ils lui briseront les jambes pour accélérer le processus. Car mourir sur la croix est un lent voyage jusqu'à la suffocation. Chaque fois que la victime inspire, elle doit se battre contre le poids de son propre corps et pousser son torse vers le haut à l'aide de ses jambes, pour permettre à ses poumons de se gonfler. Au bout d'un certain temps, la victime épuisée ne peut plus ni inspirer ni expirer.

Trois heures passent. Les célébrations de la Pâque se poursuivent dans les cours du Temple ; le bruit des chants et des trompettes résonne dans toute la ville et jusqu'au lieu de l'exécution. Jésus aperçoit en effet assez nettement le mont du Temple depuis sa croix. Il sait que beaucoup l'attendent en ce moment même. La nouvelle de son exécution ne s'est pas répandue bien loin, au plus grand soulagement de Pilate et Caïphe, qui craignent toujours que les admirateurs de Jésus se révoltent en apprenant qu'on l'a assassiné.

«J'ai soif», dit finalement Jésus, cédant à la déshydratation qui le consume depuis plus de douze heures. Sa voix n'est qu'un murmure. Un soldat trempe une éponge dans du vin aigre et lève la main pour la placer sur les lèvres du Nazaréen, conscient qu'avaler le liquide sera douloureux.

Jésus aspire le fluide acide. Puis il regarde vers Jérusalem une dernière fois avant l'inexorable.

« Tout est accompli », dit-il, baissant la tête.

La couronne d'épines reste fermement accrochée à son crâne. Il s'affaisse, inconscient. Son cou se relâche. Tout son corps roule en avant, son cou et ses épaules se détachent de la croix. Seuls les clous plantés dans ses mains le maintiennent en place.

L'homme qui a prêché les Évangiles avec tant de courage et parcouru des kilomètres et des kilomètres pour porter au monde une foi nouvelle, l'homme dont le message d'amour et d'espoir a touché des milliers de personnes – et en touchera, un jour, des milliards – cesse de respirer.

Jésus de Nazareth est mort. Il a 36 ans.

CHAPITRE DIX-NEUF

VILLE HAUTE DE JÉRUSALEM
VENDREDI 7 AVRIL, 30 APR. J.-C.
15 HEURES-18 HEURES

Les hommes de l'escadron de la crucifixion ont eu une journée difficile, mais ils ont encore du travail. Habituellement, ils laissent le condamné sur la croix pendant plusieurs jours après sa mort, pour que le corps se décompose ou même qu'il soit dévoré par des animaux sauvages. Mais la loi juive interdit de laisser un corps sur le « bois[1] » pendant le shabbat, qui commencera ce soir au coucher du soleil et durera toute la journée de samedi. Le *quaternio* doit donc descendre Jésus de la croix et jeter son corps dans la fosse commune réservée aux criminels.

L'*exactor mortis* s'assure que Jésus est bien mort en perçant sa poitrine avec sa lance. Les liquides pleuraux et péricardiques qui se sont accumulés autour du cœur et des poumons de Jésus pendant des heures se déversent à présent, mélangés à un torrent de sang. Après avoir

1. Deutéronome, XXI, 23.

extrait la lance, le capitaine de la garde[1] donne l'ordre à ses hommes d'enlever Jésus de la croix. C'est une crucifixion inversée. Il faut plusieurs échelles et une véritable coordination de l'équipe pour descendre Jésus et la traverse de la croix. Le Nazaréen se retrouve à nouveau allongé par terre. Les soldats s'attaquent maintenant aux clous, qui doivent être enlevés sans être tordus, car le fer est un matériau coûteux et les clous sont réutilisés autant de fois que possible.

La plupart de ceux qui ont assisté à la crucifixion de Jésus se sont éloignés. Marie, sa mère, et Marie Madeleine font partie de ceux qui sont restés. Mais tandis que les soldats tentent péniblement de dé-crucifier Jésus, Joseph d'Arimathie s'approche. Le riche membre du Sanhédrin et disciple secret de Jésus avait été l'une des rares voix dissidentes à se faire entendre pendant le procès illégal. Une autre de ces voix avait été celle de Nicodème le pharisien, qui se tient maintenant au sommet de Golgotha avec Joseph. Pilate, qui souhaite voir cette exécution jetée aux oubliettes le plus vite possible, les a autorisés à récupérer le corps de Jésus.

Cela ne manque pas d'en choquer certains, mais Joseph et Nicodème déclarent publiquement leur allégeance

1. L'*exactor mortis* de Jésus n'est pas nommé dans les Évangiles, mais selon la légende, son nom était Longin. Il est considéré comme un saint par les Églises catholique et orthodoxe car il se serait converti au christianisme suite à la crucifixion de Jésus, pour laquelle il aurait éprouvé beaucoup de remords. Sa lance est souvent appelée la « Sainte Lance » et, au cours des siècles, elle fut convoitée par de nombreux hommes puissants pour ses supposés pouvoirs surnaturels. Le plus récent d'entre eux est Adolf Hitler, qui se serait procuré la lance avant la Deuxième Guerre mondiale, pendant l'Anschluss. Selon ces mêmes théories, le général George S. Patton aurait récupéré la lance à la fin de la guerre et l'aurait rendue au palais de Hofburg à Vienne, où elle est encore conservée aujourd'hui dans le trésor impérial autrichien. On trouve en Arménie, à Antioche et en Pologne d'autres artefacts qui pourraient être la Sainte Lance.

aux enseignements de Jésus. Joseph emporte le corps de Jésus dans le tombeau de sa propre famille, creusé récemment à flanc de colline dans la pierre de Jérusalem. Selon les croyances juives, la présence d'un criminel dans un tombeau le désacralise. Pire encore, en touchant un cadavre pendant la Pâque, le membre du Sanhédrin est rendu impur et ne pourra pas manger le Séder. Selon la loi, Joseph et Nicodème seront déclarés impurs et devront subir un rituel de purification de sept jours[1].

Peu importe, ces deux courageux membres du Sanhédrin assument leur rôle de disciples de Jésus en transportant son corps sans vie en bas de Golgotha, puis dans le tombeau proche. Ils n'ont pas le temps de pratiquer le rituel de nettoyage et d'onction du corps avec de l'huile. Mais ils l'enduisent de produits aussi coûteux que la myrrhe et l'aloès pour couvrir la future odeur de décomposition. Puis ils enveloppent le corps dans du lin, en prenant soin de ne pas le serrer trop au niveau du visage, au cas où Jésus ne serait pas mort, mais simplement inconscient. Ainsi, il ne suffoquera pas. La tradition juive veut que tout corps soit examiné trois jours après la mort apparente[2]. Dimanche, la tombe sera donc à nouveau ouverte pour que Jésus soit examiné.

Mais tout ceci ne relève que du rituel. Car Jésus est bel et bien mort. La lance qui a rompu le sac péricardique autour de son cœur a réglé la question.

---

1. Nombres, XIX, 11.

2. Depuis les temps les plus anciens, la tradition juive offre la possibilité d'enterrer les morts ou de les inhumer dans un tombeau. Les riches étaient souvent les seuls à pouvoir s'offrir une crypte familiale. Que ce soit dans un tombeau ou dans la terre, la tombe était considérée comme un lieu de culte. Profaner ces endroits était considéré comme un péché extrêmement grave.

Malgré tout, la tombe sera rouverte dimanche. Lorsque la mort sera déclarée officiellement, son corps reposera dans le tombeau pendant une année entière. Puis les os seront retirés de son corps décomposé et placés dans un petit récipient en pierre, l'ossuaire, qui sera rangé dans une niche creusée dans le tombeau ou placé dans un nouvel endroit.

Le tombeau de Jésus se trouve dans un jardin à l'extérieur des murs de la ville. La pierre qui en protégera l'entrée pèse plusieurs centaines de kilos. Elle est déjà en place, posée sur un sillon permettant de la déplacer plus facilement. Ce sillon a cependant été creusé à un angle légèrement incliné. Il sera bien plus facile de fermer la tombe aujourd'hui que de faire rouler la lourde pierre dimanche pour l'ouvrir à nouveau.

Joseph et Nicodème portent le corps jusqu'au tombeau et le posent sur une saillie creusée dans la pierre. L'air est poussiéreux et chargé d'un parfum capiteux. Après un adieu formel à Jésus, les hommes sortent du tombeau.

Marie, la mère de Jésus, regarde les deux hommes forcer pour faire rouler la pierre devant l'entrée du tombeau. Marie Madeleine observe aussi la scène. Le rayon de soleil pénétrant dans le tombeau s'amenuise à mesure que le rocher atteint sa place.

Jésus de Nazareth a prédit sa mort et même prié pour que Dieu éloigne la coupe de souffrance de ses lèvres. Mais à présent, tout est fini. Le silence de la tombe est complet. Seul dans l'obscurité du tombeau, Jésus de Nazareth repose enfin en paix.

CHAPITRE VINGT

PALAIS DE PILATE, JÉRUSALEM
SAMEDI 8 AVRIL, 30 APR. J.-C.
JOURNÉE

Ponce Pilate a des visiteurs. Une fois encore, Caïphe et les pharisiens se tiennent devant lui. Mais comme la Pâque est terminée, ils sont rentrés à l'intérieur du palais car ils ne craignent plus que la présence du gouverneur les rende impurs.

Pour la première fois, Pilate remarque que Caïphe est en réalité terrifié par le pouvoir de Jésus. Cela n'avait rien d'évident du vivant du Nazaréen, mais maintenant qu'il est mort, cette peur est criante. Le grand prêtre fait d'ailleurs une requête tout à fait inédite. Sans détour, Caïphe dit à Pilate : « Cet imposteur a dit : "Après trois jours, je ressusciterai." Ordonne donc que le sépulcre soit gardé jusqu'au troisième jour, afin que ses disciples ne viennent pas dérober le corps et dire au peuple : "Il est ressuscité d'entre les morts." »

Sa demande obéit à une certaine logique. Si le corps de Jésus disparaît, ses disciples disposeront d'un argument décisif pour convaincre le peuple de l'immortalité de l'homme qui prétendait être le Christ. Alors une révolte contre les prêtres du Temple pourrait bien éclater. La présence d'un garde romain empêchera que quelqu'un s'introduise dans le tombeau pour voler le corps.

Pilate accède donc à la demande de Caïphe.

« Prenez un garde, ordonne-t-il, et assurez la protection du sépulcre. »

C'est ainsi qu'un garde romain est placé devant le tombeau de Jésus, juste au cas où le mort tenterait de s'échapper.

*

L'histoire aurait dû s'arrêter là. Le fauteur de troubles et blasphémateur est mort. Le Sanhédrin et Rome n'ont plus de souci à se faire. Si les disciples du Nazaréen ont des projets de révolte, rien ne transparaît. Les apôtres se sont révélés timides. Toujours abasourdis par la mort de leur Messie, ils sont partis se cacher et ne représentent aucune menace contre Rome.

Pilate est soulagé. Il pourra bientôt rentrer à Césarée, où il recommencera à gouverner sans avoir à supporter l'ingérence constante des prêtres du Temple.

Mais Caïphe refuse de partir. Vêtu de ses coûteux habits de lin, il prend de grands airs devant Pilate, inquiet des informations que le gouverneur romain fera remonter à Rome. Caïphe a beaucoup à perdre et le comportement de Pilate, qui fait comme s'il n'avait rien à se reprocher, le met mal à l'aise. Il est évident que le gouverneur essaie de prendre ses distances par rapport à ce qui s'est passé. Rien d'étonnant à cela, puisque si l'empereur Tibère le tient pour responsable de la mort de Jésus, il perdra tout. Caïus reste donc campé sur ses jambes, guettant le moindre signe d'approbation ou de connivence de la part de Pilate. Mais le gouverneur romain en a assez de ce prêtre arrogant. Sans dire un mot, il se lève et quitte la pièce.

CHAPITRE VINGT ET UN

TOMBEAU DE JÉSUS
DIMANCHE 9 AVRIL, 30 APR. J.-C.
AUBE

La matinée est sombre. L'aube se lèvera bientôt sur Jérusalem, marquant le troisième jour depuis la mort de Jésus. Marie Madeleine prend l'initiative de s'acquitter elle-même de la tâche traditionnelle de l'examen du corps. Elle voyage avec une autre femme prénommée Marie, qui n'est pas la mère de Jésus. Comme au jour de l'exécution du Nazaréen, les rues de la ville haute sont calmes lorsque les deux femmes les traversent. Elles quittent la ville par la porte de Gennath, puis marchent jusque Golgotha, dans les derniers pas de Jésus.

Le poteau sur lequel Jésus a été crucifié est toujours planté au sommet de la colline, dans l'attente de la prochaine crucifixion. Les deux femmes détournent le regard de ce spectacle funeste et descendent la colline jusqu'au tombeau de Jésus.

Elles songent à des détails pragmatiques. Marie Madeleine n'a jamais oublié les nombreuses gentillesses dont Jésus l'a gratifiée. Et de la même manière qu'elle a autrefois oint son corps de parfum et nettoyé ses pieds de ses larmes, elle souhaite maintenant oindre le corps d'épices. Elle ne supporte pas l'idée que le corps de Jésus puisse moisir, qu'il dégage une odeur fétide. Peut-être qu'ainsi, dans un an, lorsqu'elle reviendra pour la Pâque et aidera à pousser la pierre protégeant l'entrée du tombeau pour récupérer ses os, c'est l'odeur du parfum qui se répandra, et non pas la puanteur de la mort.

Mais à cette pensée, elle réalise qu'elle va avoir un problème à régler sur-le-champ : seule, Marie Madeleine est physiquement incapable de faire rouler la pierre. Aujourd'hui, elle a besoin d'aide, et la plupart des disciples de Jésus continuent de se cacher. Hier était le jour du shabbat, elle n'a donc rien fait d'autre que se reposer et elle ignore qu'un soldat romain a reçu l'ordre de monter la garde devant le tombeau.

Mais il n'y a pas de garde. Lorsque les deux Marie s'approchent du tombeau, elles sont stupéfaites. La pierre a été déplacée. La crypte est vide.

Marie Madeleine entre prudemment et regarde à l'intérieur. Le tombeau sent la myrrhe et l'aloès dans lesquels le corps de Jésus a été oint. Elle voit distinctement le suaire de lin dans lequel le corps a été enveloppé. Mais il n'y a rien d'autre.

Jusqu'à ce jour, le corps de Jésus de Nazareth n'a jamais été retrouvé.

Postface

Ce qui se passa ensuite constitue la base même de la foi chrétienne. Selon les Évangiles, le corps de Jésus n'a pas été volé. Les Écritures affirment que Jésus s'est relevé d'entre les morts avant de monter au ciel. Après la découverte de la disparition de son corps, il est écrit dans les Évangiles que Jésus est apparu douze fois sur Terre sur une période de quarante jours. Ces apparitions aux hommes concernent parfois un seul individu, parfois des groupes de plus de 500 personnes comme ce fut le cas sur une montagne de Galilée. Certaines de ces personnes raconteront l'événement en détail dans les années qui suivront. Un quart de siècle plus tard, le disciple Paul racontera l'apparition sur la montagne dans une lettre aux Corinthiens.

Que l'on croie ou non que Jésus soit revenu d'entre les morts, l'histoire de sa vie et son message ont gagné un prestige bien plus grand après sa crucifixion. L'histoire se souviendra de lui non seulement comme de Jésus, ou Jésus de Nazareth, mais aussi comme de Jésus le Christ, le Messie. Les écrivains romains de l'époque parlèrent de lui, préférant souvent l'appeler *Christus*, la version latinisée de Christ. À la différence de toutes les autres figures messianiques autoproclamées, Jésus devint un personnage célèbre de l'histoire de Jérusalem et au-delà. Theudas, le prophète égyptien, et d'autres comme Judas de Gamala tombèrent presque immédiatement dans l'oubli. Seul Barr Kokhba (sa révolte aurait eu lieu entre 132 et 35 apr. J.-C.) demeura aussi célèbre chez les Juifs. On sait que les disciples de Jésus au sein du judaïsme ont existé bien au-delà du Ier siècle ; les élites juives ne les ont jamais vraiment acceptés, mais des preuves archéologiques et des sources extérieures attestent de leur existence.

Les historiens romains Pline le Jeune, Tacite et Suétone mentionnent tous Jésus dans leurs écrits. Les historiens séculaires de langue grecque Thallus et Phlégon, le satiriste Lucien de Samosate et l'éminent historien juif Flavius Josèphe ont également écrit à son sujet. Tous les écrivains n'étaient pas tendres à son égard. Lucien, par exemple, se moque des premiers chrétiens pour leur foi en un homme qui connut une mort aussi peu glorieuse. En effet, pendant des siècles, les chrétiens eurent honte de la croix, car elle était considérée comme un châtiment réservé aux esclaves, aux meurtriers et aux membres des classes populaires. Les opposants à la nouvelle foi chrétienne raillèrent les croyants qui vénéraient « un criminel et sa croix[1] » et parodièrent le christianisme comme une forme de folie. Malgré tout, des chrétiens commencèrent à se signer sur le front et la poitrine (« le Signe de la croix ») pour éloigner les démons. À partir du IVe siècle, la croix devint une fierté, un symbole de la mort humble subie par Jésus pour le

1. Fronton, rhéteur romain du IIe siècle, cité par Minucius Félix dans l'*Octavius*.

bénéfice de toute l'humanité. Le crucifix, ce symbole iconique montrant le corps de Jésus cloué à la croix, n'entra dans la culture chrétienne que six siècles après sa mort. L'absence de représentation de la croix est peut-être due à la croyance de l'Église en la résurrection.

*

Après la crucifixion, les disciples de Jésus changèrent radicalement de comportement. Certains d'avoir vu Jésus ressuscité, ils voyagèrent bientôt à travers le monde pour prêcher sans peur son message. Ces hommes, les apôtres, payèrent un lourd tribut au nom de leur foi.

En 44 apr. J.-C., le petit-fils d'Hérode le Grand, Hérode Agrippa, qui gouvernait la Judée à cette époque, ordonna que **Jacques**, un des fils du tonnerre[1], soit mis à mort. La décapitation de Jacques en fait le premier disciple à être martyrisé. Agrippa, qui était un homme sans pitié, était violemment opposé au christianisme et il usa de son pouvoir pour tenter de supprimer la nouvelle théologie de Jésus. Il fit également emprisonner Pierre pendant un certain temps, mais ne le fit jamais exécuter.

Le travail de missionnaire de **Pierre** finit par le conduire à Rome, où il formalisa l'Église chrétienne naissante. Cela n'amusa pas les Romains, qui condamnèrent

1. Le seul autre disciple à avoir reçu un surnom est Simon, que Jésus appelait Pierre, peut-être pour gentiment se moquer de son impulsivité et de sa personnalité assez instable. En latin et en grec, le prénom féminin *petra* signifie « pierre ». Masculinisé, il devient Petrus. Avec le temps, cependant, Pierre finit par se montrer digne de ce surnom, devenant la pierre éminemment stable sur laquelle Jésus, comme il le dit dans Matthieu, XVI, 18, bâtira son Église.

Pierre à mourir sur la croix. Lorsqu'il protesta, affirmant qu'il n'était pas digne de mourir de la même manière que Jésus, les Romains accédèrent à sa demande – et le clouèrent sur la croix la tête en bas. Ces événements se seraient produits vers 64-77 apr. J.-C. Des preuves sérieuses laissent penser que Pierre est enterré sous la basilique Saint-Pierre au Vatican.

La mort de la plupart des autres disciples relève de la légende. **André**, l'apôtre connu pour l'optimisme et l'esprit d'initiative dont il faisait toujours preuve, prêcha le message de Jésus sur les terres qui forment aujourd'hui l'Ukraine, la Russie et la Grèce. On pense qu'il a été crucifié à Patras, une région de la Grèce contrôlée par les Romains. Selon la légende, André aurait été crucifié sur une croix en forme de X, donnant naissance à la croix de Saint-André, qui orne aujourd'hui le drapeau national écossais.

Le pessimiste **Thomas** aurait été tué d'un coup de lance près de Madras, en Inde. **Barthélemy** prêcha en Égypte, en Arabie et en Iran actuel avant d'être écorché vif puis décapité en Inde. On raconte que **Simon le Zélote** fut scié en deux pour avoir prêché en Perse. **Philippe** évangélisa les terres situées à l'ouest de la Turquie actuelle. Il aurait subi le martyre en étant pendu la tête en bas par des crochets enfoncés dans ses chevilles dans la cité gréco-romaine de Hiérapolis. **Matthieu**, l'ancien percepteur d'impôts grégaire, serait mort en Éthiopie, assassiné comme les autres pour avoir prêché avec ferveur.

On ne sait presque rien de ce qui arriva aux autres, en dehors du fait que tous les apôtres passèrent leur vie à prêcher et qu'on les tua pour cela. On sait avec certitude que les disciples de Jésus voyagèrent jusqu'en Inde, en Grande-Bretagne et même en Afrique, empressés de diffuser leur foi, et à mille lieues du comportement timoré qu'ils avaient montré pendant la vie de Jésus et les heures qui suivirent sa mort.

Le dernier à mourir fut **Jean**, l'autre fils du tonnerre. Il fut capturé par les Romains et exilé sur l'île grecque de Patmos pour avoir prêché le christianisme. C'est là qu'il écrivit son Évangile, ainsi que ce qui deviendrait les dernières pages du Nouveau Testament, le livre de la Révélation. Jean mourut en 100 apr. J.-C. à Éphèse, en Turquie actuelle. Il avait 94 ans et fut le seul apôtre à ne pas avoir subi le martyre.

L'Évangile de Matthieu et le premier livre des Actes expliquent la mort de **Judas Iscariote** par un suicide. Matthieu écrit qu'en apprenant que son plan, qui visait à forcer la main à Jésus, avait conduit à l'ordre d'exécution, Judas avait jeté ses 30 pièces d'argent dans le Temple avant de se pendre à un arbre. Selon la légende, il aurait utilisé un licol pour cheval. Que ce soit vrai ou non, personne n'entendit plus parler de lui.

C'est également le cas de **Marie Madeleine**. Après son apparition devant le tombeau de Jésus, elle disparut du récit. Elle fait très probablement partie des « femmes » mentionnées dans Actes, I,14 touchées par l'Esprit lors de la Pentecôte.

Marie, la mère de Jésus, est mentionnée dans le livre des Actes, ainsi que dans le livre de la Révélation comme « une femme enveloppée du soleil », mais on ne sait rien de son destin. Le 1er novembre 1950, l'Église catholique romaine décréta que le corps de Marie était « monté au ciel ». Le pape Pie XII déclara que Marie, « après avoir achevé le cours de sa vie terrestre, fut élevée corps et âme à la gloire céleste[1] ».

*

Six ans après avoir refusé d'assumer la responsabilité de l'exécution du Nazaréen, **Ponce Pilate** intervint dans une autre affaire impliquant un messie – et cette fois, elle lui coûta son poste. Le prêcheur était un Samaritain qui s'était terré dans un sanctuaire situé au sommet d'une montagne de Garizim. Préoccupé par le nombre croissant de ses disciples, Pilate anéantit le mouvement en envoyant des soldats romains lourdement armés. De nombreuses personnes furent tuées et Pilate fut rappelé à Rome pour rendre compte de ses actions. Il pensait pouvoir faire appel à son ami, l'empereur **Tibère**. Mais lorsque Pilate arriva à Rome, Tibère était mort, soit d'une maladie, soit étouffé, selon les différents historiens romains. Dans tous les cas, l'empereur débauché de 77 ans n'était plus de ce monde. Selon Eusèbe, l'historien du IVe siècle, Pilate aurait plus tard été forcé à se suicider, devenant « son propre meurtrier et bourreau ». Le lieu du décès et la manière dont Pilate mourut font toujours débat. Il se serait noyé dans le Rhône, près de Vienne. Un monument romain

1. Le 18 juillet 1870, le Vatican définit un nouveau dogme qui déclarait l'infaillibilité du pape. En 1854, le pape Pie IX avait envoyé une encyclique dans laquelle il affirmait que Marie était pure et exempte du péché depuis le moment même de sa conception. En 1950, le pape Pie XII déclara dans son *Munificentissimus Deus* que les derniers instants de sa vie n'avaient pas été gâchés par la tombe. C'est une déclaration *ex cathedra*, considérée comme infaillible, la première depuis la promulgation de l'infaillibilité du pape quatre-vingts ans plus tôt.

est toujours présent au cœur de la ville, souvent appelé la « tombe de Pilate ». Un autre rapport affirme qu'il se serait jeté dans un lac près de Lausanne, où le mont Pilatus aurait été nommé en son honneur. Selon une autre rumeur, Pilate et sa femme Claudia se seraient convertis au christianisme, ce qui leur aurait valu d'être exécutés. Que ce soit vrai ou nom, l'Église copte orthodoxe et l'Église éthiopienne le vénèrent en tant que martyr.

*

Tibère fut remplacé par **Caligula**. Ce jeune homme de 24 ans était l'enfant de Germanicus, lui-même le fils adoptif décédé de Tibère. Caligula dilapida rapidement une grande partie de la fortune héritée de Tibère – une fortune partiellement gagnée sur le dos de paysans galiléens. Il ne gouverna que quatre ans avant d'être poignardé et son assassinat présenta de sinistres similitudes avec celui du grand Jules César. Lui succédèrent les empereurs Claude puis Néron, qui perpétuèrent les politiques dévastatrices qui finiraient par causer la chute de Rome. Elle se produisit quatre siècles plus tard, en 476, lorsque l'Empire romain fut renversé par des tribus germaniques. Cependant, bien avant l'effondrement de l'Empire, Rome s'était détourné de ses dieux païens pour commencer à vénérer Jésus-Christ. Le christianisme fut officiellement légalisé dans tout l'Empire romain en 313, avec l'édit de Milan.

*

Avec la disparition de Pilate, **Caïphe** perdit son seul allié politique romain. Il avait de nombreux ennemis à Jérusalem et fut vite remplacé par un nouveau grand prêtre. Caïphe quitta ensuite la scène et disparut de l'histoire. Ses dates de naissance et de mort restent inconnues. Mais en 1990, un ossuaire contenant ses os fut découvert à Jérusalem. Ils sont aujourd'hui exposés au musée d'Israël.

*

Hérode Antipas avait été élevé dans les intrigues de palais et elles le conduisirent à sa perte. Son neveu Agrippa était un ami proche de l'empereur Caligula. L'historien Flavius Josèphe raconte que lorsque Antipas demanda stupidement à Caligula de le nommer roi, plutôt que tétrarque (sur une suggestion de sa femme, Hérodiade, qui continuait à lui attirer des problèmes), Agrippa accusa Antipas de comploter pour faire exécuter Caligula. Pour le prouver, Agrippa attira l'attention sur l'énorme arsenal de l'armée d'Antipas. Caligula condamna alors Antipas à passer le reste de sa vie en exil en Gaule. Sa fortune et ses terres furent transmises au jeune Agrippa. Hérodiade rejoignit l'ancien tétrarque dans la région qui correspond aujourd'hui au sud de la France. Ils vécurent ensemble à Lugdunum, dont beaucoup pensent qu'elle est l'ancêtre de l'actuelle ville de Lyon.

*

Les tensions entre Rome et le peuple juif ne s'apaisèrent pas après la crucifixion injuste de Jésus. En

66 apr. J.-C., les Juifs livrèrent une guerre, dont les impôts furent l'un des facteurs déclenchants, contre l'armée d'occupation romaine et prirent le contrôle de Jérusalem. Les Romains n'acceptèrent pas la défaite. En 70 apr. J.-C., la ville se retrouva cernée par quatre légions romaines (dont la légendaire Legio X Fretensis, postée sur le mont des Oliviers) qui assiégèrent la ville. Les pèlerins venus fêter la Pâque furent autorisés à entrer dans la ville – mais pas à en sortir ; une situation intenable au vu des provisions limitées de nourriture et d'eau de Jérusalem. Entre 600 000 et 1 million d'hommes, femmes et enfants se retrouvèrent piégés entre les murs de la ville. Ceux qui tentèrent de s'enfuir furent crucifiés séance tenante, et on les laissa sur les croix sur les hauteurs environnantes pour que les habitants de Jérusalem comprennent quel destin les attendait. Des milliers d'entre eux furent finalement cloués à la croix pendant le siège, au point que les Romains finirent par manquer de bois. Il leur fallut faire abattre des arbres et les transporter de très loin jusqu'à Jérusalem pour pouvoir continuer à crucifier. Certains fugitifs n'étaient pas crucifiés mais se faisaient éventrer par les soldats romains qui fouillaient alors leur appareil digestif. La rumeur disait que de nombreux habitants de Jérusalem avaient avalé leur or avant de tenter de s'enfuir.

Lorsque les Romains parvinrent finalement à trouer les murs de la ville, la destruction fut totale. Les Juifs qui ne s'étaient pas enfuis furent massacrés ou asservis. Le Temple lui-même fut réduit en cendres et une grande partie de la ville rasée. Jusqu'à ce jour, rien de cela n'a jamais été reconstruit.

Récemment, des travaux d'excavation ont été menés dans les décombres afin de localiser certaines rues et maisons de l'époque de Jésus et de permettre aux visiteurs de marcher sur ses traces et de découvrir ce qu'était la vie à Jérusalem. Il convient de noter que la Via Dolorosa[1] n'a été construite que des siècles plus tard et n'existait pas à l'époque de Jésus.

Le chemin que Jésus emprunta réellement commença au palais d'Hérode, près de ce qui est aujourd'hui la porte de Jaffa. Il s'arrête à l'église du Saint-Sépulcre, qui aurait été construite sur le Golgotha, près du tombeau de Jésus. Aujourd'hui, les visiteurs peuvent non seulement visiter ces lieux, mais également toucher l'endroit où la croix de Jésus aurait reposé.

*

En 132 apr. J.-C., alors que la ville de Jérusalem n'avait toujours pas été complètement reconstruite, les Juifs lancèrent une seconde révolte contre les Romains, celle de Bar Kokhba. L'empereur Hadrien avait fait preuve de clémence envers les Juifs et les avait autorisés à retourner à Jérusalem et à y reconstruire le Temple. Il changea finalement d'avis, préférant ériger sur ce site un splendide complexe païen dédié à sa personne et au dieu romain Jupiter. Non content d'interdire aux Juifs de reconstruire le Temple, Hadrien entreprit de les faire déporter en Égypte et en Afrique du Nord. La rébellion juive prit une telle ampleur que l'armée romaine concentra tous ses efforts de guerre sur la Judée et envoya des légions entières afin d'étouffer la révolte.

1. Qui est toujours citée par les voyagistes et les vendeurs de souvenirs comme la route menant au lieu de la crucifixion.

À la fin de ce soulèvement, 600 000 Juifs avaient été massacrés et près de 1 000 villages détruits, et certaines pratiques religieuses comme lire la Torah, pratiquer la circoncision et respecter le shabbat étaient désormais interdites.

Au cours des siècles qui suivirent, les Juifs de Judée furent régulièrement persécutés, même lorsque l'Empire romain se convertit au christianisme, dès le IVe siècle. En 637 apr. J.-C., les forces musulmanes vainquirent l'armée byzantine, majoritairement chrétienne, qui occupait Jérusalem. Les musulmans construisirent plus tard une mosquée sur l'emplacement de l'ancien Temple. Tant qu'elle sera là, les espoirs des Juifs de reconstruire le Temple sur son site originel resteront vains. La mosquée al-Aqsa et à côté d'elle le sanctuaire du dôme du Rocher s'y dressent depuis respectivement 705 et 691.

Après sa destruction par les Romains, Jérusalem devint une ville délabrée. Mais au cours des siècles, les Juifs revinrent s'y installer, malgré plusieurs tentatives pour les expulser. En 1948, l'armée jordanienne chassa les Juifs de la vieille ville et tua tous ceux qui refusaient de partir. Finalement, à la fin de la guerre des Six Jours, le 10 juin 1967, plus de deux mille ans après sa destruction par les Romains, Jérusalem tout entière tomba à nouveau entre les mains des Juifs.

Il est intéressant de noter que dans de nombreuses paraboles, Jésus de Nazareth avait prédit des choses terribles à la ville de Jérusalem. L'histoire lui aura indéniablement donné raison.

Post-scriptum

Martin Dugard et moi avons énormément appris lors de nos recherches et de l'écriture de ce livre. Mais à l'issue de notre travail, une question fascinante et un constat important se détachent nettement.

Premièrement, la question : Pourquoi des milliers de gens du peuple ont-ils suivi Jésus de Nazareth ? La plupart ne pouvaient même pas l'entendre prêcher parce que Jésus était entouré de foules si denses que le moindre contact, le moindre échange avec lui était impossible. Alors, pourquoi venaient-ils ? Que pouvait bien faire Jésus pour que tant de personnes choisissent d'abandonner leurs tâches quotidiennes de manière à être près de lui ?

Les chrétiens attribuent la popularité de Jésus à son message d'amour, d'espoir et de vérité, ainsi qu'à ses guérisons miraculeuses. Mais même les non-croyants doivent admettre que quelque chose d'extraordinaire se produisait alors en Galilée.

Deuxièmement, le constat : il ne fait aucun doute que Jésus de Nazareth est l'être humain le plus célèbre que le monde ait jamais connu. Mais Jésus n'avait aucune infrastructure. Il ne bénéficiait pas du soutien d'un gouvernement, ni de celui d'une quelconque forme de société organisée. Ses disciples et lui dépendaient de la charité des autres pour se nourrir et se loger, et leur unique organisation se résumait à une douzaine de fidèles suiveurs. Dans l'histoire de l'humanité, personne n'a jamais accédé à la célébrité mondiale avec si peu de ressources.

*

Après sa mort, Jésus n'a plus cessé d'influencer l'histoire. La légalisation du christianisme par l'Empire romain, en 313 apr. J.-C., conduisit rapidement à son expansion dans toutes les parties du monde occidental. Jusqu'à ce que le prophète Mahomet fonde la religion islamique en 610, le christianisme n'avait aucun concurrent sérieux en termes de nombre de croyants. Mahomet considérait Jésus comme un prophète et, cité dans le Coran, il dit : « Lorsque Jésus vint avec des preuves, il dit : "Je vous apporte la sagesse et je viens vous expliquer ce qui est l'objet de vos disputes. Craignez donc Dieu et obéissez-moi." »

Aux États-Unis, George Washington utilisa le christianisme comme élément fédérateur pour son armée coloniale. Il déclara dans son premier appel aux troupes que « tout officier et homme devra s'efforcer de vivre comme il sied à un soldat chrétien défendant les droits les plus chers et les libertés de son pays ».

Abraham Lincoln fit également référence à Jésus dans un contexte de guerre : « Lorsque je suis allé à Gettysburg et que j'ai contemplé les tombes de nos héros morts pour leur pays, j'ai immédiatement décidé de me consacrer au Christ. »

Martin Luther King Jr. a évidemment fondé tout son ministère et sa lutte pour les droits civiques sur les enseignements de Jésus. Pour élaborer sa philosophie de non-violence, il s'inspira également, en partie, des épreuves subies par Jésus. Au sujet de ses ennemis, il dit : « Aimez-les. Ils se briseront sous le poids de votre amour. Car c'est ça, l'amour. Il est rédempteur et c'est pour cette raison que Jésus nous dit d'aimer. Il y a quelque chose dans l'amour qui construit, qui crée. Il y a quelque chose dans la haine qui déchire et détruit. Alors aimez vos ennemis[1]. »

Le président Ronald Reagan reprit ce thème à son tour : « Il a promis qu'il n'y aurait jamais de nuit sombre et sans fin. Et en mourant pour nous, Jésus a montré jusqu'où notre amour devait être prêt à aller – jusqu'au bout[2]. »

*

Après *Killing Lincoln* et *Killing Kennedy*, Martin Dugard et moi étions très enthousiasmés par ce projet. Mais l'élaboration de *Killing Jesus* (*Jésus, les derniers jours*) fut extrêmement difficile. Nous avons dû faire le tri entre les faits et le mythe en nous basant sur différentes sources.

1. Discours du 17 novembre 1957 à l'église baptiste de Dexter Avenue, Montgomery, Alabama.

2. Extrait d'un discours à la convention annuelle des National Religious Broadcasters, le 30 janvier 1984, dans le Grand Ballroom du Sheraton Washington. L'homme qui écrivait ses discours à l'époque, Ben Elliott, déclara qu'il arrivait à Reagan de digresser et d'insérer ses propres commentaires, comme celui-ci, pour affirmer sa croyance dans la divinité du Christ.

Parmi ces sources, certaines suivaient leurs propres objectifs. Je reste cependant convaincu que nous vous avons offert un récit fidèle. Il ne s'agit pas seulement du compte rendu précis de la manière dont Jésus est mort, nous avons également relaté la manière dont il a vécu et comment son message a touché le monde.

Merci encore pour votre lecture de ce livre.

Sources

Faire des recherches et écrire un livre sur la vie et la mort de Jésus a représenté un défi bien plus considérable que nos deux précédents travaux. Nous n'avons pas pu nous aider de YouTube, qui, pour *Killing Kennedy*, nous avait permis de visionner les discours du président Kennedy et de ses nombreuses apparitions publiques afin de pouvoir les décrire avec une profusion de détails. À l'époque, il n'existait pas de couverture médiatique. Celle qui existait au temps d'Abraham Lincoln nous avait permis de glaner des éléments dans les descriptions faites par les journaux afin de relater ces événements dans *Killing Lincoln.* Et si Internet est une mine d'informations sur la vie et l'époque de Jésus, ces informations sont souvent contradictoires, liées à la théologie de chacun ; on trouve souvent des rumeurs citées comme des faits avérés, et certaines informations se sont révélées complètement fausses une fois confrontées à plusieurs autres sources.

Pour documenter *Jésus, les derniers jours* nous nous sommes donc plongés dans des travaux classiques, comme les quatre Évangiles et les écrits de l'historien juif Flavius Josèphe. Ces sources nous ont servi de point de départ, elles nous ont fourni un socle, à partir duquel nous avons entrepris des recherches plus approfondies pour raconter l'histoire avec autant de détails que possible.

La crucifixion, pour illustrer quel genre d'enquête nous avons mené, est un événement très documenté. Mais pour raconter l'expérience de la mort sur la croix, il faut se pencher sur le type de bois qu'on utilisait pour le crucifix, la nature des hommes qui procédaient à l'exécution, les effets physiologiques de la crucifixion sur le corps, et les origines de cette exécution extrêmement macabre – ainsi que sur beaucoup d'autres détails que nous n'avons parfois finalement pas utilisés parce qu'ils constituaient des informations contextuelles non nécessaires au récit, ou bien qui ont trouvé une place dans ces pages.

Les documents historiques ne sont sans doute pas aussi accessibles que ceux des époques plus récentes, mais les hommes qui ont écrit l'histoire de cette période tenaient à ce que les faits et l'histoire qu'ils relatent soient aussi proches de la vérité et complets que possible. Les Romains aimaient tenir des registres et décrire leur époque, allant jusqu'à publier une gazette quotidienne, l'*Acta Diurna*, qui était rédigée à la main à Rome et distribuée dans toute la ville et dans les nombreuses provinces romaines. Elle contenait des informations sur des événements dignes d'être publiés, comme des crimes, des mariages et des divorces, et le programme des prochains combats de gladiateurs. Malheureusement, aucune copie n'a survécu jusqu'à notre époque, mais l'existence même de l'*Acta Diurna* montre l'importance qu'accordaient les Romains aux documents historiques.

C'est un livre qui replace la vie de Jésus dans son contexte. Il était donc nécessaire que nous nous plongions dans une large variété de données périphériques de manière à pouvoir décrire des choses aussi diverses que la forme d'un bateau de pêche galiléen ou le type de toit qui protégeait une maison galiléenne. Pour ces faits, comme pour tant d'autres détails relatifs à cette période, nous devons beaucoup aux hommes et aux femmes qui ont consacré leur vie à la recherche sur l'historicité des temps bibliques.

Les voyages, comme toujours, ont constitué un aspect essentiel de nos recherches. Voir les paysages que Jésus voyait, marcher dans les mêmes rues (maintenant enfouies sous Jérusalem mais accessibles grâce à de récentes excavations), et même grimper au sommet du mont des Oliviers pour observer les murs du Temple depuis cet épique poste d'observation nous ont énormément aidé à rédiger les descriptions que vous avez lues dans ce livre. Il n'y a pas de mot pour décrire à quel point il est fascinant de lire une version de certains événements, comme ceux relatés dans les Évangiles, puis de se trouver dans l'un de ces sites afin de bénéficier d'une perspective nouvelle sur cette époque charnière de l'histoire du monde.

Il existe de nombreuses versions et traductions de la Bible mais celle utilisée dans la version française est principalement celle de Louis Segond.

En plus des auteurs juifs, grecs et romains qui ont déjà été référencés dans le texte de *Jésus, les derniers jours*, ce qui suit est une liste détaillée des nombreuses sources sur lesquelles nous nous sommes appuyés. Bien que longue, cette liste n'est en aucun cas exhaustive. Les sources sont classées par thème.

Sur Rome : *Rome and Jerusalem*, de Martin Goodman, est un ouvrage important qui se lit très facilement, tout comme *Rubicon*, de Tom Holland. Plusieurs autres livres ont été consultés pour des informations plus détaillées sur la vie qu'on menait dans la République romaine et au sein des légions. Les principaux sont : *The Complete Roman Legions*, de Nigel Pollard et Joanne Berry, et *The Roman Army*, publié sous la direction de Chris McNab, qui donnent tous deux un excellent aperçu non seulement de la vie des soldats et des chefs mais aussi de l'évolution de Rome depuis la ville nouvelle jusqu'au vaste empire. *Roman Society and Roman Law in the New Testament*, qui est issu d'une série de conférences par A.N. Sherwin-White, offre une vision plus académique de la période, tandis que *Jerusalem*, de Simon Sebag Montefiore, s'intéresse aux relations délicates entre Rome et la Judée. *The Joy of Sexus*, de Vicki Leon, explore les thèmes de la luxure et du désir dans le monde romain. *Religions of Rome*, de Mary Beard, John North et Simon Price, traite de la divinité de Jules César. *Caesar*, de Theodore Dodge, décrit le massacre des Germains qui engendra inévitablement l'incident du Rubicon. Sur la vie de Cléopâtre, nous recommandons *Cleopatra to Christ* de Ralph Ellis, ainsi que *Cleopatra the Great* de Joann Fletcher.

Et il n'existe pas de meilleur moyen de passer le temps pendant un vol transatlantique qu'en s'immergeant dans la *Crucifixion* de Martin Hengel et ses innombrables détails sur les différentes façons dont les Romains utilisaient la croix pour tourmenter leurs ennemis.

Sur les personnages importants de la politique judéenne : on ne prend pas de grands risques en affirmant que Helen K. Bond fait autorité sur le sujet. Elle s'est intéressée à la vie de Pilate et de Caïphe dans *Pontius Pilate in History and Interpretation* et *Caiaphas: Friend of Rome and Judge of Jesus?* Son travail regorge d'informations et de détails fascinants. *Herod*, de Peter Richardson, est un travail colossal qui documente la vie d'un des individus les plus cruels de l'histoire. *The Army of Herod the Great*, de Samuel Rocca, offre non seulement des détails précis mais également de nombreuses illustrations de choses aussi variées que les robes portées par les prêtres du Temple ou les coupes de cheveux et les armes des soldats d'Hérode. *Pharisees, Scribes and Sadducees in Palestinian Society* d'Anthony Saldarini est un travail académique pointu sur ces individus complexes mais aussi sur la vie en Judée et en Galilée.

Sur le Jésus historique : tout un champ d'études est dédié à cet aspect du Nazaréen. Elles mettent en contexte les Évangiles afin de mieux comprendre la vie de Jésus. Ces études ont récemment permis de nombreuses avancées dans l'historicité de Jésus ainsi qu'une meilleure compréhension des Évangiles et de leur structure narrative. Les ouvrages à recommander incluent *Jesus Under Fire: Modern Scholarship reinvents the Historical Jesus*, édité par Michael J. Wilkins et J. P. Moreland ; *Studying the Historical Jesus: A Guide to Sources and Methods*, de Darrell L. Bock ; *Will the Real Jesus Please Stand Up? A Debate between William Lane Craig and John Dominic Crossan*, édité par Paul Copan ; et *The Historical Jesus of the Gospels*, de Craig S. Keener, qui est également l'auteur du livre en deux volumes *Miracles*. Un autre traité en deux volumes qui vaut la peine d'être lu est *The Death of the Messiah* de Raymond E. Brown. Nous recommandons également *Jesus of Nazareth, King of the Jews*, de Paula Fredriksen, et *The Resurrection of Jesus: A New Historiographical Approach*, de Michael R. Licona. *The Sage of Galilee*, de David Flusser et R. Steven Notley est également à recommander. *Les Fondements du christianisme* de C.S. Lewis est un livre dense et pertinent qui offre une approche plus théologique de Jésus.

Sur la crucifixion et les derniers jours de Jésus : en plus des récits détaillés et effrayants des Évangiles de Matthieu, Marc, Luc et Jean, sont à recommander : *The Trial of Jesus*, édité par Ernst Bammel ; *Jesus, The Final Days*, de Craig Evans et N.T. Wright ; et *The Final Days of Jesus*, de Shimon Gibson. Tous sont remplis de nuances, de détails et de points de vue uniques. Pour une description plus explicite de la mort sur la croix, le lecteur peut aussi se plonger dans *The Crucifixion of Jesus: A Forensic Inquiry* (Frederick T. Zugibe). En plus de nombreux détails cliniques, le livre comporte des photographies d'une reconstitution de crucifixion. Évidemment, les âmes sensibles préféreront s'abstenir.

Remerciements

L'écriture d'un livre aussi complexe que celui-ci demande toujours beaucoup d'aide. Celle de Makeda Wubneh, Eric Simonoff, Stephen Rubin et Gillian Blake m'a été précieuse, et je leur en suis extrêmement reconnaissant.

Bill O'Reilly

Je tiens à remercier Eric Simonoff pour son aide discrète et son génie littéraire. Je remercie également Stephen Rubin et Gillian Blake chez Holt. Denny Bellessi pour son soutien. Bill O'Reilly, le meilleur partenaire d'écriture au monde. Et, comme toujours, Callie.

Martin Dugard

Illustrations

Cartes : Gene Thorp
Couronne d'épines : Laura Hartman Maestro
Page 8 : Collection de Bill O'Reilly
Page 10 : Snark/Art Resource, NY
Page 26 : © Image Asset Management/age fotostock
Page 42 : akg-images
Page 48 : Bettmann/CORBIS
Page 53 : bpk, Berlin/Niedersaechsisches Landesmuseum, Hanovre, Allemagne/Hermann Buresch/Art Resource, NY
Page 57 : © Universal Images Group/SuperStock
Page 75 : Collection de Bill O'Reilly
Page 80 : Illustration de Shalum Shalumov
Page 95 : DeAgostini/Getty Images
Page 121 : © H-D Falkenstein/imagebroker/age fotostock
Page 163 : INTERFOTO/Sammlung Rauch/Mary Evans
Page 166 : © SuperStock
Page 250 : Illustration de Shalum Shalumov
Page 252 : FPG/Archive Photos/Getty Images

Recherche d'illustrations : Laura Wyss et Wyssphoto, Inc.

Table

MIXTE
Papier issu de
sources responsables
FSC® C003309

Les papiers utilisés dans cet ouvrage
sont issus de forêts responsablement gérées.

Mis en pages par DV Arts Graphiques à La Rochelle
Imprimé en France par GGP
Dépôt légal : octobre 2015
N° d'édition : 4011 – N° d'impression : 00000
ISBN 978-2-7491-4011-7